·北京师范大学珠海分校学术文库

商业信托法律制度研究

陈杰 ◎ 著

图书在版编目(CIP)数据

商业信托法律制度研究/陈杰著. —厦门:厦门大学出版社,2016.9
ISBN 978-7-5615-6233-8

Ⅰ.①商… Ⅱ.①陈… Ⅲ.①信托法-贸易法-研究-中国 Ⅳ.①D922.282.4

中国版本图书馆 CIP 数据核字(2016)第 215373 号

出 版 人	蒋东明
责任编辑	甘世恒 邓 臻
封面设计	李嘉彬
责任印制	许克华

出版发行 厦门大学出版社

社　　址	厦门市软件园二期望海路 39 号
邮政编码	361008
总 编 办	0592-2182177　0592-2181406(传真)
营销中心	0592-2184458　0592-2181365
网　　址	http://www.xmupress.com
邮　　箱	xmupress@126.com
印　　刷	厦门市万美兴印刷设计有限公司

开本	720mm×1000mm　1/16
印张	16
插页	2
字数	248 千字
版次	2016 年 9 月第 1 版
印次	2016 年 9 月第 1 次印刷
定价	60.00 元

本书如有印装质量问题请直接寄承印厂调换

厦门大学出版社
微信二维码

厦门大学出版社
微博二维码

序　言 >>>

信托制度发源于英国，并在英美法系国家当中得到广泛运用。现代信托不再局限于传统意义上的移转保管财产的功能，已发展为一种重要的资产管理和事业经营的工具，并有演变成为一种与公司相竞争的企业组织形式之态势。2001年《中华人民共和国信托法》的颁布，标志着信托制度在我国真正扎根。信托制度自引入我国以后，主要在财产管理、资金融通、投资理财等商业领域得以运用，我国也针对商业信托制度初步构建起相应的法律规范体系。由于信托制度毕竟属于"舶来品"，我国理论界和实务界对其性质和运作的认识还不够深入；加之我国处于社会转型升级时期，不断变革的制度环境也使得商业信托在我国的法律"本土化"之路并非一帆风顺，我国商业信托运行当中还存在诸多需要克服的难题。因此，揭示商业信托的法律本质、借鉴他国成功的发展经验、寻找适合自身的发展道路，这些内容还需要学界同仁给予更深入的研究。

陈杰博士的《商业信托法律制度研究》一书正是针对上述问题进行深入研讨的学术成果。本书思路清晰、资料翔实、逻辑严密、语言规范，在深入剖析商业信托的属性和法律关系以及比较研究多国现行制度的基础上，提出作者自己对于我国商业信托制度改革完善的独到见解，具有较高的学术价值。

我和陈杰博士结缘于2008年。那年他成功考取了西南政法大学民商法专业的硕士研究生，并选择我作为指导老师。在硕士生涯结束后，他又成功考取博士，成为我所指导的第一名博士研究生。在跟随我攻读硕士、博士学位的这六年时间里，陈杰博士最初给我的感觉是善良宽厚、安静温顺，用现行流行的网络语言表述的话,他就是一个"安静的美男子"。但后来接触多了我逐渐发现,在他沉默寡言的外表下其实潜藏着一颗永不服输、追求卓越的心,他平和的性格背后蕴含着强烈的进取欲望。对于我平常布置的一些学习任务,无论是法律实务方面的疑难问题的解决抑或学术论文的写作,他都能尽自己最大努力去完成。他虚心踏实的学习态度和沉稳内敛的处事风格给我留下了深刻的印象,这也成为我后来鼓励他继续深造、从事学术研究工作的主要原因。陈杰博士在读博期间,在协助我研究完成一些课题的同时,也独立发表了不少论文,在学术研究能力上有了进一步的提升。在进行博士论文选题时,他表现出对信托制度浓厚的研究兴趣,希望在该领域确定自己的研究方向。经过我们之间的多次商讨后,我认为他关于商业信托制度的研究具有理论价值和现实意义,因此同意了他的选题。在写作论文的过程中,陈杰博士查阅了大量的中外文献,并积极主动地和学院其他老师以及实务部门的工作人员进行联系,对商业信托的理论认识和实务操作都有了更为全面的见解。

陈杰博士毕业后进入北京师范大学珠海分校从事法学教育和研究工作,看到自己的学生成为自己的同行,我深感欣慰。此次陈杰博士在出版自己的首部学术专著之际邀请我作序,我欣然允之。希望他能够以本书的出版为新的起点,在未来的工作实践中对现有问题作进一步的深入研究,在学术研究领域取得新的成绩。

是为序。

西南政法大学民商法学院教授、博士生导师　李　燕
2016 年 5 月 20 日于重庆

目 序

引言 ··· 1

第一章 商业信托的制度基础 ··· 3
第一节 信托的历史考察 ·· 3
一、信托的起源 ·· 3
二、信托的概念和特征 ·· 9
三、信托的历史转型 ·· 20
第二节 信托在商业领域发展的制度空间 ································ 23
一、信托在商业领域发展的技术优势 ······································ 23
二、信托在商业领域发展的类型盘点 ······································ 27
第三节 商业信托概念的厘清 ··· 29
一、两大法系商业信托概念的考察 ··· 30
二、本文语境下商业信托的概念阐释 ······································ 36
三、商业信托与相似概念的比较 ·· 40
第四节 商业信托的制度功能与价值取向 ······························· 43
一、商业信托的制度功能 ·· 43
二、商业信托的价值取向 ·· 45

第二章 商业信托的法律性质 ·· 49
第一节 信托的法律性质 ·· 49

一、逻辑起点：信托法律性质的内涵和意义 …………… 49
二、制度纠结：信托法律性质的各种学说 …………… 55
第二节 商业信托的组织属性 …………… 64
一、英美商业信托的发展历程 …………… 64
二、法经济学视角下的商业信托 …………… 70
第三节 商业信托组织属性的制度价值 …………… 84
一、商业信托与公司的交错互动 …………… 84
二、商业信托在组织体系中的定位 …………… 86
三、商事组织的多元化价值 …………… 89

第三章 商业信托的运作机制 …………… 91
第一节 商业信托的委托—代理问题 …………… 91
一、商事组织中的委托—代理问题 …………… 91
二、商业信托受托人权力的扩张 …………… 97
三、商业信托委托—代理问题的产生 …………… 100
第二节 商业信托受托人行为的规制 …………… 102
一、普通信托受托人的信义义务 …………… 102
二、商业信托与普通信托的区别对待 …………… 110
三、商业信托受托人的信义义务 …………… 113
四、商业信托受托人的责任规则 …………… 122
第三节 商业信托受益人权益的保障 …………… 126
一、信托受益权的内容和特性 …………… 127
二、商业信托受益人的管理参与权 …………… 129
三、商业信托受益人的救济权 …………… 133
四、商业信托受益人的对外责任规则 …………… 137
第四节 商业信托的设立、变更与终止 …………… 140
一、商业信托的设立 …………… 140
二、商业信托的变更 …………… 144
三、商业信托的终止 …………… 145

第四章　我国商业信托制度的实践与困境 ········· 148
第一节　我国商业信托制度的实践考察 ········· 148
一、集合资金信托计划的内在机理 ········· 149
二、证券投资基金的内在机理 ········· 156
三、特定目的信托的内在机理 ········· 162

第二节　我国商业信托制度的困境探析 ········· 167
一、思维桎梏：商业信托性质认识的偏差 ········· 167
二、弄巧成拙：信托财产独立性功能的消解 ········· 170
三、配置失衡：信托委托人法定权力的越界 ········· 176
四、行为失范：信托受托人立法规制的失灵 ········· 178
五、自我围困：信托受益人权益实现的阻隔 ········· 183

第五章　我国商业信托制度的立法完善 ········· 187
第一节　北美商业信托制度立法经验的考察与借鉴 ········· 187
一、统一立法：北美商业信托制度的法律进路 ········· 187
二、多维考量：北美商业信托制度的立法评判 ········· 189
三、他山之石：北美商业信托立法的经验借鉴 ········· 196

第二节　我国商业信托制度立法完善的顶层设计 ········· 199
一、先天不足：我国商业信托立法现状的评析 ········· 199
二、顶层设计：我国商业信托立法完善的改革方向 ········· 204

第三节　我国商业信托制度立法完善的实现路径 ········· 209
一、我国商业信托法律主体地位的确立 ········· 209
二、我国商业信托委托人地位的淡化 ········· 218
三、我国商业信托受托人义务与责任的明确 ········· 221
四、我国商业信托受益人权益实现的保障 ········· 229

参考文献 ········· 240

引 言 >>>

说起信托,人们最熟悉的莫过于英国著名法学家梅兰特的那句经典论断:"如果有人要问,英国人在法学领域取得的最伟大、最杰出的成就是什么,那就是历经数百年发展起来的信托制度,我相信再也没有比这更好的答案了。"(If we were asked what is the field of jurisprudence I can not think that we should have any better answer to give than this, namely, the development from century to century of the trust idea.)基于自身在财产管理上所具有的制度优势,信托在商业领域中获得了广泛的运用。如今,信托已发展成为遍及全球,连结货币市场、资本市场、产业市场,与银行、证券、保险相并列的四大金融工具之一。运用信托制度来组织商业投资和交易,最终推动了商业信托的诞生。作为一种利用信托制度进行资产管理和商业运营的工具,商业信托在美国已逐渐发展成为一种与公司制度类似但却更加灵活的企业组织形式,商业信托的兴起形成与公司竞争的格局。

产生并壮大于英美法系的信托制度也为大陆法系国家所借鉴与运用。我国2001年《信托法》的颁布标志着我国对信托制度的正式引入。从现实发展而言,我国主要将信托制度运用于商业领域,并初步构建起商业信托制度及相关的法律规范体系。但是,较之于美国成熟的商业信托制度,一方面,我国仅将商业信托的功能与架构应用于商业活动中,并没有在立法上明确商业信托的组织地位;另一方面,我国现行的信托立法对于商业信托的特殊之处未能给予足够重视,还不足以为商业信托的有效运作提供全面的法制保障。因此,我国商业信托制度的实践还存在不少困境。

针对这一问题,笔者拟通过历史学、比较法学等方法的运用,一方面,从时间的纵向维度对商业信托的演进历程进行考察,厘清隐藏在商业信托制度背后的历史逻辑,减少对现实的误读;另一方面,在比较研究其他国家商业信托制度的基础上,从横向维度为我国商业信托制度的发展寻求有益经验。此外,笔者拟沿着"信托现状→信托理论→信托实践"的论证思路,以信托的发展现状为出发点,从法律性质和运作机制两个方面构建起商业信托制度的理论体系,再将这一理论体系用于指导我国商业信托实践,从而为我国商业信托制度的完善贡献绵薄之力。

第一章

商业信托的制度基础

第一节 信托的历史考察

作为"法学领域最伟大、最杰出的成就",古老的信托制度自诞生起的数百年来,已经被广泛运用于各个领域,显示出极强的生命力和高度的灵活性。萨维尼曾指出,法律就像语言一样,既不是专断的意志也不是刻意设计的产物,而是缓慢、渐进、有机发展的结果。[①] 因此,我们需要沿着历史的长河逆流而上,探究信托的起源与沿革。对信托制度进行历史考察,对于我们透析信托制度的实质与未来发展方向有着重要意义:不仅有助于了解信托基本概念之形成与衍化,还有助于认识信托此一富高度弹性空间之设计与社会客观环境之密不可分。[②]

一、信托的起源

(一)罗马法起源说

该说系主张信托制度起源于罗马法的学说。在法国,法学界认为信托

[①] 博登海默.法理学:法律哲学与法律方法[M].邓正来,译.北京:中国政法大学出版社,2004:93.

[②] 方嘉麟.信托法之理论与实务[M].北京:中国政法大学出版社,2004:53-54.

技术早在罗马法时代就已经存在。① 罗马法上的信托体现为两种形态：实物信托(fiducia)和遗产信托(fideicommissum)。实物信托是指财产所有权人将财产以要式买卖或拟诉弃权方式转让给受托人,同时双方附有一项"信托契约",其内容是受托人承诺为出让人或其他人的利益持有并管理财产,并且在出让人发出请求或者特定条件成就时,受托人应将财产回复给出让人,或者将财产转让给出让人指定的第三人,包括"债权人之托"(fiducia cum creditor)和"朋友之托"(fiducia cum amcio)两种类型。② 遗产信托是指被继承人要求受托人(亦即继承人),在被继承人死亡后,将所取得的遗产移转或给付给特定的第三人。③ 从表面上看,罗马法上的信托——无论 fiducia 还是 fideicommissum——与沿袭英国法的信托"有着近乎完全相同的制度得以形成的背景要素"：一是两者都是在独立的法律系统中发展起来的,二是它们都具有信任的本质,即财产为他人的利益而信任于某人。④ 有学者据此认为,"从历史上看,盎格鲁-撒克逊的信托制度的本源来自于罗马法信托"。⑤ 但笔者认为,罗马法的信托并非现代信托制度的起源,两者有着根本的区别。就信托目的而言,罗马法信托仅仅体现了一种信托的观念,但没有进一步发展成为一种真正的信托制度。比如,fiducia 的目的通常是为了委托人的利益而设立,这与现代信托制度中通常为他人利益而不能仅为委托人利益设定的原则相违背。另外,就法律结构而言,罗马法信托缺少英美法信托的"资产剥离技术"——"信托财产"和"受托人资产"的独立区分,所有财产"混"在一起构成对受托人所有债务的一般担保。fideicommissum 的情况也是如此,仅仅意味着继承人将被继承人的有关遗产直接移交给第三人所有,而并不意味着继承人在取得所有权的前提下管理、运用和支配该项遗

---

① 李世刚.论《法国民法典》对罗马法信托概念的引入[J].中国社会科学,2009(4)：106.

② 吕富强.论法国式信托——一种对本土资源加以改造的途径[J].比较法研究,2010(2)：69—70.

③ 赖源河,王志诚.现代信托法论[M].北京：中国政法大学出版社,2002：1.

④ 张天民.失去衡平法的信托——信托观念的扩张与中国《信托法》的机遇和挑战[M].北京：中信出版社,2004：97.

⑤ 李世刚.论《法国民法典》对罗马法信托概念的引入[J].中国社会科学,2009(4)：106.

产并将由此所产生的利益交付给该第三人。① 可见它在性质上属于遗赠,而并不属于信托。

(二)日耳曼法起源说

该学说认为可从古日耳曼法中的 Salmann 制度中寻找到信托的起源。Salmann 系指从佛朗哥时代到中世纪时期,受所有人的委托,在受让所有人的财产后,再依所有人的指示处分该财产的受托人。Salmann 一词见诸法兰克族最古老的法源——萨里克法典(Lex Salica)。该法典规定,被继承人死亡时若无继承人存在,遗产归国王所有。为规避这一规定,Salmann 制度应运而生,即 Salmann 接受委托人财产权的转让,在委托人死亡后 12 个月内,将取得的财产权再次转让给委托人指定的受益人。可以看出,Salmann 制度的法律结构仅是一种附条件的所有权转移,Salmann 实际上是作为遗嘱执行人发挥作用。因此,Salmann 制度并非现代意义的信托制度之起源,"其乃遗嘱执行人制度的滥觞"。②

(三)英美法起源说

通说认为,现代意义上的信托制度沿袭自英国。英国的信托起源于中世纪的"用益"设计(Use),英国衡平法对用益设计的干预和确认最终促成了信托制度的产生。可以说,用益设计是"信托之源",英国衡平法则是"孕育信托的摇篮"。

1. 衡平法的兴起

衡平法是为克服普通法自身存在的不足而产生的。普通法是在英格兰被诺曼人征服后的几个世纪里,英格兰政府逐步走向中央集权和特殊化的

---

① 有学者认为,在早期阶段,fideicommissum 本质上就是一种信托,因为它符合明示信托的两项基本特征:让渡所有权和为他人利益持有或管理财产。只是后来由于贝加西元老院决议赋予受托人至少可提留遗产的 1/4 作为其应留份的权利,为遗嘱人将遗产全部交由继承人或受赠人享用的同时,赋予其向最终受益人履行交付的义务创造了空间,从而为遗嘱人同时指定多个接连不断的受益人创造条件,才导致"遗产信托"与真正的信托渐行渐远,以至于变成另一个制度。吕富强.论法国式信托——一种对本土资源加以改造的途径[J].比较法研究,2010(2):69.

② 赖源河,王志诚.现代信托法论[M].北京:中国政法大学出版社,2002:2.

过程中,行政权力全面胜利的一种副产品。① 普通法以习惯法为基础,重视形式、轻视内容,这一点在诉讼程序上体现得尤为突出。而且,普通法以判例为表现形式,是一种判例法,由法院在长期的审判活动中逐渐发展起来。②13世纪以后,英国的商品经济得到迅速发展,社会上许多新的经济关系需要法律作出调整,而此时的普通法已经成为相当僵化的法律体系:严重的形式主义,法院的审理程序繁琐、机械;诉讼规则日益僵化,缺乏灵活性,易造成不公正的判决结果;救济方式僵化,救济手段有限。未能在普通法那里得到救济的人们被迫求助于"作为正义的基础和源泉"的国王,起初国王亲自处理受害者的请求,后来由于这类请求日益增多,国王便命令大法官根据"正义、良心和公正"审理案件和作出决定。到了1474年,衡平法院在大法官办公室的基础上得以确立,普通法院未能处理或者未能公正处理的案件交由衡平法院负责,衡平法院在行使审判权过程中形成的规则和原则,逐渐形成了英国的衡平法,成为补充、纠正普通法的另一种法律制度。③ 这样,在英国就出现了两种司法体系并存的有趣现象。

衡平法出现后,衡平法院的管辖权逐渐得到扩大,其与普通法院之间的冲突也日益明显。这场争夺管辖权的激烈冲突最终以衡平法院的胜利告终。"到1615年,在Earl of Oxford案中确立了衡平法院判决的效力高于普通法院判决效力,以及如果两者发生了冲突,那么衡平法规则优先于普通法规则的原则。"④衡平法院的胜利也促使衡平法逐渐走上规范化发展的道路,例如1673年诺丁汉勋爵担任衡平法院院长后确立了衡平法院也必须遵循先例判决的原则;再比如,大法官在不断总结判例的基础上形成了衡平法基

---

① 密尔松.普通法的历史基础[M].李显冬等,译.北京:中国大百科全书出版社,1999:3.
② 何勤华.英国法律发达史[M].北京:法律出版社,1999:24-25.
③ 何宝玉.英国信托法原理与判例[M].北京:法律出版社,2001:6.
④ 海顿.信托法[M].周翼,王昊译.北京:法律出版社,2004:11.

本原则的衡平法格言,作为审判的指导原则。① 到了1873年,英国进行司法制度改革,通过了《司法组织法》(*Judicature Act*),授权高等法院任何一个法庭均有权实施普通法和衡平法的原则。但有学者指出,1873年司法改革仅是形式上取消了普通法院和衡平法院的区别,普通法和衡平法之间实践中的不同虽被消除,但两者思想体系上的差异依旧存在。②

2. 用益制度(Use)的出现

Use一词来源于拉丁语的ad opus,与现代的动词"使用"没有关系,意指一个人掌握的财产为了另一个人的利益,让这个人对其占有并进行使用。③用益制度大约自13世纪起获得社会的广泛利用,其直接原因是人们对当时的英国法律在财产移转和继承方面限制性和禁止性规定的规避需求。具体而言:(1)规避土地转让的限制。一方面,英国1279年颁布《永久管业法》(*Statute of Mortmain*)禁止教徒将土地捐给教会。虔诚的教徒们另辟蹊径,以用益的方式——先将土地转让给他人,约定由受让人替教会管理土地,将土地收益归于教会——达到既将土地赠与教会又能规避法律限制的目的。另一方面,中世纪的英国普通法固守长子继承制,法律既禁止土地所有者将土地指定由其除长子或独子以外的其他继承人继承,又禁止其将土地遗赠给继承人以外的其他人。为了规避法律的限制,人们利用用益制度,

---

① 衡平法的格言包括:(1)平等即衡平(Equality is equity)。(2)衡平法追随法律(Equity follows the law)。(3)衡平法不允许有不能救济的过错(Equity will not suffer a wrong to be without a remedy)。(4)衡平法依良心行事(Equity acts on the conscience)。(5)有求于衡平法者须为衡平之事(He who seeks equity must do equity)。(6)衡平法将应为者视为己为(Equity looks on as done that which ought to be done)。(7)衡平法助勤不助惰(Equity aids the vigilant, not the indolant)。(8)衡平法可以对人为一定行为(Equity acts in personam)。(9)衡平法重意思轻形式(Equity looks to the intent rather to the form)。(10)衡平法不做徒劳无益的事(Equity does nothing in vain)。参见何勤华.英国法律发达史[M].北京:法律出版社,1999:31—32.

② 实际上,高等法院的衡平法庭审理的仍然是主要与信托和财产法有关的问题,但王座法庭则审理传统上属于普通法管辖的问题,例如合同的解释或关于侵权法的问题。这样分配的原因与法官们在各自领域的专业性有关,但结果却是高等法院中不同法庭体现的特定思维模式得以延续至今。参见 HUDSON A. Equity&Trusts[M]. 2nd ed. London:Cavendish Publishing Limited,2001:11—12.

③ 密尔松.普通法的历史基础[M].李显冬等,译.北京:中国大百科全书出版社,1999:219.

于生前将土地转让给他人,嘱托受让人先为自己的利益管理土地,于自己死后继续由受让人管理土地,但应将管理土地所产生的利益交由长子以外的其他人。①(2)规避土地变动的税赋。中世纪英国封建制度要求土地的产权人若将土地直接移转给成年的继承人需缴纳税金。为了规避沉重的税赋负担,土地所有者在生前先将自己的土地以转让为名移交给社会上的某人并委托该人经营,该经营收益在其生存期间由本人获取,其死后由其成年的子女获取或者由其未成年的子女获取直至其成年时止。显然,用益制度实乃下位阶层者通过移转"占有"或"所有权"于受托人而保留"用益"权之方式,规避传承时所需缴纳之税赋。②(3)规避土地的没收。1455年至1485年,英国爆发了玫瑰战争。战争双方在战争中势均力敌,胜负难料。为避免战败后土地会被胜利方没收,双方的武士们纷纷通过用益制度将土地移转给亲朋好友,约定由受让人为自己或其继承人利益管理土地。

3.信托制度的诞生

用益制度在13至15世纪近二百年的时间里,并不为普通法所承认。因此,最初的用益制度仅为君子协定,是道德关系,而非法律关系。由此导致的问题是,如果受托人见利忘义,不按要求将信托利益交付给受益人,受益人的利益将无法得到法律的保障和救济。这种不公正的情况直到衡平法院的介入才得以改善。从15世纪初开始,衡平法院通过用益受益人的个别的具体的救济措施,一方面继续承认用益制度下受托人普通法上的所有人地位,另一方面又以正义与良心的名义赋予受益人对受托财产享有衡平法上的所有权,使受托人为受益人管理财产的义务具有法律效力,进而赋予了用益制度合法的法律地位。衡平法院大法官们的态度推动了人们逐渐接受一项财产之上可同时共存两种类型的所有权,一种得到普通法的认可,另一种则受到衡平法的承认。③

然而,用益制度的合法化无疑为规避法律的习惯打开了方便之门。为

---

① 周小明.信托制度:法理与实务[M].北京:中国法制出版社,2012:2.
② 方嘉麟.信托法之理论与实务[M].北京:中国政法大学出版社,2004:55.
③ EDWARDS R,STOCKWELL N. Trustsand Equity[M]. 7th ed. Essex:Pearson Education Limited,2005:7.

此,1535年国王亨利八世颁布了《用益法》(Statute of Uses),旨在消除现实中用益制度盛行的情况,方法是在创设用益时,财产的法律上的权利即归于受益人,剥夺受托人对受让财产的任何权利,受益人直接被视为是法律上的所有权人。但是,《用益法》只在一定程度上遏制了用益制度的扩张趋势,并未彻底废除用益制度本身。17世纪以后,遭受打击的用益制度"改头换面"后卷土重来——人们创造出了双重用益(Use upon a Use)。具体表现为:土地所有者将其土地移转给受托人经营时指定了两个受益人,使他们处于不同的收益顺序,并规定先由顺序在前的受益人从受托人处获取有关的土地收益,然后再由顺序在后的受益人从顺序在前的受益人处获取该项收益。[①] 显然,双重用益中的第一层用益要受到《用益法》的规制,但隐藏在第一层用益合法外衣之下的第二层用益则规避了《用益法》的适用。虽然普通法院拒不承认和保护顺序在后的受益人的权益,但此时衡平法院再次出手相救:1634年衡平法院在"Sambach v. Dalson"一案中确认了第二层用益具有法律效力,顺序在后的受益人的权益有权获得衡平法保护。衡平法院大法官们在承认第二层用益的同时将它改称为Trust。后来,又将所有不受《用益法》适用的用益设计统称为Trust,而受《用益法》适用的用益设计仍被称为Uses。[②] 随着16世纪英国许多法律限制的逐渐取消以及财产权人处分自由的不断扩大,用益制度规避法律的色彩也逐渐褪去。从此,Uses和Trust的划分也不再必要并逐渐统一于Trust这一概念这中。至此,Trust才算获得了英国法律的完全承认,正式亮相于历史的舞台之上。

二、信托的概念和特征

(一)信托的概念

信托的概念是了解和研究信托制度的理论前提,但对这一问题的解答至今仍存有分歧。从立法上看,由于法律传统和司法体制的差异,英美法系

[①] 张淳.信托法原论[M].南京:南京大学出版社,1994:6.
[②] 周小明.信托制度:法理与实务[M].北京:中国法制出版社,2012:6.

国家偏重通过描述的方法来定义信托,大陆法系国家则倾向于概括式的定义方式。虽然对于信托的概念未能达成统一观点,但对于信托所蕴含的制度特征,两大法系的学者们则有着较为明确和共通的认识。

1. 英美法系信托的概念

尽管信托制度自诞生以来已经过数个世纪的发展,但时至今日,英美法系国家并未对信托作出一个非常明确的界定。有学者认为,"我们所能做的只是提出一个关于信托的描述。它既能反映这些规则,又可以使人们在谈到信托时,能大体上知道什么是信托。"[1]

在英国,海顿(D. J. Hayton)和佩蒂特(Philip H. Pettit)等权威学者在阐述信托的概念时倾向于将其认定为是一项衡平法上的义务。此外,需注意的是,英国于1986年1月10日签署了《关于信托的法律适用与承认公约》(*Convention on Application Law in Trusts and Their Recognition*)(以下简称《海牙公约》)[2],英国国会于1987年制定《信托承认法》(*Recognition of Trust Act*)将《海牙公约》相关条文内容引致成为英国内国法律,亦即将《海牙公约》内国法化。[3]《信托承认法》第2条援引了《海牙公约》第2条的内容,对信托进行了描述式的界定:本公约所称之"信托"是指委托人在生前或死亡时,为了受益人的利益或某个特定目的,将其资产置于受托人控制之下所发生的法律关系。一项信托具有如下特点:(a)信托财产构成一个独立的基金,且该财产不是受托人自有财产的一部分;(b)信托财产的所有权归属于受托人名义下或代表受托人之第三人名义下;(c)受托人负有依信托条款的内容和法律特殊课以之义务,管理、使用或处分信托财产的权力和义务。委托人所保留的特定权利和权力,或受托人本身可作为受益人享有权利的

---

[1] 海顿.信托法[M].周翼,王昊,译.北京:法律出版社,2004:6.

[2] 《海牙公约》乃"海牙国际私法会议"(Hague Conference on Private International Law)众多国际公约中的一个,主要规范信托的法律适用及国外信托的承认事宜。《海牙公约》是在普通法系国家和大陆法系国家共同的催生下而诞生,其目的并非解决国家间在信托法方面的冲突,而是试图就信托这一问题,在普通法系国家和大陆法系国家间搭建就信托观念和信托法制搭建一座沟通的桥梁。许兆庆.海牙信托公约简析[J].财产法暨经济法,2005(1):97.

[3] 许兆庆.英国信托法律适用法则[J].东海大学法学研究,2006(25):162.

事实,并不与信托存在之观念相违背。①

在美国,学术界和司法实务中较具权威性的关于信托概念的表述,要数美国法学会(American Law Institution)编撰的《信托法重述》②的第2版以及第3版中对信托进行的界定。《信托法重述》(第2版)规定:本重述所规定的信托,在没有"慈善""归复""推定"等词的限制的情况下,是指产生于设立信托的明示意图的与财产相关的一种信赖关系,享有财产法定所有权之人承担着为他人之利益而处分财产的衡平法上的义务。③《信托法重述》的第3版在继承第2版所作定义的基础上作出了一定的修正,将慈善信托(charitable trust)纳入信托法重述的规制范畴之内,并且不再强调受托人对受益人所附义务为衡平法上的义务。④

总体而言,英美法上信托的概念虽难以用一个确定的定义将其归纳,但信托所蕴含的基本特征还是能够通过描述得以体现:第一,信托是当事人之间产生的一种信义关系(fiduciary relationship)。信托关系是信义关系众多类型中的一种,不同类型的信义关系在适用条件和责任承担方面有诸多区别,但有一点是共同具备的:信义关系中的一方负有为另一方的利益处理关系范围内的事务的义务。具体到信托关系中,体现为受托人负有为受益人的利益而管理信托事务的义务。第二,受托人对受益人承担的义务是衡平法上的义务,即该义务承担的法律依据在于衡平法,原因在于衡平法上的信托财产所有权人是受益人,有别于普通法上信托财产所有权人是受托人的认定。受益人可以此为依据享有信托财产的实际利益,并有权请求受托人

---

① Hcch. Convention On The Law Applicable To Trsuts And On Their Recognition [EB/OL]. [2015-5-20]. https://assets. hcch. net/docs/8618ed48-e52f-4d5c-93c1-56d58a610cf5. pdf.

② 《信托法重述》是美国法律协会从20世纪30年代开始编写的涉及众多法律领域的法律重述中的一种,旨在帮助法官和律师更好地理解法律,以及协调各州法律的统一。《信托法重述》于1935年出版,1959年出版的《信托法重述》(第2版)取代了之前的版本。如今,这两个版本都已被最新的《信托法重述》(第3版)所取代。需注意的是,"法律重述"只是学术研究成果,没有法律约束力,但实践中它获得了广泛的尊重和使用,它的权威性来自于美国众多法院对它的承认:超过150000份上报的法院裁判引用了法律重述作为依据。

③ Restatement (Second) of Trusts § 2(1959).

④ Restatement (Third) of Trusts § 2 (2003).

履行义务。因此,受托人要受到衡平法上的义务的约束。

2. 大陆法系信托的概念

英美法制度中最受大陆法系国家重视和关注的法律现象莫过于信托制度,"……整个大陆法系中还找不到一项这样的制度,它可以同时完成信托制度在普通法系所能完成的任务"。① 对于是否移植信托以及如何有效移植的问题,大陆法系不同国家和地区之间态度迥然,大致可区分为两派:保守派和开放派。当然,与英美法系不同的是,大陆法系国家或地区都习惯性地选择在立法中对信托作出概括性的定义。

保守派以传统的民法国家——德国、法国为代表。有学者指出,在德国没有法定的信托制度,也没有人要求采纳信托法,可能的结论是德国民法的规则足以灵活地解决信托法的实际难题。② 德国法上存在着与英美法信托功能和结构上相似的 Treuhand③,虽然 Treuhand 习惯上也译为"信托",但其与 Trust 不具有可比性。一方面,Treuhand 在德国法上缺乏系统性的规定,Treuhand 的规则是判例和法学研究的成果。另一方面,Treuhand 理论以罗马法信托法律行为理论和日耳曼信托理论为基础发展而来,因此,Treuhand 本身具有浓厚的古罗马法上的 fiducia 的气息。在法国,起初的情况和德国颇为相似,立法者们对信托的承认和引进都抱有一种抗拒的心态,这一点从法国1991年11月26日签署了《海牙公约》但至今尚未批准的事实就能充分反映。另外,法国此前曾三次尝试着对信托进行立法,但受制于行政机关的阻挠,草案未能提交至议会进行讨论。可喜的是,该国最终还是勇敢地踏出了这一步——2007年2月19日公布生效的《关于建立信托制度的法律》标志着信托制度开始在这块古老的大陆法系土地上生根发芽。法国

---

① 克茨. 信托——典型的英美法系制度[J]. 邓建中,译. 比较法研究,2009(4):152.
② 张天民. 失去衡平法的信托——信托观念的扩张与中国《信托法》的机遇和挑战[M]. 北京:中信出版社,2004:159.
③ Treuhand 一般被理解为:某人受委托为他人利益或客观目的而处分物或权利。其中,受托之物或权利构成信托财产(Treugut 或 Treuhandvermoegen)。委托人(Treugeber)和受托人(Treuhaender)既可以是自然人也可以是法人。在多数情况下,委托人就是受益人(Beguenstigter),在某些情况下,受益人也可能是受托人或第三人,第三人为受益人的,称为受益第三人(Drittbeguenstigter)。参见孙静. 德国信托法探析[J]. 比较法研究,2004(1):86.

的信托制度是作为取得所有权的一种方式规定在《法国民法典》的第3卷"取得所有权的不同方式"中的第14编,该编开篇就抛出了"信托"的概念:"信托是一种运作:一个或多个设立人向一个或者多个受托人转让其现有的或者未来的物、权利或担保,或者将现有的或未来的物、权利或担保作为一个整体一并转让,受托人将其与自有资产相分离,并按照特定目的为受益人的利益行事。"[1]可以看出,法国式的信托一方面坚守了绝对所有权原则,受托人取得让渡后的所有权,只是这种所有权要受到特定目的的限制;另一方面则吸收了英美法信托特有的"自有资产"和"信托资产"相分离的资产剥离技术。

与保守派在移植信托制度上谨小慎微的态度不同,开放派在这一问题上则表现得要积极和主动得多,比如日本、韩国和中国台湾地区等这些新兴大陆法系国家和地区。笔者认为原因在于:政治上,这些国家多与英美国家关系密切,尤其二战后,在冷战思维和地缘政治的影响下,这些国家和地区深受美国政策的影响。经济上,这些国家和地区都积极学习西方的经济制度,尤其是积极地向美国靠拢。日本是这些国家和地区在信托立法上的开拓者与风向标。日本于上世纪20年代就制定了《信托法》,该法第1条规定:"本法所称信托,系指有财产权转让和其他处理行为,令别人遵照一定的目的进行财产管理和处理。"由于该定义过于简单,而且限定了信托的设立方式,在面对众多新类型的信托形式时显得力不从心,因此日本在2006年对《信托法》进行修改时对信托的概念作出了重新的界定。新《信托法》第2条第1款规定:"本法所称信托,是指特定人按照一定目的(专门谋取该人之利益的目的除外。该条亦同),并根据下列条款所示方法之一者,为实现财产管理或处分以及为实现该目的而实施必要行为。"结合该条第2款的规

---

[1] 李世刚.论《法国民法典》对罗马法信托概念的引入[J].中国社会科学,2009(4):110.

定,日本法上信托的设立方式有三种:信托契约、遗嘱和宣言信托。① 韩国紧跟着日本修法的步伐,新修订的韩国《信托法》对信托采取了与日本新信托法相类似的定义,因而有"日本法的翻版"之称。韩国《信托法案》第2条:"基于信托设定人(委托人)与信托接受人(受托人)之间的信任关系,将特定财产(亦包括营业或著作权的一部分)转移给受托人,或设定担保,或进行其他处分,让受托人为某人(受益人)的利益或其他特定目的,管理、处分、运用、开发财产,以及为实现信托目的而实施其他必要行为的法律关系。"日本信托立法的改革历程同样深刻影响到了我国台湾地区立法上对信托概念的界定。我国台湾地区于1996年颁布了"信托法",该法对信托的界定是以日本旧信托法为参照。我国台湾地区"信托法"第1条规定:"称信托者,谓委托人将财产权移转或为其他处分,使受托人依信托本旨,为受益人之利益或为特定之目的,管理或处分信托财产之关系。"2008年8月,我国台湾地区的"信托业商业同业公会"委托相关学者,参酌美国和日本的立法例,研议完成了信托法修正建议草案。② 该草案对信托概念进行了修订,使其在内容上与日本新信托法上的信托概念非常相似:"称信托者,谓委托人将财产权移转、设定担保物权或为其他处分,使受托人依信托本旨,为受益人之利益或为特定之目的,就信托财产为管理、处分或其他必要行为之关系。"③

3.我国信托法上信托的概念

我国《信托法》于2001年4月28日由全国人大常委会通过并于2001年10月1日起施行。《信托法》第2条规定:"本法所称信托,是指委托人基于

---

① 日本新《信托法》第2条第2款规定:本法所称"信托行为",是指根据下列各项所示信托之区分,由各项所做出的规定。一、按照下条第一项所示方法而设立之信托该项下的信托契约;二、按照下条第二项所示方法而设立之信托该项下的遗嘱;三、按照下条第三项所示方法而设立之信托该项下之书面形式,或电子记录(是指该项规定之电子记录)上所做出之意思表示。

② 此次修订的重点包括增订信托类型、健全信托法制、信托观念之明确化、信托规定之弹性化及厘清现行法之适用疑义等。参见王志诚,魏子凯.从受托人观点谈台湾信托法之问题与修正方向——以受托人义务为中心[J].月旦财经法杂志,2009(3):3.

③ 台湾信托协会副秘书长李智仁认为,未来台湾"信托法"亦应参考日本新制,就现行法制有所窒碍或模糊之处,重新检讨并修订,以备相关制度,健全信托之发展空间。参见李智仁.日本信托法之修法重点——传统与现代思维之激荡[J].月旦财经法杂志,2008(3):39.

对受托人的信任,将其财产权委托给受托人,由受托人按委托人的意愿以自己的名义,为受益人的利益或者特定目的,进行管理或者处分的行为。"《信托法》的上述规定揭示了我国信托四个方面的基本内涵:第一,信托以信任为基础;第二,信托以财产为前提;第三,信托以受托人为核心;第四,信托以委托人意愿为核心。尽管有学者认为我国信托法对信托的定义"较为详尽"、"较完整地描述了信托的特征",[①]但笔者以为,我国立法上的这一定义仍存在值得探讨和完善之处:第一,从字义可以看出,我国《信托法》对信托概念的界定是立足于行为的角度的,即信托被认定为是一种行为。就传统信托而言,信托通常作为一种财产传承和管理的工具,从行为的角度界定信托似乎并无不妥之处。然而,在商业信托蓬勃发展的当下,信托的组织性特征日益凸显。而且,我国自引入信托制度起就主要运用于商业领域。因此,对信托从"行为"角度进行立法规定是否能适应我国信托制度的未来发展,不无疑义。第二,我国《信托法》所独有的"委托人将财产权委托给受托人"的规定是否符合信托法律关系的本质?针对这一问题,学术界可谓众说纷纭,而立法机关至今仍未有相关的准确解释。正是由于信托财产是否"移转"给受托人这一直接关乎信托本质的关键问题模糊不清,直接影响到了我国信托制度的实施效果。

(二)信托的特征

从上述有关信托概念的探讨不难看出,两大法系对于信托的界定有着不同的侧重点,反映了信托制度的不同特征。英美法系基于信托财产的双重所有权特征,强调受托人对受益人承担的衡平法上的义务。大陆法系则为了能够使信托制度更好地融入整个法律体系中,着眼于信托财产的独立性特征。此外,信托制度与两大法系中某些制度存在着相似之处,通过比较信托与这些相关制度的联系与区别,将有助于我们更准确地认识信托的本质特征。

---

① 陈向聪.信托法律制度研究[M].北京:中国检察出版社,2007:7.

1. 信托与相关概念的比较

（1）信托与委托代理

两大法系中，委托代理与信托都非常相似：都是财产管理的方法，都建立在一方对另一方信任的基础上，都是委托他人代为处理事务或管理处分财产，都是既可有偿也可无偿等。但两者仍然存在重要区别。以我国为例，通过我国《民法通则》第四章第二节"代理"、《合同法》第二十一章"委托合同"以及《信托法》的相关规定的比较，不难发现两者间的差异：第一，适用的范围不同。信托关系中委托事务的范围限于财产性事务，而委托代理关系中的事务范围要宽泛得多，还可以是非财产性事务。第二，产生的要件不同。信托关系的产生须由委托人将财产权移转给受托人，法律效果则体现为信托财产权利与利益的分离。委托代理关系中委托人无需将财产权移转给代理人，由此在法律效果层面，代理人不享有任何意义上的财产所有权和利益，代理活动产生的有关财产所有权和利益的后果均由委托人所承受。第三，处理事务的方式不同。在信托关系中，受托人是以自己的名义对外开展活动。在委托代理关系中，代理人通常情况下要受到"显名主义"的约束，即必须以被代理人的名义进行活动。虽然我国《合同法》第402条和第403条对隐名代理作出了规定，使得委托代理与信托在外观上更趋接近，但两者仍不能混作一谈：因为在隐名代理情况下，代理人以自己的名义从事代理活动，在法律上不是强制性规定而是选择性规定，而信托受托人以自己名义处理信托事务，在法律上却是强制性规定而不是选择性规定。① 第四，处理权限不同。信托关系中，除委托人在信托文件中给自己保留了权限外，受托人享有处分信托事务的一切权限，不受委托人或受益人的干涉。而委托代理关系中代理人应按照委托人的指示处理委托事务，自身权限受限较多。第五，与第三人的法律关系不同。信托关系中的受托人是以自己的名义对外进行活动，因此受托人为管理信托事务而与第三人发生的法律关系将直接约束受托人和第三人，不及于委托人或受益人。而委托代理关系中的代理人与第三人所发生的法律关系的一切后果均由委托人承担，法律关系约束

---

① 周小明.信托制度：法理与实务[M].北京：中国法制出版社，2012：98.

的是委托人和第三人。即使在隐名代理的情况下,"只要符合隐名代理的构成要件,则无论代理行为有效与否,后果均由被代理人承担"。① 第六,终止的情形不同。信托关系不因委托人或受托人丧失民事主体资格而终止,并且委托人或受托人在信托法或信托文件没有特殊规定的情况下不得解除信托,因此信托关系稳定性较强。而委托代理关系则因任何一方当事人丧失民事主体资格而自然终止,并且,在委托代理存续期间,代理人或委托人均可以随时单方解除代理关系,故委托代理关系法律稳定较差。正因如此,在实务中信托较之委托代理在复杂的、长期的财产管理安排方面更有优势。

(2)信托与第三人利益合同

第三人利益合同,是指合同当事人约定由一方向合同关系以外的第三人为给付,该第三人即因此取得直接请求给付权利的合同。② 无论是英美法系还是大陆法系,第三人利益合同都得到法律的明确认可。信托与第三人利益合同存在共同之处,如两者均以使第三人获得利益为法律上之结果;第三人利益的取得均不受其是否知情或是否有行为能力等因素的限制。因此,有学者认为,信托合同在现代法制中属于一种广义的第三人利益合同的类型,尤其是他益信托与第三人利益合同存在更多的相似之处,即通过当事人之间的合同约定,为第三人与受托人之间设定了债的关系,从而受益人对受托人有直接的请求权,在受托人不履行时,有向法院请求强制执行为其利益而设立合同的权利。③

信托与第三人利益合同虽具有众多相似之处,但两者毕竟分属不同的法律关系,仍具有重大差异:(1)在设立方式上,信托可以契约、遗嘱和宣言方式创设,信托自委托人向受托人交付信托财产时发生法律效力,且信托的设立以委托人、受托人和受益人之间存在信任关系为前提。而第三人利益合同则建立在要约人和承诺人之间合意的基础上,合同的生效不需要要约人将标的物交付给承诺人,此外,也不要求第三人与合同的任意一方存在信任关系。(2)在权利取得的要件上,"信托成立并生效以委托人主观上有创

---

① 尹飞.论隐名代理的构成与效力[J].法律科学,2011(3):107.
② 王利明.合同法新问题研究[M].北京:中国社会科学出版社,2003:390.
③ 吴文嫔.第三人利益合同原理与制度论[M].北京:法律出版社,2009:120.

设信托的意思并于客观上利用某种方式将信托财产独立为要件"。作为纯享信托利益之人的受益人对信托的生效与否关系不大。而第三人利益合同的受益人需以其意思表示作为取得权利的条件。第三人未作出意思表示之前,债权人和债务人可变更或撤销合同。第三人作出不接受合同利益的意思表示的,将视作自始未取得权利。一旦第三人作出意思表示接受利益,其期待利益则转变为确定的利益,此时债权人和债务人不得随意变更合同或撤销合同。(3)在权利的性质和内容上,第三人利益合同中第三人取得的权利的核心是请求债务人为给付,性质上属于债权请求权,"仅具有单纯的对人性质,以使第三人取得债权,同时使承诺人对第三人负担无因的债务"。[①]大陆法系国家多通过赋予受托人信托财产所有权和确认受益人对受托人享有债权请求权来实现移植信托制度的目标,即使在大陆法系背景下信托受益人的受益权和第三人利益合同中第三人所取得的权利性质上同为债权,但在具体内容上前者比后者要丰富得多——除了利益请求权外,还包括信托财产的管理运用、处分以及收支情况的调查权以及说明请求权、信托账目以及信托事务处理的其他文件的查阅、抄录或者复制权等多项权利。

总而言之,第三人利益合同在一定程度上突破了合同的相对性原理,直接赋予第三人享有请求债务人履行合同的权利。就信托内部当事人之间的关系而言,与第三人利益合同颇为相似,但信托不仅具有债权法律关系面向,还具有物权关系面向和组织法律关系面向。信托法律关系可谓系兼具"债权""物权"与"组织"法律关系之三位一体。[②]

2.信托的特征

上述与相似概念的比较为我们更好地了解信托制度的特征打开了方便之门,总而言之,信托的特征体现在财产和主体两个方面,即关于信托财产的制度设计以及信托构架下信托当事人之间的关系。

从财产角度观察,信托的特征在于以下几个方面:(1)信托是一种以财产管理为基础的制度安排。从用益制度演变而来的信托,自诞生之日起即

[①] 陈雪萍.信托与第三人利益契约的比较研究[J].政治与法律,2005(6):83.
[②] 王文宇.信托法的分析架构及可行的发展方向——以台湾地区法制为例[J].北大法律评论,2008(2):297.

已打下了代人管理财产的烙印,因此,信托首先是一种财产管理手段。该功能的实现,依赖于受托人角色的介入,即由委托人所信任的受托人负责信托财产的管理。(2)信托财产具有独立性。信托的成立要件之一是委托人实现信托财产的有效移转,移转后的财产其所有权不再归属于委托人,因而"这一财产就不再从属委托人的债权人所能及的范围"。① 受托人从委托人处获得信托财产,可以自己名义对其进行管理处分,但为保护信托财产的安全和受益人的利益,各国信托法均通过立法对受托人施加严格的限制,要求受托人必须将信托财产与其自有财产相分离,因此信托财产同样不属于受托人的责任财产。受益人虽对信托财产享有受益权,该利益可成为其自有财产,受其债权人追及;但信托财产本身与受益人自有财产在客观上是截然分开的,不受受益人直接占有、支配和控制。总之,"信托财产独立于信托三方当事人的责任财产,不被三方当事人的债权人所追及,这就是信托财产独立性的含义"。② (3)信托财产的管理和收益相分离。信托设立后,受托人以自己的名义对信托财产进行管理处分,但受托人对信托财产的管理处分并非为了自己利益而是为了受益人的利益,管理活动产生的信托利益只归属于受益人。信托的所有与利益相分离的制度设计相似于公司制度中所有者与经营者的分离,从效率上讲,财产运用投资的专业化可以极大地把财产运用到效率最高的地方,因此财产的管理和收益之分离已经成为现代财产管理的主要趋势。信托所有与利益的分离是以英美法系中信托的双重所有权为基础的,如何将英美法中这样一种所有权分割技术,移植到固守一物一权原则的大陆法系国家和地区,则是大陆法系的信托学者们必须作出回应的一个难题。

从主体角度分析,信托的特征表现为信托当事人之间存在的高度的信义关系。一方面,委托人基于对受托人的信任,才会将信托财产移转给受托人,信托才得以成立。另一方面,这种信义关系主要作用于受托人和受益人。"事实上,信托在受托人和受益人之间创设了一种相当高的信义关

---

① 哈伊.美国法律概论[M].沈宗灵,译.北京:北京大学出版社,1997:92.
② 宋刚.信托财产独立性及其担保功能[M].北京:北京师范大学出版社,2012:90.

系。"① 正因如此,英美信托法对受托人课以"信义义务"(fiduciary duty)的约束,使其在管理信托财产时必须为受益人的利益行事。信义关系起源于衡平法,受到衡平法的调整和救济。相比之下,大陆法系并无与此相对应的法律体系:信义关系不同于身份关系,虽皆为一方当事人与他方当事人的依存关系,但信义关系并非全面性的依存关系,仅限定于一定范围之内,未必要满足受益人的一切需求。并且受益人一般情况下不受受托人控制,不对受托人负责。此外,信义关系也异于契约关系,虽当事人均有选择自由,但信义关系可将专门为满足一方当事人的需求作为目的。因此,信义关系乃修正并调整契约关系之交易自由及具有身份关系特性之权力而成之依存关系。② 由此可见,在大陆法系的背景下,怎样构建信托当事人之间的权利义务关系,以实现信托制度的目的,是摆在所有移植信托制度的大陆法系国家和地区面前的一道有待解答的命题。

三、信托的历史转型

(一)信托立法形式的转型

英美法系属于判例法体系,起源于英国的信托制度早期主要体现为判例法形式。但信托制度在英美等国的发展过程中,其立法形式已日渐显现出成文化的趋势,表现为大量有关信托的成文法律文件的颁布。至于大陆法系,由于其属于成文法体系,所以移植信托制度的大陆法系国家和地区多通过相关立法机构制定信托法的形式。信托制度的成文化方便了对其进行广泛传播和深入认识。

1. 英国信托制度的成文化

英国出现的第一个针对信托关系予以规范的成文法案是1893年的《受托人法》,其后该法被1925年的《受托人法》所取代。1925年的《受托人法》在英国信托发展史上有着举足轻重的地位,该法对信托关系作了比较全面

---

① 高凌云.被误读的信托——信托法原论[M].上海:复旦大学出版社,2010:27.
② 王志诚.信托之基本法理[M].台北:元照出版有限公司,2005:18.

的规定,涵盖了受托人的投资及其一般权利、受托人的任命与解任、法院的权力等。其后,英国在制定成文信托特别法的道路上越走越远,颁布了数量众多的信托成文法,如1896年《司法受托人法》《公益受托人法》《永久产业与收益累积法》《慈善信托确认法》《慈善信托法》《受托人投资法》《国家信托法》等等。但是,有观点指出,"英国近现代信托法虽有成文化趋向,却始终未改变以判例法为主要形式的英国特色"。[①]

2. 美国信托制度的成文化

美国信托制度乃沿袭英国法之产物,故法律形式主要体现为衡平法上的判例规则。然自20世纪初以降,随着成文化的蓬勃兴起,美国信托立法的成文化趋势也明显增强,主要体现为三个方面:(1)各州信托法的法典化。美国采联邦体制,各州对宪法明文规定属于联邦立法权限之外的事项或联邦与州均有立法权的事项,拥有独立的立法权。如今,美国各州信托法的成文化趋势已相当明显,不少州已经制定出全面调节信托关系的信托法典。[②] (2)联邦成文信托法的制定。在联邦层面,针对信托关系中的特殊问题作出规制的多个成文的信托特别法经美国国会批准得以陆续出台。如规范信托公司业务活动的《信托公司准备法》(*Trust Company Reserve Law*);规范信托收据的《统一信托收据法》(*The Uniform Receipt of Trust Act*);规范投资公司利用信托基金投资的《投资公司法》(*The Investment Company Law*);规范信托契约的《信托契约法》(*Trust Indenture Act*)。(3)统一各州信托法的实践。美国目前有两大组织致力于推动各州法制的成文化与统一,一是前文提及的美国法学会,二是统一州法委员会(The Uniform Law Commission)。以信托为例,前者致力于整编蕴含于判例之中的关于信托的法律原则与法律规范,如《信托法重述》;后者致力于直接制定与信托有关的成文法律草案,试图获得各州的承认而最终成为统一适用的法律规范,如《统一信托法典》(*The Uniform Trust Code*)。尽管《信托法重述》只是一部

[①] 冯守尊.论信托的契约性[D].北京:对外经济贸易大学,2007:77.
[②] 比如纽约州、密歇根州、明尼苏达州、维斯康辛州、加利福尼亚州、蒙大拿州、南科达重州、北科达州、佐治亚州、印第安纳州、宾夕法尼亚州等。另外,其他州虽尚无信托法典,但或正准备制定(如路易斯安那州),或就某一方面已制定有成文信托特别法(如华盛顿州)。

法学著作,《统一信托法典》只有被各州立法机关采纳才能具备法律效力,但是,"它们成了各州信托立法与司法的示范,对于美国州法的统一与信托法制的成文化的影响将是不可估量的"。①

(二)信托制度功能的转型

回顾信托诞生的过程,不难发现,早期信托主要立足于移转和保有土地的制度设计,由此也决定了受托人虽为信托财产名义上的所有权人,但对信托财产并无实际管理的权力,"受托人角色为全然消极,而当时信托之主要功能无非借此'人头'设计迂回规避法律规定"。② 但随着农业社会向工业社会转型,封建土地束缚逐渐瓦解,大量劳动力从土地上解放出来,土地不再是社会财富的主要来源,生产、贸易、金融等也成为创造社会财富的重要手段。至此,信托财产的类型不再局限于土地,逐渐扩张至各种抽象化、非物质化的财产,如股票、债券、知识产权等。信托财产性质的变化,不仅将信托逐渐塑造为一种投资工具,而且重新定义了受托人的职能:受托人不应只是消极保守地持有财产,而应该积极主动地以财产发生增值为目的。在英国,随着1925年《受托法》、1961年《受托人投资法》、2000年《受托人法》的相继颁布和实施,受托人权利逐渐扩大,其各项权利也由具体、特别的权利发展为一般性权利,"受托人的权利正日益朝着真正所有人的权利迈进"。③ 在美国,现代信托的受托人多为专业的营利性机构,"这些机构凭借它们在投资管理、信托会计、税收、法律规制和受托管理方面的专业性不断发展壮大"。④ 这些专业机构在为信托管理注入专业技能的同时,也提升了信托的抗风险能力。此外,受托的法人机构在理论上是无限存续的,从而确保了信托管理的稳定性和可预见性。信托受托人职能和角色的转型对受益人的保护提出了新的要求。早期信托通过严格限制受托人的权力作为保护受益人的手

---

① 周小明.信托制度:法理与实务[M].北京:中国法制出版社,2012:17.
② 方嘉麟.信托法之理论与实务[M].北京:中国政法大学出版社,2004:62.
③ HAYTON D J. The Law of Trusts[M]. 4th ed. London: Sweet & Maxwell Ltd, 2004:165-168.
④ LANGBEIN J H. The Contractarian Basis of The Law of Trusts[J]. Yale Law Journal,1995,105:634.

段,这种权力的限制反映了信托管理中的"保守主义"。现代信托中受托人权力的扩张在带来财产增值可能性的同时,也增加了受益人被受托人权力滥用侵害的风险。因此,现代信托通过受托人义务的完备化和规则化,将受益人的保护建立在"信义法"(Fiduciary Law)的基础上,不仅强调受托人的"有才",还要求其必须"守信",以此规范受托人自由裁量的行使。

信托的现代演进使信托实现了从移转型的传统信托到管理投资型的现代信托的转型,积极信托取代消极信托成为信托制度的发展方向。有学者指出,"信托由中世纪无偿转让型转变成有偿管理型的现代信托,使现代信托法奠基于有偿性、商业性的观念之上,这为商事信托的发展提供了契机"。①

第二节 信托在商业领域发展的制度空间

一、信托在商业领域发展的技术优势

(一)灵活性优势

灵活性是信托制度相较于其他制度的一大优势。英美法信托既可以口头设立,也可以采取书面形式设立。在订立信托条款时,只要符合信托的基本构成要件,委托人几乎拥有无限制的自由来确定信托的管理方式、信托财产及其收益的分配标准及方式等,相当灵活。有观点认为,信托法实质上由默示规则组成,即信托法的规则仅在信托文件没有不同的规定时才适用。并且,"在当代,信托法的默示特征更加明显,因为信托与相对死板的财产移转模式已经无关紧要,并且信托财产和信托目的已经变得多样化"。②

---

① 陈雪萍.信托在商事领域发展的制度空间——角色转换和制度创新[M].北京:中国法制出版社,2006:39.
② LANGBEIN J H. The Contractarian Basis of The Law of Trusts[J]. Yale Law Journal,1995,105:650.

商场瞬息万变,商人们总是希望能寻求一种有效的制度设计来应对商业领域中各种不确定性。信托之所以能运用于商事交易活动中,主要仰赖于信托制度在"剪裁"受益人利益和内部治理机制方面所具备的灵活性。英国的单位信托(unit trusts)和美国的共同基金(mutual funds)就是最好的例证。单位信托为公众参与投资和拓展股票市场投机的吸引力而没有产生所有常见的风险提供了一种非常有价值的途径。由于股票市场的开放性,无论是对于投资者还是对于利用股票交易作为融资手段的公司,信托无疑已经实现了一个重要的商事功能。公众可购买基金单位,他们的购买款将存放在受托人处,借助受托人的管理决策来实现投资回报。所以,受托人的技能对于信托是否正常运作至关重要。正是管理人受托作出投资决策才消除了股票市场对公众产生的某些风险。并且,基金的规模决定着能否进行更宽泛的投资,从而进一步降低投资风险。[1] 在美国的共同基金领域,信托形式的灵活性则表现为在创设和消灭信托份额方面的相对简便。比如,美国上世纪70年代中期出现的货币市场基金(money market funds),由于对短期利率的波动非常敏感,因此其发行份额的数量会剧烈变化。利率下降时,赎回基金份额;利率上涨,则发行新的基金份额。货币市场基金对信托形式"情有独钟",是因为信托文件可约定对份额数量的发行不设限制,不像公司法限制公司只能在公司营业执照许可的最大数额内发行股票,增发股份将产生协商和获得股东批准的成本。有学者认为,信托的灵活性根源于其可作为一种赠与性转让。"如果从财产所有权人有绝对的自由按其意愿处分其财产的根本原则出发,那么干预这种赠与安排自由的绝对性没有理论基础,换言之,没有理由阻止赠与人创设其所喜欢的任何组织形式来实现赠与目的。"[2]因此,信托的灵活性充分凸显了信托的自由天性,极大地促进了信托在商业领域中的发展。

---

[1] EDWARDS R, STOCKWELL N. Trustsand Equity[M]. 7th ed. Essex: Pearson Education Limited, 2005:68.

[2] LANGBEIN J H. The Secret Life of The Trust: The Trust As An Instrument of Commerce[J]. Yale Law Journal, 1997, 105:184.

(二)破产隔离优势

在美国法上,"尽管受托人破产,受益人可保留其在信托财产上的利益",因此,受益人"有权(保留他的利益)对抗受托人的普通债权人"。① 其法理依据是信托将受益人视为信托财产的真正所有人这一结构特征。信托法的另一项根本原则——财产分离——通过要求受托人必须明确划分自己的财产和信托财产从而强化了该破产隔离功能。相关的规则还包括要求受托人合理标示信托财产,禁止受托人将信托财产与自己财产相混合。② 这一分离制度将信托财产从非信托财产中分离出来,却不必将信托财产所有权存放在具有法律人格的另外的实体之上,例如公司。③ 以养老金信托为例,破产隔离功能能在雇主破产的情况下保护养老金的受益人。具体言之,当雇主陷入破产境地时,考虑到雇主往往还有其他负债,此时养老金债权将面临减少的危险。然而,通过信托机制,雇主可创设一个独立的信托来兑现支付养老金的承诺。雇主的破产不会干扰养老金信托计划的实施,因为信托财产已被分离。无论现在抑或将来,受益人都只能要求信托而非破产的雇主支付养老金。

(三)信义义务优势

对商事交易参与者而言,信托形式的另一重要优势在于信托自动援引信义法这一特殊保护制度来维护投资者或受益人的利益。现代金融资产的有效管理通常要求受托人在信托财产的交易中享有广泛的权力。信托信义法有效规制了受托人权力的扩张,要求其必须为受益人的最佳利益行事。"受托人的处置权带来了使财产增值的可能性的同时,也增加了受益人受侵害的风险。为保护受益人免遭受托人权力滥用的损害,信托信义法发展起

---

① Restatement (Second) of Trusts § 12 cmt. f (1959).
② Restatement (Second) of Trusts § 179 cmts. b,d (1959).
③ LANGBEIN J H. The Secret Life of The Trust: The Trust As An Instrument of Commerce[J]. Yale Law Journal,1997,105:180.

来,替代了先前未对受托人授予权力的体制。"①信托信义法有两大原则:忠实和谨慎。忠实义务要求受托人仅为实现受益人利益而管理信托,因此禁止受托人与信托财产发生自我交易和参与有悖于受益人利益的利益冲突交易。② 谨慎义务则施加了一项合理性标准,即要求受托人在管理信托时必须像一个普通谨慎之人处理自己的财产事务那样运用相应的注意和技能。忠实义务和谨慎义务的履行在特定情形下衍生出许多具体的规则要求,例如谨慎投资、分散投资、保管和报告信托账户等义务。③

信托信义法是一部任意性法律,当事人可以按照他们的需要对之作出更改。但是,通常情形下,信托信义法所提供的保护措施正是交易当事人在彼此的交易活动中所希望吸收进去的。例如,投资人更倾向于进行这样的交易,即他们所依赖的受托人所实施的管理行为要受到传统信托标准的约束。并且,对于某些商事信托,比如养老金信托,监管制度中就引入了信义制度的一些规则或全部规则。此时,监管制度将任意性的法律规范转变为具有强制力的法律规则。

(四) 节税优势

英美信托与生俱来的功能之一就是规避税赋,因此与其他制度相比,信托具有避税的优势。"就信托的发展过程而言,尤其是现代信托,在更大的程度上是通过灵活的体制在税收规则面前实现财产处分的自由。"④所谓灵活的体制实际指的是信托在税法上所具有的"税收导管"(conduit taxation)功能。在英美,税收之课征往往以所有权为基准。与公司既在实体层面又在股东受益层面课税的双重课税体制不同,由于信托财产存在名义上的所有权和实质上的所有权的分离,受托人享有的仅为名义上的所有权,实质上的所有权归受益人享有,所以信托仅在受益人层面课税。

---

① LANGBEIN J H. The Contractarian Basis of The Law of Trusts[J]. Yale Law Journal,1995,105:642.
② Restatement (Second) of Trusts §17 (1) (1959).
③ Restatement (Second) of Trusts §174(1959).
④ 张天民.失去衡平法的信托——信托观念的扩张与中国《信托法》的机遇和挑战[M].北京:中信出版社,2004:271.

运用信托避免双重征税已经成为一股驱动力推动着商事信托的发展。在美国,养老金信托正是利用了信托的节税优势。雇主在设立养老金信托时就可享有税收减免,亦即使得雇员在直到退休前的若干年或数十年内的收入免于课税。而且,养老金信托免征投资收入所得税,因此投资所得是免税的。养老金基金的本金和收益仅在最终分配给退休人员之前才课税,而且税率低于他们工作时期的所得税税率。在英国,贸易信托是作为一种重要的避税工具出现的。贸易信托使得商人们可通过设立信托由受托人来经营一种贸易或进行一种营业,针对贸易信托的利润进行课税的税率要低于公司营业所得税税率和个人收入所得税的税率。[①] 在加拿大,商业收益信托(business income trusts)的兴起也同样归因于信托的节税功能。收益信托模式在过去主要用于房地产投资信托和石油与天然气特许开发权利信托。最近,收益信托作为一种融资工具广泛用于旅馆、消费产品、交通运输和工业产品等商事领域。这些商业收益信托以特许权使用费或利息的形式将实体的运营收益分配给信托,信托再将收益分给信托单位的持有者。特许权使用费或利息的扣除实际上减少了运营实体层面的税赋。将收益通过信托分配给投资者使得营业收入得以流向投资者而在投资者层面课税。[②]

二、信托在商业领域发展的类型盘点

信托法律制度虽源于英国本土,但让信托在商业领域大放异彩则是美国的功劳。"无论在法律上还是功能上,美国的商事信托制度一直引导着各国商事信托制度形成和发展的趋势。"[③]在美国,对于运用于商业领域的信托的具体类型,学者们的观点各有不同。Langbein 教授认为,运用于商业领域的信托类型包括:(1)养老金信托。(2)投资信托。具体包括共同基金、不动

---

① EDWARDS R, STOCKWELL N. Trustsand Equity[M]. 7th ed. Essex: Pearson Education Limited, 2005:72.

② GILLEN M. A Comparison of Business Income Trust Governance and Corporate Gover ance: Is There a Need For Legislation or Further Regulation? [J]. McGill Law Journal, 2006, 51:330.

③ 沈四宝. 商事信托制度的现代发展[J]. 甘肃政法学院学报, 2005(4):2.

产投资信托、石油天然气特许权开发权利信托、资产证券化。(3)信托契约法下的公司信托。(4)法制监管信托。具备包括核报废信托、环境整治信托、清算信托、预付丧葬费信托、外国保险人信托、律师事务所信托账户。(5)救济型信托。① 另一学者 Schwarcz 教授则认为商业领域中的信托类型划分应同时考虑信托有无商事信托的标签和信托是否用作商业领域这两个标准,"这两种分类法都需要,因为功能和标签之间有时存在错误的关联性:某些实体有信托之名而无信托之实,而某些实体有信托之实却无信托之名"。② Schwarcz 教授指出,运用以上两个标准,商业领域中的信托可划分为作为特殊目的载体的信托、用于分散借贷风险的信托、统合型信托、商业信托、信托合约、信托契据、共同基金、不动产投资信托、金融资产证券化信托等类型。

大陆法系信托囿于有限的空间,更多出现在商业领域用于实现商事交易的目的。比如法国的信托制度,虽然吸收了英美信托的合理因素,但由于本土法律传统和大陆法系法律思想的约束,"成为当今世界所有法域中运用范围限制最多、政府介入最为广泛的信托制度,其结果使得信托只能用于特定商事主体之间的商事领域",③ 具体包括管理信托和让与担保信托。作为亚洲最早引入信托制度的国家,日本的信托制度也主要用于商事领域。"日本的信托运用主要是规范和促进商事信托的发展,而且主要集中于财产管理和投资两个方面,这源于日本的财产以不同的形式逐步积累的需要。"④ 日本《信托法》2006 年修改后,信托的实用性和任意性进一步加强,信托的广泛利用推动了新的商事信托类型不断涌现,除了传统的担保权信托、证券投资信托、不动产信托等类型外,还出现了知识产权信托、事业信托、受益人证券

---

① LANGBEIN JH. The Secret Life of The Trust:The Trust As An Instrument of Commerce[J]. Yale Law Journal,1997,105:168—178.
② SCHWARCZ SL. Commercial Trusts As Business Organizations:Unraveling the Mystery[J]. Business Lawyer,2003,58:563—564.
③ 吕富强.论法国式信托——一种对本土资源加以改造的途径[J].比较法研究,2010(2):68.
④ 陈雪萍.信托在商事领域发展的制度空间——角色转换和制度创新[M].北京:中国法制出版社,2006:253.

发行信托等新类型。"为充分规范商事信托,系统地规范信托的多种利用情形",韩国于 2009 年对信托法进行了修改。[①] 修改后的《信托法》除了存在证券投资信托、金钱信托、不动产信托、土地信托、住宅信托等商事信托类型外,还引入了受益证券发行信托等新的类型。我国台湾地区的信托制度也主要运用于商事领域。我国台湾地区对于运用于商业领域的特定类型的信托通过分别立法的形式加以规制,除了"信托法"、"信托业法"等信托基础法制外,还包括"都市更新投资条例"、"共同信托基金管理办法"、"信托资金集合管理运用管理办法"、"金融资产证券化条例"、"不动产证券化条例"和"证券投资信托及顾问法"等特别法制,针对都市更新投资信托、共同信托基金、信托资金集合管理运用、土地融资开发信托、特殊目的信托、不动产投资信托、不动产资产信托、证券投资信托等在商业设计上的需要确立了相应的特殊法律规范。

第三节　商业信托概念的厘清

随着信托的应用从民事领域扩展到商事领域并演变成为信托发展的主流趋势,对信托商业功能的探讨逐渐成为信托学术研究的一个重要分支。对于应用于商事领域中的信托,英美法系上存在着 commercial trust 和 business trust 两种称谓,而我国则存在着"商事信托""商业信托""营业信托"三种不同的称谓。无论理论界还是实务界,我国都存在着将英美法系中的两种称谓与我国上述三种称谓作为同义词不加区分地任意使用的情形,由此也造成了我国信托法研究中概念上的理解混乱。这也从一个侧面说明了我国对商业领域中的信托制度还缺乏清晰的认识。笔者拟通过探讨不同法系之间各种相似概念的异同,厘清作为本文研究对象的商业信托的概念,以构建本文研究的理论基础和语境共识。

---

① 崔埈璿.韩国信托法的改正[C]//王保树.商事法论集.北京:法律出版社,2010:286.

一、两大法系商业信托概念的考察

(一)英美法系:commercial trust 与 business trust

commercial trust 是相对于英美法上传统的无偿转让信托(gratuitous trust)的一个概念。Langbein 教授认为,commercial trust 指的是通过协商议价进行交易的信托,有别于赠与性转让。因此,慈善信托、有着信托"标签"的政府预算方案、对于破产人或死者财产进行管理的信托、在转让不动产交易中所使用的信托形式均被排除在 commercial trust 之外。[①] Schwarcz 教授也是从这一角度定义 commercial trust。他指出,依传统观点,信托即为赠与。赠与人——被称为委托人——将财产转让给受托人由其为受益人的利益而持有。commercial trust 与 gratuitous trust 有着根本的区别,指的是运用于贸易、金融和其他商事领域中的信托。[②] Plank 教授将 commercial trust 分为两种不同的类型。第一种类型称为用于商业目的的传统信托(traditional trust used for commercial purposes)。此类信托中受托人的主要作用在于收集、保存和分配信托财产。受托人不得过多地参与到各种商业活动中。基于信托而产生的合同及侵权责任通常由受托人承担个人责任,仅在有限的情形下才以信托财产承担责任。此外,与传统的赠与信托一样,传统的商事信托并不被视为是一种类似于公司那样的法律组织。另一种则是用于从事商业经营的 business trust。business trust 在许多方面有别于传统信托:business trust 使用信托财产用于商业经营,信托协议不仅规定了信托财产、受托人的义务和责任以及受益人的权利,还可以对信托可从事的商业活动作出约定。因此,business trust 能参与到不受约束的众多商业

[①] LANGBEIN JH. The Secret Life of The Trust:The Trust As An Instrument of Commerce[J]. Yale Law Journal,1997,105:167-169.

[②] SCHWARCZ SL. Commercial Trusts As Business Organizations:Unraveling the Mystery[J]. Business Lawyer,2003,58:562.

活动中。①

对于 business trust 的定义，我们可以从学者观点、司法判例和法律文献三个层面来探究。(1)学者层面对 business trust 的认识有广义和狭义之分。学者 Timothy Youdan 认为，business trust 不存在一个专门的定义。这一术语被用来指代各种类型的信托，如共同基金信托、养老金信托、证券化运作中使用的信托、不动产投资信托，以及其他通常应用于交易或商业的信托。② 而学者 Flannigan 则认为，business trust 可以被视为非法人合股公司与信托的集合体。它实质上是一种信托，但有着类似于股份公司的内部结构（如受托人机构拥有绝对的管理权能对资产进行管理、可自由转让的信托受益权、受益人年会）。与合股公司（以及合伙）一样，business trust 是根据其成员所确立的条款而建立并受此规范和约束。因此，business trust 堪称为一种经营事业的合同，此种营业的收益与营业的管理是相分离的。③ (2)在司法判例层面，美国联邦最高法院大法官 Sanford 在 1924 年 Hecht v. Malley 一案中对 business trust 所作的界定被认为是"美国迄今为止最权威最经典的普通法商业信托定义"。④ 他指出：商业信托本质的构成要素是财产转让给受托人，受托人依据信托文件条款的规定，为受托人发行的代表信托财产受益份额划分的可转让凭证的不定时持有人的利益持有和管理。这些受益权凭证与公司的股份证书相似并以相似的方式发行和转让，受益权凭证持有人可按比例享有信托财产的收益和信托财产终止时的财产及其收益。⑤ (3)在法律文献层面，由于 business trust 不仅在司法领域得到越来越多的判例的承认，并且美国不少州还专门制定了成文法承认其法律主体的地位和对其进行特殊规制，因此法律文献多赋予 business trust 特定的含义。《布莱克法律辞典》对 business trust 的界定是："一种与公司相类似的商

---

① PLANK T E. The Bankruptcy Trust As a Legal Person[J]. Wake Forest Law Review, 2000, 35:256—260.

② YOUDAN T. Business Trusts: Avoiding the Pitfalls [M]. Toronto: Canadian Institute, 1995:1.

③ FLANNIGAN R. Business Trust—Past and Present[J]. Estates and Trusts quarterly. 1984, 6:375.

④ 刘正峰. 美国商业信托法研究[M]. 北京：中国政法大学出版社, 2009:24.

⑤ Hecht v. Malley, 265 U.S. 144, 44 S. Ct. 462 (U.S. 1924).

事组织,其投资者持有的是可转让的受益权凭证(而非股票)。"《美国法律释义》将其定义为:"商业信托是商事组织的一种类型,其中受托人为受益人的利益管理和控制信托财产,受益人的受益权表现为可转让份额。"[①]《美国法学百科全书》(第2版)指出,要成为 business trust 必须满足以下要件:积极参与并从事商事活动;具有公司的一些明显特征;主要基于商业目的而创设。因此,一项雇员养老金计划信托,其中的债权人是受托人并且只有单一的受益人,由于受益人利益缺乏可转让性和没有外部的投资者或参与者,所以不是 business trust。[②]

综上,不难发现,在英美法学术研究中 commercial trust 和 business trust 两者的内涵并非完全一致:(1)commercial trust 这一概念是在同传统的无偿转让信托相比较的前提下使用,仅存在于学术研究当中,其内涵丰富,外延广泛,涵盖了用于商业目的的各种信托类型。(2)英美法学界对于 business trust 的认识和研究是游走在广义和狭义范畴之间的:广义层面的 business trust 是指运用于不同的商业目的情形下的各种信托形态,此时其内涵上接近于 commercial trust。狭义层面的 business trust 则指信托被作为一种法律形式进行某一特定商事交易或实现某一特殊商业目的。(3)在美国,business trusts 随着司法判例的承认和各州立法的调整而有着特定的含义,特指一种与合伙、公司等主体分庭抗礼的商事组织。因此,在当下的立法文本抑或学术文献中,大多是以狭义层面的 business trust 为规制或研究对象,换言之,business trust 狭义层面上的含义已成为 business trust 的特定内涵。

对于 commercial trust 和 business trust,我国学界倾向于将前者称为"商事信托",后者称为"商业信托"。作者认为:(1)"商事信托"是与民事信托相对应的一个概念,民商事信托的划分只存在于大陆法系国家和地区,英美法上并无将信托分为民事信托和商事信托的传统。虽然 commercial trust 与商事信托都可泛指运用于商业领域中的信托类别,但与 commercial trust 相对应的无偿信托与商事信托相对应的民事信托并非具有同等的含

---

① 12A C.J.S. Business Trusts § 1.
② 9 Am. Jur. 2d Bankruptcy § 48.

义。为避免概念间的混淆,笔者倾向于将 commercial trust 称为"商业化信托",意指以信托为工具应用于商业活动。①(2)由于 business trust 已得到美国立法的承认而具有特定含义,且我国学界已基本认同"商业信托"特指"以信托形式组织起来的一种自愿的联合体"。② 所以笔者遵循学界的共识,本文语境下的"商业信托"是 business trust 的特定称谓。(3)商业化信托(commercial trust)和商业信托(business trust)的关系在于:一是商业化信托是一个泛化的抽象化的概念,是对信托在商业领域广泛应用现象的描述;商业信托是一个特定的具体化的概念,是对作为一种投融资工具、一种与公司、合伙等分庭抗礼的法律主体形态的描述。二是 Schwarcz 教授和 Plank 教授都将商业信托归为商业化信托的一种类型,据此可认为,商业化信托是商业信托的上位概念,商业信托是商业化信托的一个子类型。(4)商业化信托由于所涵盖的范围过于宽泛而缺乏外延上的确定性和性质上的单一性,不利于学术研究之进行;而商业信托是商业化信托作为企业组织应用的典型例证,"信托在交易活动中的性质发生了质的跃升,它变成了一种类型的组织"。③ 因此,对商业信托的研究不仅必要,且具有重要的学术价值。

(二)大陆法系:商事信托与商业信托

1.民商事信托的划分

大陆法系中,通常将信托划分为商事信托与民事信托,将商事信托视为与民事信托相对应的概念。通过商事信托和民事信托的划分,构建起两者不同的法律调整规则:民事信托原则上适用信托法和民法的规定,商事信托原则上除受到信托法的一般规定和信托法原理的规制之外,各国还专门制定相关的法律予以规范,并设立专门机构加强监管。

如何划分民事信托与商事信托,或者说,民事信托与商事信托的划分标

---

① 谢哲胜.从商业信托的概念论投资信托的法律架构——兼评"都市更新投资信托公司设置监督及管理办法"第 20 条的规定[M]//谢哲胜.财产法专题研究(三).北京:中国人民大学出版社,2004:222.
② 沈四宝.商事信托制度的现代发展[J].甘肃政法学院学报,2005(4):1.
③ 俞锋,李海龙.商事信托的现代勃兴与监督困境[J].浙江金融,2012(7):61.

准,学界当下存有争议。有学者总结出民事信托与商事信托理论上存在如下八种划分标准:(1)从受托人是否收取信托报酬的角度来衡量;(2)从受益人是否有偿取得受益权的角度来衡量;(3)着眼于行为,从受托行为是否为营业性商行为的角度来衡量;(4)着眼于主体,即是否是提供连续性、反复性信托业务的信托业者受托的信托;(5)是否存在多数受益人,即受益人间是否存在集团性;(6)着眼于信托类型,即是否为发行受益证券信托或限定责任信托;(7)信托目的是否包含取得营利目的;(8)着眼于受托人的作用或者信托本身的功能。[①]

2. 商事信托与营业信托的同等对待

在移植引进信托制度的大陆法系国家和地区中,"商事信托"一词多见于信托理论研究中,法律文本中使用的则是"营业信托"的称谓。如何认识两者之间的关系?晚近日本学者神田秀树采用上述第四项和第八项标准,认为应着眼于信托业者和其所发挥的作用,主张商事信托的范围应比营业信托狭窄。[②] 依神田秀树教授的观点,营业信托应包括民事信托和商事信托,前者的受托人仅消极地或被动地管理处分信托财产,后者的受托人积极投资运用或履行信托事务。但学界的主流观点是依据上述第三项和第四项标准将"商事信托"和"营业信托"等同视之,比如日本学者中野正俊以受托人是否营业为目的将信托区分为营业信托或商事信托和非营业信托或民事信托。[③] 我国台湾地区学者赖源河和王志诚也持同样观点。[④]

对于学界通说认为商事信托等同于营业信托的现象,作者认为,其原因可能在于两个方面:(1)大陆法系的法律理论和实践对"商主体""商行为"的认识。在大陆法系中,商主体制度和商行为制度被认为是构成广义商法的两大基本制度。商主体表明法律主体应当具有商人的身份,具备商法上的资格和能力。商行为则表明商主体是以营利为目的而从事特定的行为。从

---

① 神作裕之.日本信托法及信托相关法律的最新发展与课题[J].杨林凯,译.中国政法大学学报,2012(5):76-77.
② 三菱日联信托银行.信托法务与实务[M].张军建,译.北京:中国财政经济出版社,2010:15.
③ 中野正俊.中国民事信托发展的可能性[J].法学杂志,2005(1):14.
④ 赖源河,王志诚.现代信托法论[M].北京:中国政法大学出版社,2002:39.

商主体的角度观察,商事信托的受托人须遵循商事主体法定的立法规制原则;从商行为的角度观察,商事信托必须以营利为目的。因此,正如某学者所言,受托主体特定是商事信托的形式主体特性,营利性是商事信托的本质特性,营业信托和商事信托之间在主体特性和本质特性等方面都是一致的。① (2)日本修订前的《信托法》第6条规定"以承受信托为营业者,其行为为商事行为",故日本学术界以此为依据多将营业信托与商事信托视为一体。由于日本是东亚地区最早引入信托制度的国家,也是大陆法系中成功移植和应用信托制度的典范,所以无论是韩国还是我国台湾地区或大陆地区,在引入信托制度时无不借鉴了日本信托立法的经验和吸收了日本信托研究的成果。由于英美法上并无营业信托的概念,因此有理由相信,上述国家或地区信托立法中的营业信托概念很可能取自日本,理论上将商事信托和营业信托同等对待的做法在很大程度上应是受到了日本学界的通说观点的影响。作者认为,商事信托和营业信托是从不同的角度认识商事领域的信托:营业信托的侧重点在于"营业",即经营性的信托业务;商事信托的侧重点在于"商事",即受托人和受托行为的商事化。但在我国当前的理论研究和实务操作上尚无将商事信托和营业信托严格区分的必要,因此笔者遵循我国学界的通说观点,在本文语境下两者含义相同,可替换使用。

3.商业信托属于商事信托范畴

商业信托并非大陆法系立法层面上的概念,因此与商事信托概念一样仅停留在学术文本层面。大陆法系多引入商业信托制度用于商业投资活动,比如我国台湾地区利用商业信托的制度功能设计出证券投资信托、都市更新投资信托和不动产投资信托等多种投资信托形态。但大陆法系对商业信托制度的引入仅停留在功能面和运作面,而未涉及商业信托的组织地位。因此,真正意义上的美国商业信托在大陆法系中并不存在。从上述八项划分标准来看,商业信托均能满足相应的要求:受托人收取信托报酬;受益人有偿取得受益权;受托行为是一种营业性商行为;受托人是提供连续性、反复性信托业务的信托业者;受益人间存在集团性;发行受益证券;以营利为

---

① 江芳.营业信托的受托人权义体系研究[D].北京:对外经济贸易大学,2007:28.

目的;受托人在信托运作中发挥主导作用。因而大陆法系学者多倾向于将有着特定含义的商业信托概念纳入到商事信托概念的范畴中进行探讨。依我国学者的观点,商事信托有两层含义:第一层含义是狭义上的,特指美国法上作为企业组织的商业信托;第二层含义是广义上的,商事信托是与民事信托相对应的概念,概括指代那些具有私益性质、由具有商人身份的主体担任受托人的信托。①

二、本书语境下商业信托的概念阐释

(一)商业信托的学理特征

我国实践中不乏商业信托的具体应用,比如证券投资基金。但我国目前对商业信托尚未有专门的立法界定,学理研究上也只有少量的述及,且言人人殊。对于法学概念的阐释方法,英国法学家哈特曾指出,"此类常见的定义一次要做两件事情,一件事情是通过提供一个代号或公式来把被定义的词转换成其他易懂的用语;另一件事情是通过揭示该词所涉及的事物的特征(既包括此事物与同类事物的共有特征,也包括使之与其他种类事物区别开来的特征)来划定它的范围"。② 作者认为,学理特征对于把握一个概念的基本内涵是必不可少的,一个概念的基本特征能够揭示出这一概念的本质与精髓。因此,笔者拟借商业信托学理特征的剖析,作为理解本文语境下商业信托的基本内涵的出发点。

商业信托本质上运用了信托的基本原理和规则,因此商业信托与普通信托一样,具有信托财产独立、信托的所有与利益相分离、信托当事人之间存在高度信赖关系等特征。另一方面,与普通信托相比,商业信托因有着鲜明的个性特色而成为一种独立的信托类型。

1.商业性

笔者认为,商业信托的商业性体现为商业信托行为上的自益性和商业

---

① 何正荣.现代商事信托的组织法基础[J].政法论坛,2006(2):137.
② 哈特.法律的概念[M].张文显,等译.北京:中国大百科全书出版社,1996:15.

信托管理上的营业性两个方面。(1)他益信托是传统上最典型的信托形式，受托人为委托人指定的受益人的利益管理处分信托财产。在此模式中，委托人财产所有权的转移是一种无对价的财产转让，类似于赠与。对受益人而言，信托财产无异于是上帝的礼物，受益人无须支付任何对价即可享受信托利益。他益信托多用于个人财产管理和家庭财富传承。相比之下，扮演融资中介和投资工具角色的商业信托多以自益信托形式存在。委托人移转财产给受托人并非无偿转让，而是取得信托受益权作为对价，委托人同时也成为受益人。其他投资人要想成为受益人则必须支付对价从委托人手中取得相应的信托受益权。因此，商业信托行为上的自益性突出体现为对价性，包括委托人移转财产时从受托人处取得对价，以及其他受益人取得受益权需要支付对价。(2)商业信托管理上的营业性包含两层含义：一是营利性，即通过受托人的管理活动使信托财产产生收益。但这并非商业信托的独特之处，即使是慈善信托，受托人都负有使信托财产增值的义务，"各类信托管理均具有通常意义的营利性"。[①] 二是事业性，即信托授予受托人以信托财产经营商业的广泛权力，受托人系以如同公司、合伙的商业经营方式管理商业信托的财产。商业经营涉及商业判断，对受托人的专业素质要求较高，信托财产面临的风险较大，因此商业经营方式曾被美国传统的信托法规则视为本质不谨慎的财产管理方式而遭到禁止。比如《信托法重述》(第2版)就有明确的禁止性规定，除非信托条款另有规定，受托人将信托财产用于进行贸易或商业经营是不恰当的信托投资方式。[②] 据此，有美国学者指出，商业信托与传统信托的一个本质区别是基于这样的一个事实，即商业信托主要是一种从事商业行为的工具，而传统信托通常被视作一种保存和维护信托财产的手段。[③]

2. 商品性

商业信托的商品性是基于商业信托受益权的法律架构而产生，主要体

---

① 刘正峰. 美国商业信托法研究[M]. 北京：中国政法大学出版社，2009：32.
② Restatement (Second) of Trusts § 227 cmt. f (1959).
③ CHERMIDE H B. Modern Status of the Massachusetts or Business Trusts[J]. American Law Reports, 1978, 88：704.

现在两个层面:(1)商业信托受益人权益的凭证化或证券化。把权利表现在证券上,使权利与证券相结合,称为"权利的证券化"。传统信托多是无偿的他益信托,受益人数量和权利取决于委托人的指定,故受益人的受益权既有可能具有同质性,也有可能具有异质性,其性质如何取决于委托人的指定。在传统信托模式下,受益人的受益权即使具有可转让性,其受益权益也无法标准化或同质化为可转让的证券,因此传统信托不发行可转让信托受益凭证。相比之下,商业信托受益人的受益权益通过支付对价而取得,故同类受益权益可以标准化为可转让的受益凭证,而且商业信托受益权益的凭证化或证券化既可以在商业信托设立之时实现,亦可在商业信托设立后基于募集资金的需求而实施。另外,美国的证券立法对证券的定义可谓包罗万象,除了股票和债券外,还包括有限合伙的股份、公司成立前关于证券的证明或签署的文件、投票委托证明、证券存放证明、证券担保、股份证明或参加任何利益分享协议的证明。[1] 因此,商业信托受益权凭证在美国属于立法所规定的证券的范畴,美国商业信托受益权益的凭证化同时也意味着受益权益的证券化。(2)商业信托受益凭证或受益证券的流通性。流通性是商业信托受益权可转让性的当代体现。传统私益信托的受益权均具有可转让性,除非信托文件明示受益人的受益权不可转让,比如英国的保护信托和美国的浪费者信托。[2] 商业信托受益人受益权的取得具有有偿性,委托人自无限制受益人权利转让的合理依据,故商业信托受益权的转让具有可转让性,包括商业信托受益权在不同投资者之间的转让,以及商业信托与持有人之间的转让。并且,在受益权益证券化的模式下,"将权利结合在证券上,让与证券即发生让与权利的效力,让与证券极为方便,反复让与即形成流通"。[3] 以我国台湾地区为例,商业信托架构下所发行以表彰受益权的受益权凭证,不论其名称为受益凭证还是受益证券,甚至特定金钱信托下投资人所持有受托

---

[1] 刘俊海.现代证券法[M].北京:法律出版社,2010:11.
[2] 英国的保护信托(protective trust)和美国的浪费者信托(spendthrift trust)都是为了保护不能管理自己财产的成年受益人及其家庭的生活,特意设立的一种禁止受益权转让的信托。两者的设立方式各异,但目的相同。
[3] 谢怀栻.票据法概论[M].北京:法律出版社,2006:7.

机构所寄送对账单上的受益权单位数或信托资金集合管理信托账户下所称基于信托受益权的比例而享有信托受益权者,其意义在于受益人可通过背书转让实体受益证券、请求发行公司赎回、于集中市场上买卖或请求受托机构赎回等方式实现投资商品的流动性或变现性。[①] 总而言之,一方面,商业信托受益权具有凭证化或证券化的功能;另一方面,受益权益的凭证化或证券化又为商业信托受益权的流通性创造了条件,正因如此,商业信托架构下所发行的金融商品必具有商品性。

3.集团性

集团性是针对商业信托受益人而言,意指商业信托受益人人数众多。传统信托也存在受益人集团性的制度空间,一是在信托设立时委托人指定了二人以上的受益人,二是基于受益权的可转让性由二人以上受让受益权。然而传统信托并不必然具有受益人集团性的外观要件,比如在保护信托或浪费者信托中,若委托人仅指定了一名受益人,由于受益权无法转让,故受益人不可能具有集团性特征。相比之下,商业信托受益人的集团性是商业信托所必然具备的,包括形式上的集团性和实质上的集团性两个层面的内容。形式上的集团性是指商业信托通过向投资大众发行可转让受益凭证将众多投资者的财产集合起来,此时商业信托的初始受益人就具备集团性特征。实质上的集团性是指商业信托的初始受益人虽不具备集团性,但商业信托具有向投资大众发行一定数量的信托受益凭证的能力,或初始受益人有权将手中的受益权转让给其他多个投资人,此时商业信托仍具有受益人集团性的特征。总之,正如王文宇教授所认为的那样,商业信托相较于传统信托的一大特性在于受益权的大众化。[②]

(二)商业信托的概念界定

在上述探讨的基础上,可以说,是否运用了信托原理并以此为基础构建、是否具有商业投资目的、是否在运行过程中体现出商业性、商品性、集团

---

① 陈建国.商事信托下受托人忠实义务之研究[D].台北:台湾政治大学,2008:96.
② 王文宇.信托法原理与商业信托法制[M]//王文宇.新公司与企业法.台北:元照出版有限公司,2003:488.

性等特征,这三个方面构成了商业信托的基本辨别要素,对这三个问题的肯定回答亦成为商业信托的基本构成要件。笔者认为,本文所称之商业信托属于信托在商业领域中应用的一种重要形式,系指基于商业投资的目的而设立,信托受益权的获得具有有偿性并且表彰为具有可转让性的受益凭证或受益证券,信托财产由受托人依照信托文件的约定为了受益凭证或受益证券持有人的利益并以商业经营方式进行持有、管理、处分,由此产生的收益由受益凭证或受益证券持有人共同分享的私益信托。

三、商业信托与相似概念的比较

(一)商业信托与营业信托

我国《信托法》第 3 条明确规定该法适用于民事、营业、公益三类信托,但《信托法》未指明营业信托的定义和范围。对此,我国多数学者采用了日本学界的通说观点,认为营业信托是受托人以营业为目的而承办的信托。也有学者认为营业信托是由专门经营信托业务的商业机构担任受托人的信托。还有学者主张从受托人是否收取报酬和受托人的形式两方面为标准,认为如果信托中的受托人收取信托报酬,而且受托人是一个经营性组织或机构,那么该信托形式就应该被归类为营业信托。[①] 但无论何种定义,对于受托人以信托为业这一要件学界是具有共识性的。受托人以信托为业,即意味着营业信托对受托人的专业性有着较高的要求,这与商业信托要求由专业的受托人经营信托财产的旨意是一致的。因此,商业信托与营业信托在受托人层面具有相同的特征。在此条件下,对商业信托的研究不可避免地要关注受托人或信托业的法律地位和法律规制的问题。

但另一方面,商业信托与营业信托毕竟是两个相异的概念,两者不能混为一谈:第一,商业信托已经被赋予了特定含义,营业信托的含义则较为宽泛。第二,商业信托已经具备了企业经营组织的独特属性,美国商业信托的

---

① 朱小川.营业信托法律制度比较研究——以受托人信用为中心[M].北京:法律出版社,2007:10—11.

发展历程已充分印证了这一点,而营业信托则并未体现出独立的企业组织的特性。第三,在运作模式方面,营业信托强调信托的客制化,即强调信托本质是量身定做以满足个别委托人或受益人之需;而商业信托强调集团性,系指必以定型化或标准化之方式发行受益权凭证,投资人所享有之受益权权利应属一致。[①] 正基于此,商业信托有着异于营业信托的特性,在构建商业信托的法制基础时不能仅从受托人层面着手,应全面检视商业信托的本质特性,在此基础上将商业信托的法理融入相关法律规范中。

(二)商业信托与投资信托

信托应用于商业投资活动的情形有很多,其中一个典型例证就是投资信托(investment trust)。而投资信托在不同的国家——比如美国和日本——有着不一样的含义和法律架构。

谢哲胜教授指出,英美文献中,trust 有时被用来指称某一类的行为而不一定限于信托法上的信托行为,此时的 trust 并不必然体现信托法律关系。因此,"当投资人将金钱托付给值得信赖之人拿去投资时,就可能被称为投资信托,此时信托一词可能就和法律术语信托毫无关系"。[②] 以美国为例,美国投资信托的法律框架基本上包括以下三类:(1)投资公司发行股票或债券,将募集之资金投资各种不同类型的证券,在此法律框架下并无信托可言,称为投资信托并非正确的法律用语。(2)设立投资公司,由投资公司将所购买之证券交由信托公司保管,信托公司就作为信托财产的证券向大众发行受益凭证。此种投资架构含有信托行为,投资公司和信托公司以受托人的身份参与,投资者购买受益凭证而成为此一投资信托的受益人。(3)借助商业信托架构成立投资信托,由商业信托向大众发行对属于信托财产的证券可享受利益之受益凭证,投资人成为受益人享有信托利益分配请求权,信托财产由商业信托受托人持有并管理。可以看出,美国法上"投资信托"

---

① 陈建国.商事信托下受托人忠实义务之研究[D].台北:台湾政治大学,2008:96.
② 谢哲胜.从商业信托的概念论投资信托的法律架构——兼评"都市更新投资信托公司设置监督及管理办法"第 20 条的规定[M]//谢哲胜.财产法专题研究(三).北京:中国人民大学出版社,2004:227.

一词只是概称,称呼将资金交由某一值得信赖之机构去从事投资的一种投资形态。

在日本,现代意义上的投资信托产生于1951年制定的《证券投资信托法》,范围上最初仅指契约型证券投资信托,即"根据委托人的指示,以将信托财产投资于特定的有价证券进行运用为目的的信托,并且分割其受益权,以使不特定之多数人取得为目的者"。1998年,日本在被称为"金融大爆炸"的金融体制改革的背景下,对《证券投资信托法》进行了修改,扩大了投资信托的设立形态,引入了作为特别法人制度的公司型投资信托"证券投资法人"制度和以特别投资者为招募对象的私募投资信托制度。2000年,日本再次修法,将投资信托的投资对象扩展至不动产以及其他资产,并将《证券投资信托法》更名为《关于投资信托及投资信托法人的法律》。根据2000年的修法,日本法上的投资信托有狭义和广义之分,前者仅指契约型投资信托,后者则分为投资信托(契约型)和投资法人(公司型)两大类。[①]

综上观之,投资信托概念在不同国家有着或宽泛或狭隘的定义。就本书的研究而言,笔者以日本的立法例为基础,将投资信托界定为仅以信托关系为基础,借助商业信托的架构而创设的一种集合投资方式。投资信托作为一种汇集众人之财用以专业投资的制度安排,其投资人人数众多,投资人同时又是信托受益人。而且,投资是一种有风险的行为,需要借助受托人的专业知识,因此投资信托通常要求受托人需具备相应的资格。在上述方面,商业信托与投资信托具有相似性。另外,本文语境下的商业信托是投资信托的上位概念,投资信托是商业信托的一种典型运作形式,笔者视其为一种集合投资型的商业信托。除此之外,商业信托还包括融资型的商业信托,资产证券化中的特定目的信托就是一种典型的形式。

(三)商业信托与集团信托

信托依其是否可集合社会大众的财产,可分为个别信托与集团信托。个别信托是指受托人就各个委托人所信托的特定财产,个别予以管理的信

---

① 高岚.日本投资信托及投资法人法律制度研究[M].昆明:云南大学出版社,2007:46.

托,其特点着重于受益人的保护及信托财产的特性。集团信托是指受托人受多数委托人的信托,而集合社会大众的资金依特定目的而概括地加以运用,其特点偏重于信托财产的形成方式及受益人的保护。商业信托受益权的可转让性以及受益权益的凭证化或证券化为商业信托得以集合多数投资者的资金提供了便利,故商业信托亦具有集团性的特点,将其纳入集团信托的范畴,殆无疑义。比如,我国的证券投资基金因其具备受益人为多数人和信托财产为金钱等基本要素,可视作最典型的集团信托,同时也是商业信托的一种。再比如,资产证券化中的特定目的信托,在将信托财产转换为受益证券的过程中,为使受益权小额化,必须将受益权分割,以利于投资者认购,从而具有受益人为多数人的特性,故亦属于集团信托的类型。

第四节 商业信托的制度功能与价值取向

一、商业信托的制度功能

(一)资金集合功能

我国台湾学者方嘉麟教授曾以英美的退休基金和单位信托为例,指出信托在实务运用上可作为汇集大众资金之设计。① 商业信托即是此种实务设计的典型体现。商业信托可藉由受益权大众化的特征以公开募集或私募投资者的资金,投资于特定的投资标的。无论是英美的不动产投资信托,抑或日本的证券投资信托,均是借助信托架构的商业设计作为集合投资资金的手段,并通过商业信托的运作机制以使投资人享有高质量、低成本的资产管理。

实践中,商业信托为更好地融合资金,往往通过对受益权进行分割从而设计出不同属性的受益权信托商品。所谓受益权的分割,理论上分为量的

---

① 方嘉麟.信托法之理论与实务[M].北京:中国政法大学出版社,2004:99-100.

分割和质的分割两类。量的分割是指不改变受益权的权利内容而按比例将其分割成小额化或标准化的份额单位。质的分割是将受益权分割为权利层次不同的受益权,乃至于设定各种受益权的优先顺位(优先受益权与次级受益权)或权利内容(本金受益权或收益受益权),从而使受益权具有复层化的构造。[①] 商业信托正是凭借受益权分割技术,满足不同投资者的投资需求,进而拓宽融资范围。例如,在2003年中国华融资产管理公司实施的不良资产处置信托项目中,华融公司将132.5亿元的债权资产信托给中信信托公司设立一项自益信托。华融公司取得自益受益权后将受益权分割为优先受益权和次级受益权,将优先受益权转让给投资者,自己保留次级受益权。对华融公司而言,此举既实现了融资目的同时也降低了融资成本。

(二)资产管理功能

商业信托是在传统信托基础上发展而成的,传统信托所具有的透过受托人机制以管理信托财产的机能,亦为商业信托的基本功能。只是在商业信托架构下,资产管理功能已从传统的信托财产保存和维护,演变为当下通过专业投资机构的介入以扮演受托人角色,对委托人所交付的信托财产进行专业的判断以达资产增值的目的。比如我国的证券投资基金,即是建立在信托法律关系基础上,通过基金公司的专业资产管理能力,以达成基金稳定成长的目的。

(三)资金调度功能

传统上企业调度资金的手段大体可分为直接金融和间接金融两种。前者是以发行股票、公司债等方式于资本市场上获取资金,后者是透过银行或其他金融机构以贷款、发行票券或授信等方式于货币市场取得所需资金。商业信托的出现为企业调度资金提供了更为便利的途径。举例言之,住房抵押贷款是商业银行的一项重要业务,而商业银行所持有的住房抵押贷款债权因性质特殊且金额巨大往往难以通过债权让与的方式回收资金。若透

---

① 王志诚.金融资产证券化立法原理与比较法制[M].台北:五南图书出版有限公司,2005:64.

过商业信托的制度设计,将资金需求者(商业银行)的特定资产(住房抵押贷款债权)设立信托,使其与自身的其他资产相分离,并转变为信托收益凭证或受益证券;同时通过信用增级和信用评级,使信托收益凭证或受益证券达到一定的投资等级,以增加对资金剩余者(投资者)的投资吸引力,从而增强信托受益凭证或受益证券的流通性和变现性。有学者认为,"这种调度资金之方式,实可称为资产金融或资产担保型金融,而有别于传统之资金调度方法"。①

(四)事业经营功能

商业信托基于信托财产独立性的特点,可弹性结合事业经营的各项要素——人和资金——于信托架构内,借助专业受托人的商业经营方式,以实现类似于公司的事业经营目的。亦即,投资人不以设立公司的方式来经营某项特定事业,而是选择组织设计更具弹性的信托架构。以房地产投资信托(REITs)为例,由受托机构将公开募集或私募而成的信托基金,用以投资房地产并自行负责管理或者委托不动产管理机构进行管理,一方面使大额的房地产投资转变为小额的证券投资,使众多投资者获得了投资房地产的机会;另一方面,为投资规模大且投资周期长的房地产行业提供了稳定的资金支持,体现了经营房地产的事业功能。

二、商业信托的价值取向

人类在交易活动中必然会面临两大问题:交易安全和效率。所谓交易安全是指交易和合作的可靠性,而效率就是交易的总收益应大于交易费用,即要有交易合作的剩余。有制度经济学学者指出,安全和效率是制度安排,也是制度结构存在的两个基本原因。② 商业信托作为一项有关财产管理和事业经营的制度设计,其价值取向也同样体现为对安全和效率的追求。

---

① 王志诚.信托之基本法理[M].台北:元照出版有限公司,2005:258.
② 林毅夫.关于制度变迁的经济学理论:诱致性变迁与强制性变迁[C]//科斯,阿尔钦,诺斯,等.财产权利与制度变迁.刘守英等,译.上海:上海人民出版社,2004:378.

(一)商业信托的安全价值

商业信托的安全价值体现在商业信托外部关系的安全和内部关系的安全两个层面上。信托财产独立性是其外部关系安全性之所在,受托人信义义务则是其内部关系安全性之依附。

1. 外部关系的安全性

信托财产的独立性有效地界定了各个当事人责任财产的范围。信托财产均不属于委托人、受托人、受益人的责任财产,因而不在三者债权人的追偿范围之内。总之,信托财产的独立性使信托财产不能被信托三方当事人作为责任财产用于清偿他们的个人债务,信托财产仅用于为与信托进行交易的第三人提供信用担保。尽管在商业信托模式下,信托财产的性质发生了变化,各信托财产汇集成被视作一个整体的信托基金,但该信托基金仍需遵守独立性规则,由受托人通过分别管理或分别记账的方式与受托人的自有财产或其他受托财产加以区分,从而使信托财产有效脱离委托人、受托人和受益人三方的债权人的追索。正因如此,在商业信托中,受让信托财产的受托机构与创设信托的委托机构的破产风险相互隔离,使特定资产的偿付能力不受原始权益人的资信能力的影响,进而保障对该特定资产享有权益的投资者的利益。

2. 内部关系的安全性

现代信托中,作为标的物的财产从不动产扩张至各类金融资产,而金融资产需要积极地管理,故受托人的功能由被动地持有财产转变为主动地管理财产。而且商业信托中受托人以事业经营方式管理信托财产,需履行一系列的投资和管理职责。因此,现代商业信托受托人被赋予了广泛的自由裁量权以应对市场的变化。然而,受托人权力的扩张在为信托财产的增值创造条件的同时,也给受托人滥用权力损害受益人的利益提供了机会。为有效控制受托人滥权以保护受益人,现代信托法确立了受托人的行为标准即信义义务,以规范受托人自由裁量权的行使。重要的是,与其他保护受益人的法律上或社会上的替代措施相比,信义义务更能有效地实现信托内部关系的安全性。具体而言:方法一,受益人可寻找与其利益完全一致的人为受托人,因为趋利避害心里相同,此时受托人滥用权限的风险较少。然而,这种做法不具有现实的可能性。因为现实中至多只能找到利益较为一致的对象,比如家庭成员或朋友。但是,在当前的商业社会中,上述受托人已被商业受托人所取代,由于商业受托人与受益人多数情形下利益并不一致,因此商业受托人较之家庭成员或朋友对受益人有着更大的风险。[①] 方法二,受益人可通过奖赏的方式诱导受托人不滥用其权限,比如规定受托人的管理费与信托财产的收益情况直接挂钩。但此种方法只能一定程度上降低受托人滥用权力的诱因,而无法完全消除,因为当受托人滥用权限取得的利益大于获得的奖赏时,其仍存在滥用权限的可能。方法三,受益人可借由控制受托人,例如规定受托人必须依其指示行事、撤换不胜任的受托人等,也可以避免受托人的不当行为。但受托人若凡事均需依照指示行事,则违背了利用受托人专业知识和能力进行管理的初衷;况且,若凡事均需请示将导致难以有效应对市场变化和缺乏效率。而撤换不胜任的受托人也只是治标不治本的方法,因为新的受托人不一定胜任,而且受益人是否有能力和时间去了解受托人适任与否,不无疑问。方法四,受益人可监督受托人,要求受托人及时报告其行为,以预防其滥用权限。但这种措施无法防止受托人逃避其责任,仅是方便了对受托人进行监督。并且,当受托人隐匿其不当行为时,监管措施的代价是昂贵的,因为委托人未必有时间详细审查,即使详细审查也不一定了解报告内容,无法完全揭示受托人所隐藏的信息。方法五,受益人可寻求自律组织的规范或行政机关的行政命令来预防受托人滥用其职权,但此种措施同样作用有限,并不完备。一方面,自律组织的规范是由各成员共同订立并执行的,各成员的利益与委托人的利益并不一致,"又怎能期待其制订并执行的规范可以完全避免忠实义务人滥用其权限"。[②] 另一方面,以行政机关的行政命令来保护受益人利益的可行前提是该公务人员是该领域的专家,并且管理措施具有全面性和可执行性。总而言之,受益人在享有信义关系所带来的利益的同时未能实施有效的自我保护,因此法律必须进行干预,通过对信义关系产生的风险作出规定以保护受益人免受受托

---

① FRANKEL T. Fiduciary Law[J]. California Law Review,1983,71:811.
② 谢哲胜.信托法[M].台北:元照出版有限公司,2009:57.

人权力滥用的损害。① 可以看出,现代商业信托对信托内部关系的安全性是立足于以受托人的信义义务为中心的事前预防措施。

(二)商业信托的效率价值

效率理念体现为资源的优化配置,以最小的成本实现最大的价值,其目的是确保对资源或物的最有效使用。为了确保资源流向使用最有效率的地方,就有必要让资源为对资源评价最高的人取得。财产的有效利用同样也是商业信托所追求的目标之一。在现代商事领域,信托对效率价值的追求体现在两个方面:第一,为使受益人能获得更大的信托利益,现代商业信托通常由专业化的受托人如信托公司、基金公司对信托财产进行管理。一般而言,委托人或受益人不具备相关的理财能力,而受托人往往是实力雄厚且富有管理经验的理财专家,委托人出于对受托人能力的信任,在其某一项财产上创设信托,让受托人有权直接支配控制信托财产从而确保信托财产能得到最有效的使用。因此,通过受托人的积极管理,由受托人提升信托财产的价值,充分体现了商业信托的效率价值。第二,在赋予受托人管理信托事务广泛的自由裁量权的同时,辅之以信义义务的约束和规范。信义义务的存在可实现对受托人投资行为的约束和规范,引导资源实现最优配置,而且,"受益的并非仅是受益人,而是包括受益人、委托人和受托人在内的整个社会"。② 因此,效率理念的考量同样是信义义务确定为法定义务的理由之所在。

---

① FRANKEL T. Fiduciary Law[J]. California Law Review,1983,71:816.
② 文杰.信托法专题研究[M].北京:中国社会科学出版社,2012:54.

第二章

商业信托的法律性质

第一节　信托的法律性质

一、逻辑起点:信托法律性质的内涵和意义

在诸多学术文献中都不难找到对于信托法律性质的考察和探讨,然何为信托的法律性质,抑或信托法律性质具有怎样的具体含义,学界对此并未达成一致的认识。如果不能明确信托法律性质的内涵,对信托法律性质的研究将缺少立足点,针对信托法律性质的各类学说也将失去共同的基础。因此,阐释信托法律性质的内涵和意义,也就成为探究信托法律性质的逻辑起点。

(一)信托法律性质的内涵

对于信托法律性质的内涵,有学者从受益人的角度来认识,也有学者以信托法律关系为视角进行认定,还有学者立足于信托财产来进行性质的定位,因此学界大体上形成了以下几种观点。

1. 受益人角度:信托受益权性质说

此观点认为,信托的性质,实质上是指信托受益权的性质。"探讨信托性质,涉及信托法律关系的性质、信托财产的性质以及信托受益权的性质。

从实质来看,信托法律关系、信托财产的核心特征,都体现在受益权上。"[1]因此,"对于信托性质的讨论,其核心问题是对受益权如何进行界定"。[2] 如何认识受益权的性质,不仅两大法系之间各有不同看法,即使同一法系内部也存在不同的观点。英美法传统上将权利分为两大类:对物权和对人权。有学者依据受益权只能针对特定的人才能行使的特点,将其认定为对人权;也有学者以受益人的权利可以追踪至获得信托财产的任何第三人为根据,认定受益权是对物权。而新近有学者寻求折中之道,将受益权看作是既非完全的对物权又非完全的对人权的一种混合权利。大陆法系强调财产的绝对所有权,财产权明确地区分为物权和债权,学者们通常以此为基础分析信托的性质,形成了债权说、物权债权并存说等观点。也有学者另辟蹊径,认为不应固守物权债权二分法的思路来解释信托的性质,分别提出了财产权机能说、特殊权利说、代理人说等观点。

2.法律关系角度:信托关系人权利义务说

此观点以信托关系人(主要是受托人和受益人)对信托财产所形成的权利义务的性质为视角来认识和解决信托的法律性质问题,具体是指受托人对信托财产的权利、受托人负担的义务、受益人的信托利益三者的性质问题。以此为基础,法学界对于信托法律性质形成了双重财产权说、物权说、债权说、物权债权并行说等观点。另有学者指出,我们不应该习惯性地机械地套用民法体系中传统的物权、债权和人身权的权利划分,由于受托人和受益人因信托所生的权利难以归入传统财产关系中的任何一种,应该承认它是独立于传统民法财产权利体系之外的第三种财产权利形态。[3]

我国台湾地区也有学者采取相同的思维进路来认识信托的法律性质。有学者指出,从我国台湾地区"信托法"对于信托的界定可以得知,信托制度系存在于委托人、受托人及受益人三方间的法律关系。并且,信托的成立,乃以委托人将财产权移转或为其他处分与受托人为要,而委托人移转或处分其财产之目的系使受托人管理、处分该财产并将管理处分所得之利益归

---

[1] 何宝玉.英国信托法原理与判例[M].北京:法律出版社,2001:43.
[2] 余卫明.信托受托人研究[M].北京:法律出版社,2007:16.
[3] 李群星.信托的法律性质与基本理念[J].法学研究,2000(3):122.

诸于受益人，所以，信托财产乃信托三方关系所围绕之重心所在。① 台湾学者王志诚教授认为，信托成立后，受益人不仅对受托人有债权性质之给付请求权，也享有物权追及效力性质的撤销权，且信托财产虽名义上属于受托人所有，但实质上与受托人之自有财产及不同信托之其他信托财产各自独立，因此信托之本质既具有债权性也具有物权性。② 可以看出，王志诚教授亦是从信托关系人与信托财产形成的权利义务关系出发对信托的性质进行定位的。

另外，我国还有学者认为，信托是一种关于特定财产的关系，"资产移转"、"由他人管理"、"信义义务"构成了信托的本质特征，信义义务为信托关系之核心。③ 这一观点将信托的本质定位于受托人所负有的信义义务，也属于从信托当事人权利义务角度探讨信托的法律性质。

3. 信托财产角度：信托财产法律地位说

此观点认为，信托法律性质的认定是建立在信托财产的法律地位之上的。关于信托财产的法律地位问题，有学者认为，英美法系中谈论的所有权实际上是指具体的主体所享有的具体权利，大陆法系则是在权利主体所享有的各种具体权利之上借助抽象逻辑思维构建出一个"所有权"的概念，而两大法系对所有权理解的不同决定了大陆法学者只能依托自有的民法体系解决信托财产的归属问题。④ 在大陆法所有权理念下，信托财产不属于委托人、受托人或受益人所有，因此，信托财产本身即构成了一个独立的法律主体。另有学者指出，英美法所谓的信托"双重所有权"只是"徒有虚表"，其掩盖了信托所有权的真正本质——受托人享有的普通法上的所有权本质上只是一种管理权，而受益人享有的衡平法上的所有权则只是简单的"对人权"。因此，其主张从法律概念与功能两个层面来研究信托制度，可以认为信托的法律性质是独立目的的财团。

综上，学者们基于观察视角的不同对信托法律性质内涵的认识存在差

---

① 林学晴.我国信托法律关系下受托人与信托财产之关系[D].嘉义：台湾中正大学，2001：42.
② 王志诚.信托之基本法理[M].台北：元照出版有限公司，2005：8—9.
③ 刘迎霜.论信托的本质——兼与"信托异化论"商榷[J].法学评论，2011(1)：79.
④ 李勇.信托财产所有权性质之再思考[J].时代法学，2005(5)：56—57.

异。比较而言,笔者倾向于推崇信托法律关系人权利义务说这一观点。原因在于:(1)将信托的法律性质定位为信托受益权的性质,是从微观的角度进行的考察。在某种程度上,信托受益权的性质如何,在信托法已有明确规定时,再探讨的意义不大。此外,信托受益权的性质会受到信托财产的权利归属、受托人信义义务等因素的影响,若不综合考量其他相关因素而仅以信托受益权为标准来界定信托的法律性质,将容易陷入以偏概全的境地。(2)从信托财产法律地位的角度认定信托法律性质,虽把握住了"信托财产是信托的基础所在"这一重要因素,但这仅仅是从静态的角度进行的考察,无法在本质上反映出信托的动态性和信托关系的复杂性。从信托的运作流程来看,信托行为不仅涉及财产的移转,还关涉财产的管理。显然,信托财产法律地位说只注意到了信托过程中财产移转形成的法律关系,而忽视了其基于财产管理处分而产生的法律关系。因此,作者主张,以信托财产为基础,以信托运作的客观现实为出发点,从全面、宏观、动态的角度来认识信托法律性质的内涵。一般而言,信托关系中存在两个法律行为:委托人移转财产所有权的行为和受托人管理处分信托财产的行为。前一行为基于移转财产的意思表示而发生财产所有权移转的法律关系,后一行为基于管理处分财产的意思表示而发生信托财产管理的法律关系。要正确认识信托法律关系,就必须把握好这两个法律行为的组合关系。实际上,我们不妨将这两个法律行为视为是以不同的意思表示为开端连接成相互关联的两链条。后一链条是前一链条的延伸,即受托人的管理活动"拉长"了财产的移转过程;前一链条是后一链条的起点和归宿,即受托人管理的信托财产由此而来也终将经此而去。总而言之,对信托法律关系的认识不应局限于对信托受益权的性质或信托财产的法律地位的探讨,信托当事人基于信托财产所形成的权利义务关系同样值得关注。

(二)探究信托法律性质的意义

作者以为,探究信托法律性质所具有的意义,在于信托的法律性质决定了信托法的归属。在信托制度较为发达的英美法地区,学者围绕信托法律性质的争论的一个核心问题就是信托法应当定性为财产法还是合同法。新近还有观点认为,信托法横跨财产法和合同法两个领域,具有组织法的性质。而究竟将信托法归入财产法还是合同法,抑或组织法,不仅在理论上有着重要的研究价值,而且对信托制度的实践与传播也有着深刻的影响,具体如下:

1. 补充规范的选择

法律具有逻辑性,法律的逻辑性体现在两方面:法典编纂和法律适用。法典编纂的逻辑是从"一般"到"特殊",愈是一般的规则愈在前,愈是特殊的规则愈在后。法律适用的逻辑刚好相反,从"特殊"到"一般",愈是特殊的规则愈优先适用,愈是一般的规则愈靠后适用。信托法律规范的适用同样遵循这一规则。东亚大陆法系地区通常针对信托关系的一般性规则和共通性规则制定信托法,对于特种信托和信托业则通过制定特别法加以规范。以我国台湾地区为例,除了制定有信托法外,还针对商事信托的特殊性制定有特殊的法律法规。"在民事法律关系上,商事信托原则上虽亦应适用信托法所建构的民事信托法理,但如信托业法、金融资产证券化条例、不动产证券化条例、证券投资信托及顾问法或银行法等金融业法设有特别规定时,仍应优先适用。"[1]换言之,在处理信托法律事务时,有特殊规范应优先适用。若信托的特殊法律规范无法解决现实问题时,可选择适用信托一般法律规范。问题是,如果信托一般法律规范对此问题也未作规定呢?此时,信托法律性质的重要性就凸现出来,信托法属于物权法还是合同法抑或公司法,直接影响到补充规范的选择。对此,我们可以通过美国和法国这两个不同法系的不同国度的信托实践来说明。首先以美国的法定商业信托为例。美国法上的商业信托依法律适用不同为标准,分为普通法商业信托和法定商业信托,前者按普通法普通信托规则组建,后者按制定法规定的条件和程序设立。对于法定商业信托,制定法可依默示规范的不同分为两种立法体例:信托法默示规范主义,即以信托法为默示规范填补商业信托制定法的法律漏洞;公司法默示规范主义,即以公司法为默示规范填补商业信托法的法律漏洞。可以看出,在处理法定商业信托的法律事务时,应首先适用商业信托制定法的规定。在制定法存在法律漏洞时,可选择适用信托基本法或公司法。将

---

[1] 王志诚.信托之基本法理[M].台北:元照出版有限公司,2005:240.

公司法作为默示规范的来源,显然是把商业信托视为是一种与公司相类似的商事组织。相比之下,在法国,虽然《法国民法典》第2012条规定信托"可以来自于法律的规定或者当事人的约定",但是"具体何种法定信托或者司法信托将出现在法国法中,其具体制度如何,现还不得而知。所以,该编接下来的条文都是有关信托合同的法律规范"。① 可以看出,现阶段法国法上的信托是以信托合同的形式出现的。如此一来,法国民法债法的基本精神将成为信托运作的基调,贯穿始终。换言之,由于合同属于债的一种类型,一旦有关信托的法律规范无法满足信托实践的需求,民法中有关债的相关法律规范就能够发挥补充适用的作用。

2.法律移植的考量

法律制度移植的首要动因在于制度与经济增长的关联性。按照经济学家诺斯的观点,制度变迁是引起经济增长的真正原因。"制度变迁本质上即是一种收益更高的制度对另一种收益较低的制度的替代过程,节约交易费用,实现潜在收益也成为制度变迁的终极目标。"② 因此,法律制度的移植逐渐成为后发国家加速制度变迁并实现经济增长的捷径之一。这一现象在大陆法地区对信托制度的移植上体现得尤为明显。"大陆法系国家为信托制度灵活、实务所吸引,纷纷继受源自普通法系的信托法。"③ 有日本学者指出,日本移植信托制度一是经济的需求,投资信托、资产流动化计划等都是为了能适应社会经济需求而在法技术上使用信托的例子;二是社会的需求,通过公益信托、特定赠与信托等实现财产管理的效率性和社会的正义和公正。④然而,我们为制度移植的必要性寻找到理论依据还不足够,因为制度移植的可行性受制于诸多因素,比如移植方式、实施机制、制度环境与制度变化的同步程度、政治意愿和文化等。多重变量的存在很可能影响到移植后的制度在制度引进国效率的实现。信托制度的引入也不例外。有学者建议,结

---

① 李世刚.论《法国民法典》对罗马法信托概念的引入[J].中国社会科学,2009(4):110.

② 康锐.我国信托法律制度移植研究[M].上海:上海财经大学出版社,2008:23.

③ 侯怀霞.论信托制度的演变与传播——兼对我国继受信托法的两点反思[J].社会科学研究,2009(4):95.

④ 能见善久.现代信托法[M].赵廉慧,译.北京:中国法制出版社,2011:1—3.

合本国的实际情况,对各类信托的法律性质进行充分考量,明确本国引入信托制度的目的,确定信托制度的法律性质,最终架构信托当事人的权利义务,方可达成制度移植的目标。① 基于此,对信托法律性质的认定,实际上是信托制度移植应考量的首要因素。而我国在引入信托法的过程中对这一因素却未给予足够的重视。例如,我国《信托法》没有明确要求委托人将财产权"移转给"受托人,而是表述为"委托给"。显然,立法者是想回避信托财产的归属和受益权的性质之类的问题。但问题仅仅是回避了而非解决了,立法者这一立法漏洞或刻意为之"有违信托本质属性的定义,从它被颁布实施的那一天起就注定了要被修改的命运"。② 再比如,特定目的信托是商业信托在资产证券化中的存在形态,由于商业信托具有组织性特征,美国法学界多将其视为一种商事组织,因此在资产证券化的很多环节上特定目的信托的主体地位是得到法律明确承认的。我国虽从美国"拿来"了资产证券化这一制度工具,但我国立法在特定目的信托的认定上并没有遵循美国的路径,特定目的信托在我国资产证券化中仅被视作一种纸上工具,因此实际运作效果出现不少偏差。③ 总而言之,信托的法律性质对于一国移植信托制度而言并非可有可无的问题,而应将其作为信托制度移植的起点和基础。在此意义上,信托的法律性质是财产处分行为,还是合同,或是组织体,如何认定取决于本国引入信托的类型和所侧重的方面。

二、制度纠结:信托法律性质的各种学说

(一)财产说

信托自诞生以来,多被视作是保有和移转不动产产权的一种法律方法,

---

① 陈敦.我国集合投资信托的法律性质分析[M].北京:法律出版社,2012:56.
② 中野正俊,张军建.中国信托法具体修改建议[J].姜雪莲,译.河南省政法管理干部学院学报,2006(6):2.
③ 于朝印.论商业信托法律主体地位的确定[J].现代法学,2011(5):42.

因此英美法传统上将信托作为一种财产处分行为,将信托法纳入财产法的范畴。[①] 这不难从相关的立法、法律文献或学者的著述中得到印证。例如,美国德克萨斯州财产法就将信托法纳入其中。美国《信托法重述》的第1版、第2版和第3版都将信托认定是"一种关于财产的信义关系"(a fiduciary relationship with respect to property)。在英美法学界,最负盛名的财产说倡导者是美国哈佛大学学者 Austin W. Scott,他于1917年在《哥伦比亚法律评论》上发表了一篇具有重要影响力的文章——《信托受益人权利的性质》(The Nature of the Rights of the Cestui Que Trust),阐述了其关于信托本质是财产而非合同的观点。另外,作为美国《信托法重述》的起草者,Scott教授的财产说观点已深刻融入了这一法学著述的基因当中,并随着《信托法重述》的颁布和传播被越来越多的学者所认识。目前不少信托法学者都采此种见解,如学者 Bogert 在其 The Law of Trusts 一书中就主张设立的信托是财产受益权的移转,而非合同。

英美法习惯上将信托界定为财产关系而非合同关系,作者总结,可归纳为以下几点原因:第一,宣言信托中委托人和受托人为同一人,因而只存在两方当事人,合同说难以对此作出解释。第二,英美法上,合同与信托在设立要件上有所差异。合同以对价的存在为其成立要件,但信托无此要求,信托的创设只需委托人有创设信托的意思表示且信托财产发生移转,并不以对价为成立之要件。第三,在英美法的法律关系下,受益人对信托财产享有类似物权的追及效力。Scott 教授指出,有学者针对衡平法追踪为我们提供了一个更为合理的解释,他将针对受移转人的衡平法追踪作为防止不当得利的一项措施,这个理由必定涉及对受益人在财产中权益的承认,"否则,怎么能说受移转人以受益人为代价而获益"。[②] 第四,避免普通法院与衡平法院二分体系的混淆。

将信托法归入财产法,围绕信托财产而产生的各方当事人的权利义务

---

① 英美法系中,property 和 contract 是对立的,前者主要是指物的所有、利用等方面的制度,与大陆法系的物权制度很相似,大陆法系习惯上是将物权法和债权法统称为财产法。

② SCOTT A W. The Nature of the Rights of the "Cestui Que Trust"[J]. Columbia Law Review,1917,17:283.

如何,就成为研究信托法的重要命题。在英美法上,学者争论的焦点集中在受益权性质的界定上。英美法传统上视受益权是一种财产权,"它一直被视为仿佛是真实的,对物的。而且人们实际上在言语和思维中习惯性地将其当作财产"。[①] Scott教授认为,受益人具有两类权利:一方面,他拥有一些可单独对抗受托人的积极的或消极的权利;此外,作为信托财产的衡平法上的所有权人,他有权对抗世人,要求他们尊重他的所有权,要求他们不得为了与信托不一致的任何目的而使用信托财产。[②] 在大陆法上,由于不存在普通法和衡平法的区分,且严格遵循一物一权原则,故一般情况下,委托人将财产移转给受托人后,信托财产所有权由受托人享有。此时,受益人对信托财产和对受托人的权利性质如何认定,就成为争议的焦点。要将信托法纳入财产法(大陆法系中主要是物权法)的范畴,就需要对信托财产上的各项权利给定一个"名分",使其能名正言顺地归入现有法律体系中有名的权利类型当中。其中,最难处理的就是受益权的性质问题。若认定为物权,会违背一物一权原则;不认为是物权,如何有效保障受益人的利益又将成为一道难题。正如有学者所说的,信托成了"大陆法系概念法学关于民事财产权利物权与债权二分法不周延的一个典型例证"。[③] 对此,有学者设想了相应的解决方法。王涌教授指出,英美法上的信托受益人所有权离真正的所有权概念相距甚远,而大陆法系民法宣扬的所有权绝对性原则则纯粹是一种价值表述而非法律的客观逻辑,"所有权概念已沦落为一个符号",因此民法法系所有权概念并不排斥信托法。他进一步指出,信托受益权具有对世性和排他性,具备物权性质,应被认定为除担保物权和用益物权之外的一种物权基本类型。"只是它没有像担保物权和用益物权那样,被规定在《物权法》中,并获得一个明确的名称而已。"[④]

---

① 梅特兰.信托与法人[M]//朗西曼,瑞安.国家、信托与法人.樊安,译.北京:北京大学出版社,2008:99.
② SCOTT A W. The Nature of the Rights of the Cestui Que Trust[J]. Columbia Law Review,1917,17:290.
③ 何正荣.现代商事信托的组织法基础[J].政法论坛,2006(2):133.
④ 王涌.论信托法与物权法的关系——信托法在民法法系中的问题[J].北京大学学报(哲学社会科学版),2008(6):92-99.

(二)合同说

英美法学者对信托的合同性特征的研究最早可追溯至英美学者梅特兰,他奠定了信托的合同基础,被认为是普通法领域最杰出的学者。梅特兰教授在其著作《衡平法》中充分阐述了他关于信托具有合同性的论点。他认为,信托是一种衡平法院大法官可以强制执行的"交易",是一种义务,实际上是一种合同,虽然我们通常不那样称呼它。即使信托产生于信托财产转让给受托人之时,但信托"来源于一项协议……即使作为允诺人的受托人没有得到任何利益,被允诺人无论如何都是有损失的,因为他放弃了一项法律权利、财产和对财产的占有……衡平法院大法官开始强制执行一项个人权利,该权利是对人权而非对物权"。他指出,"几乎不可能为合同下一个定义,使其能不把百分之九十九的信托行为包括在内,除非我们采取这样一种权宜之计,即在合同的定义中增加一项说明,意思是把信托设立排除在外"。梅特兰教授对信托合同性的分析还体现在他对受益人权利的认识上,他在《信托与法人》一文中有这样的论述:"无论在历史上还是归根结底,信托受益人的权利都不是真实的,对物的,而是约定的,对人的:它们只能有效地对抗那些由于某种特定原因而不得妨害它们的人。"[①]

另一位合同说的有力倡导者是美国耶鲁大学的 John H. Langbein 教授,他于 1997 年在《耶鲁法律期刊》上发表了著名的《信托法的合同基础》(*The Contractarian Basis of the Law of Trusts*)一文,旗帜鲜明地提出了他的立场:信托本质上就是合同。Langbein 教授认为,信托与合同在功能上有吻合之处:一是委托人与受托人基于设立信托而进行交易——我称之为信托交易——是自愿的。没有人被强迫接受一项信托关系。因此,信托与合同一样,是一种建立在双方合意基础上的法律关系。二是信托法是典型的默示法,亦即信托法主要由默示规则所组成,信托法的默示规则仅在信托当事人未在信托文件中另行约定时才会适用。并且,"如今信托法的默示特征已愈加明显,因为信托与相对僵化的财产移转模式已无多大关系,并且信托

[①] 梅特兰.信托与法人[M]//朗西曼,瑞安.国家、信托与法人.樊安,译.北京:北京大学出版社,2008:119.

财产和信托目的已愈加多样化。上述这两点,形成合意和当事人对条款的意思自治,正是合同法的两个界定性特征"。① 此外,Langbein 教授还从如下几个方面对信托的合同性特征进行了进一步的论证:(1)当前合同法与信托法不断融合的趋势,使得借助合同的标准来解释信托更为便利。比如,实际履行也成了合同的救济方式,破除了普通法和衡平法在救济手段上的界限;关系性合同得到越来越多的承认,迎合了信托长期性和可变性等特点;合同法中的善意义务与信托法中的信义义务相同,都有助于控制权力的滥用。(2)作为现代信托法的核心的信托信义法,其规范——忠实和谨慎——都是默示规则,信托交易的当事人在难以准确预测未来且制定更准确的条款的情况下,会选择这些规则作为规制受托人行为的准则。(3)既然将信托视作交易,且合同能很好解释信托,因此我们可将信托法默示规则看作是一种标准合同。这样,交易各方可将大量有助于促成交易的默示规则吸收进合同中。(4)可以根据合同的本质改变信托制度中一些僵硬或不太灵活的规定。②

合同说的重新崛起与信托制度的历史转型不无关系:随着社会经济的发展,金融财产取代家族土地成为典型的信托财产,信托的功能从简单的财产转移方式变成了投资管理资产的新工具。这些现象的出现,使得人们重新审视信托与合同的关系。作者认为,Langbein 教授的观点有其合理之处:信托法律关系多建立在委托人与受托人存在合意的基础上,依此来看,委托人与受托人之间合意的存在实质上已体现契约性格。但若就此在信托法与合同法之间画上等号,未免过于绝对。因为,如果将信托法等同于合同法,那么我们很难理解梅特兰教授曾那么确定地认为信托法是英美法律传统中最伟大的成就,同样,我们也很难想象大陆法系为什么还会有兴趣移植信托制度,毕竟信托制度本质上与民法的物权制度存在着矛盾。因此,Langbein 教授的观点似乎言过其实,过度夸大了信托法的合同属性。事实上,"信托

---

① LANGBEIN J H. The Contractarian Basis of The Law of Trusts[J]. Yale Law Journal,1995,105:650.

② LANGBEIN J H. The Contractarian Basis of The Law of Trusts[J]. Yale Law Journal,1995,105:652-665.

法的重要的贡献不在于透过合同的默示规则来规范信托当事人间的法律关系,而是在于规范各当事人和与其进行交易的第三人之间的法律关系。正是后者的法律关系不能简单地通过合同途径来重新作出安排,因为采取合同方法会带来高昂的交易成本"。①

(三)组织说

此说主张将信托视为一个独立的法律主体,其逻辑起点是信托财产具有独立性,即信托财产作为一项特定财产被分割出来,成为自治的、区别于委托人、受托人和受益人而为信托目的独立存在的财产。不同学者在论述信托的法律主体性质时,侧重点有所不同,因而丰富了组织说的内容。日本学者提出的实质性法主体说在将信托财产做拟人化处理的同时,也着重考察了信托主体性质下受托人和受益人权利的性质。该说认为,受托人宛如法人之理事,受托人所拥有的管理权可被称之为"物权性管理权"。受益人的权利并非是对受托人的,实际上是一种以相对于信托财产的给付请求权为基础的具有物权性质的权利。② 我国有学者从信托财产的责任制度出发来探讨组织说的表现形式,由于信托三方当事人"他们相互之间和他们各自债权人对因信托事务所生义务和责任的承担都以信托财产为界承担责任",所以信托存在主体性倾向。③ 还有学者认为,信托的主体性充分展示了信托法存在的意义。信托财产的独立性和当事人的有限责任这两项制度是信托核心功能之所在,信托法用强制性条款将这两项制度加以明确正是其真正不可替代之贡献,因为"如果仍试图通过契约方式来建立,则不是交易成本过高,就是根本不可行"。④

在信托主体性这一问题上,两大法系都进行了有益的探索。加拿大的魁北克省因其早先是法国的殖民地而继受了大陆法系的成文民法制度,因

---

① HANSMANN H, MATTEI U. The Functions of Trust Law: A Comparative Legal and Economic Analysis[J]. New York University Law Review, 1998, 3:469-470.
② 张军建.信托法基础理论研究[M].北京:中国财政经济出版社,2009:46.
③ 董慧凝.信托财产法律问题研究[M].北京:法律出版社,2011:111.
④ 耿利航.信托财产与中国信托法[J].政法论坛,2004(1):96.

此成为加拿大联邦中唯一属于大陆法系的省份。魁北克省在移植信托制度时为使其能与现有法律体系兼容的同时又能与英美信托法发挥相同功能，进行了制度创新。《魁北克民法典》第 1260 条规定："信托产生于信托人的设立行为，依此行为，信托人从其财团中移转一定的资产于他设立的另一财团，他将此等财产用于特定目的，受托人以其接受行为保有并管理此等财产。"第 1261 条规定："信托财团由移转于信托的财产组成，构成具有目的的、独立的并与信托人、受托人或受益人的财产相区分的财产，上述人对此等财产不享有任何物权。"[①]可以看出，在《魁北克民法典》中，信托财产没有所有权人，享有类似于财团法人的地位，受托人被赋予对信托财产的管理处分权限。魁北克省的此种规范方式可谓独树一帜，理论上是否完备仍有待论证，但无论如何，其为大陆法系其他地区移植信托制度提供了一条新的路径。在美国，法院最终拒绝承认信托具有法律主体地位，比如，当第三人针对信托财产所生的债务提起诉讼时，只能以受托人为被告，因为其交易对象是受托人而非信托财产。后来，越来越多的州开始区分受托人本人和受托人承担的信义义务或代表地位之间的不同，学者们也日益倾向于承认信托财产的法律主体性，这种观念的转变体现在《信托法重述》(第 3 版)当中。《信托法重述》(第 3 版)认可了受托人的"代表地位"，亦即第三人起诉时是以信托财产为被告，受托人作为信托财产的管理人是以被告的代表人的身份应诉的，"这种转变宣告了至少在诉讼程序上已将信托财产赋予一定之法人格地位"。[②] 此外，税法学理论对信托所得归属的探讨和税法实务中对信托纳税义务的处理，也为信托主体性质的认定提供了理论和实证的支撑。比如，有学者提出了税法学上的信托实体理论，认为信托在税法上拥有独立的法律人格，因此可对信托财产本身独立课税。[③] 实践上，在美国税法领域，传统信托早已被视为独立于受托人之外的一个实体，税赋的实际承受者是

---

① 孙建江,郭站红,朱亚芬,译.魁北克民法典[M].北京:中国人民大学出版社,2005:160.

② 王文宇.信托法的分析架构及可行的发展方向——以台湾地区法制为例[J].北大法律评论,2008(2):299.

③ 刘继虎.法律视角下的信托所得税制——以民事信托所得课税为中心[M].北京:北京大学出版社,2012:83.

信托财产本身,而受托人和受益人都只不过是税赋的代缴义务人而已。①

当然,将信托视为独立的法律主体的观点理论上还存在一些尚待解决的疑问:一般认为,只有法人或自然人才能作为权利主体,财产只能作为权利的客体。"一方面将信托财产这样的权利客体赋予法主体地位;另一方面又认同受托人对信托财产享有形式上的权利和受益人对信托财产享有一定的权利(物权性管理权)或权益,其本身充满了矛盾,显得牵强附会。"②

(四)小结

上述关于信托法律性质的各种理论,使我们得以更全面地认识信托制度。与此同时,不同理论之间的针锋相对也为我们如何定性信托制造了难题。有学者主张,必须跳出概念法学的束缚,从债权、物权、组织三个面向来认识信托的全貌。③ 作者认为,就信托的法律性质而言,财产说、债权说、组织说并非水火不容,不同观点间的争论主要在于考察信托制度的角度不同。即便是强烈主张信托合同性质的 Langbein 教授也没有彻底否定信托的财产属性,"信托是一个合同和财产的混合体,承认其合同要素并不能漠视财产因素带来的方便"。④ 因此,以一个开放、包容的眼光来看,信托法律关系集债权、物权、组织等因素于一体。但是,对于本文的研究对象——商业信托而言,其与普通信托一样既具有合同的自由属性也具有财产的对世效力,但其法律性质的定位重点,应落脚于组织层面,亦即应从组织的视角来认识商业信托所构建的法律关系。在此意义上,笔者更为赞同组织说。具体原因如下:

第一,以信托历史演进的时间性为纵轴进行考察。信托发展至今,先后历经了信托=财产处分、信托=契约、信托=制度三个历史阶段,不同阶段

---

① HALBACH E C. Uniform Acts, Restatements, and Trends in American Trust Law at Century's End[J]. California Law Review, 2000, 88:1882.
② 张军建. 信托法基础理论研究[M]. 北京:中国财政经济出版社, 2009:47.
③ 王文宇. 信托法的分析架构及可行的发展方向——以台湾地区法制为例[J]. 北大法律评论, 2008(2):297.
④ LANGBEIN J H. The Contractarian Basis of The Law of Trusts[J]. Yale Law Journal, 1995, 105:670.

对应着不同的信托使用方法,因而形成了信托＝财产处分、信托＝契约、信托＝制度三种模式。[①] (1)财产处分模式可谓一切信托的始祖,其目的多是为了家庭财产,强调以委托人对财产的处分为中心。遗嘱信托、遗嘱代用的强制信托即属此类。但过于绝对化地重视委托人的意思,使得财产受到强烈的拘束,造成了这一模式下财产利用效率的低下。(2)契约模式,指的是在信托设立过程中阶段委托人和受托人通过交涉形成合意的信托类型。土地信托、企业年金信托等属于此种类型。在此模式下,委托人和受托人不仅仅是契约形式上的当事人,在实质上,他们作为契约的当事人也是有利害关系的。(3)制度模式,主要是强调信托在功能上和设立法人有相近之处。在此模式下,一旦信托被设立,委托人和受托人的意思就在信托的目的和信托的条款中被客观化和制度化了,即使是信托设立的关系人也不能单纯靠其合意加以变更。集合投资计划、债权流动化计划即是此种模式的典型。综上,从利益上看,三种模式涉及的利益相关者渐次增加。商业信托中,由于受益凭证的证券化和流动性特征,蕴含了众多主体的权利义务。唯有借助于一种制度的安排和设计,才能淡化各方当事人权利义务间的冲突。故此,笔者认为,信托在商业领域中的逐渐泛化推动着商业信托不断向制度化和自治化靠近。

第二,以信托不同类型的差异性为横轴进行考察。笔者认为,关于信托性质财产说或合同说的争论是局限于民事信托这一狭隘视角之下的,若这一争论仍停留于此,就难以对商业信托这种新型信托的制度价值作出准确判定。传统的民事信托,其创设主要是为了实现私人财产移转和保管的目的,受托人在其中处于消极地位。商业信托因应建立商事组织的需求而产生,通过赋予受托人广泛的权力使其发挥专业知识和技能,一方面达致财产增值的目的,另一方面实现事业经营的功能。"例如典型的商业信托,通常不会涉及委托人为了妻儿的利益将特定财产移转给受托人,而多由委托人为了自己利益而出资购买有价证券,因此赠与与移转的色彩较传统信托更

[①] 能见善久.现代信托法[M].赵廉慧,译.北京:中国法制出版社,2011:10.

淡。"①正因如此,Scott教授在《信托法重述》(第2版)开篇"《信托法重述》的适用范围"的注释中就明确将商事信托排除在外。② 从表面上看,与传统民事信托一样,商业信托也通过合同来创设,表现为投资者通过信托合同参与到信托中来。但不同的是,由于投资者人数众多,事实上投资者与受托人不可能就合同条款逐一协商确立。"正是因为信托提供了资产隔离的功能,并为投资者预设了一套标准条款,避免了逐一协商合同条款所需要的高昂费用,同时通过组织结构设置保障了这些无法行使合同自由权的投资者的合法权益。这些功能是合同法或代理法所无法达到的。"③所以,与其说商业信托中投资者和受托人是合同关系,毋宁说投资者加入了作为组织的信托与作为组织管理人的受托人形成的投资与管理的关系。此外,与财产说一样,组织说同样强调维护信托财产的独立与安全。但是,当下信托制度的功能已经发生了从保护个人财产向形成个人财产的变迁,对商业信托而言,最重要的是人格独立而不仅仅只是财产独立。因此,较之于财产说,组织说更能体现信托在商事领域所具有的独特价值。正如有学者所指出的,商业信托首重者,乃其管理机制之组织化。④

第二节 商业信托的组织属性

一、英美商业信托的发展历程

英美商业信托的发展历程表明,冰冻三尺非一日之寒,信托应用于商事领域并最终成为一种得到法律承认的商事组织形式,经历了一个漫长的循序渐进的演进过程。尤其在美国,商业信托更多是法律顺应商业发展需求自发形成的产物,而非基于要素分析产生的人为制度设计。笔者拟通过对

---

① 王文宇.信托法原理与商业信托法制[M]//王文宇.新公司与企业法.台北:元照出版有限公司,2003:443.
② Restatement (Second) of Trusts § 1 cmt. b(1959).
③ 陈敦.我国集合投资信托的法律性质分析[M].北京:法律出版社,2012:72.
④ 王志诚.信托之基本法理[M].台北:元照出版有限公司,2005:227.

英美商业信托发展历程的实证考察,以证明商业信托的组织属性并非出自法律的特殊要求,而是信托制度在商事领域发展的必然结果。

(一)英国:自愿联合组织昙花一现

最早的商业信托形态出现于18世纪的英国。当时,工业革命极大地推动了技术的进步和经济的发展。由于个人或家庭积累的资本有限,难以满足大规模生产发展的需求,因此商人们热衷于通过组建公司来实现商业的扩张和财富的增长。但是,公司的组建在当时需要得到议会法律或王室特许状的授权,而对普通人而言要获得议会或者王室的支持谈何容易。此时,古老的信托制度为人们寻求解决之道提供了契机:无法取得授权的商人们通过信托协议,模拟公司的组织形式,通过向公众发行可转让的股份,自愿形成众多的联合体。这些利用信托机制构建的自愿组织(voluntary association)包括非法人合股公司和投资信托。这些联合组织的存在也为商人们通过公开筹集资本参与股票投机提供了方便。大量的投资涌入股票市场,带动了股票投机风潮,最终导致了"南海泡沫"(South Sea Bubble)事件的发生。"南海泡沫"事件一方面直接促成了1719年《泡沫法案》(*The Bubble Act*)的出台,该法案的目的是限制非法人合股公司冒充公司实体进行交易,限制其发行可转让的股票;另一方面,也促使深感震惊的衡平法院大法官发展出一套严格受限的信托投资列表来限定信托的投资对象范围,该列表最初只有政府债券,后来扩展至第一抵押权。[①] 1844年英国国会通过了新的公司法——《合股公司法》。该法要求先前所有的非法人合股公司要么注册为法人,要么会被视为合伙,因而终结了非法人合股公司的历史,也中断了信托作为商事组织形式的发展进程。对于投资信托,《合股公司法》改变了其发展的轨迹,要求其注册为"公司",但可以继续保留其类似于信托的形式。有学者认为,"非法人合股公司与投资信托都是悲剧性先锋,遭遇了不合潮流的法律障碍。这也是为什么信托制度虽源于英国,但商事

---

① LANGBEIN J H. The Uniform Prudent Investor Act and the Future of Trust Investing[J]. Iowa Law Review,1996,81:643.

信托和投资基金并未发展和繁荣于英国的原因"。①

(二)美国:商业信托大放异彩

1.马萨诸塞州商业信托的应运而生

马萨诸塞州商业信托(Massachusetts business trust)是一种组织,通过信托声明的执行和交付而构建,依据该信托声明信托受益权可分割为可转让的信托单位或份额。② 美国马萨诸塞州特定的历史法律环境为商业信托的大行其道创造了条件:(1)马萨诸塞州虽于1851年通过了《统一注册法》,放宽了公司设立的限制,公司注册只需提交符合条件的文件而无需特许,但公司依然面临着州法的严格规制:禁止公司涉足房地产;公司有最高资本额和最低资本额的要求;要求公司提交详细的有关资产和负债的年度报告。法律对公司的严格管制并不适用于商业信托,因此,商业信托成为人们替代公司的一种选择。此外,19世纪末20世纪初的马萨诸塞州,商业信托被广泛运用于轨道交通、电力和煤气等公用事业领域,这是为了规避法律对公用事业公司可筹集的资本总额的限制,以及公司能否拥有其他公用事业公司控股权的不确定性,而商业信托在资本总额上则没有限制。并且,当一个以上的企业被一个独立的实体所拥有时则意味着这些附属企业可作为统一体系的一部分得到更有效的管理,但这种管理优势无法通过公司形式来实现。因为马萨诸塞州立法机关于1913年通过了一个法案,规定一个公司持有一个经营中的公用事业公司的股份不得超过10%,但该禁止性规定不适用于自愿性组织。因此,可采用商业信托的形式,一个受托人或受托人委员会持有、控制和管理数个独立的公用事业公司的股份以实现管理的统一和效率的提高。(2)美国《国内税收法典》(*Internal Revenue Code*)的税收政策对商业信托的发展起到了至关重要的作用。美国的所得税采用的是独立税制,公司作为法人,首先在实体层面必须缴纳营业税,同时公司股东需对分配所得的股利缴纳个人所得税,因此公司面临着双重课税的问题。而信托则具

---

① 李清池.商事组织的法律结构[M].北京:法律出版社,2008:223.
② JONES S A, MORET L M, STOREY J M. The Massachusetts Business Trust and Registered Investment Companies[J]. Delaware Journal of Corporate Law,1988,13:423.

有"税收导管"的功能——因为通常认为受托人的信托财产所有权仅仅是名义上的,实质所有权由受益人享有,因此信托被视作"导管"而免税,仅在受益人层面课税,即信托将其收益分配给受益人后,直接对受益人的收益征税。总而言之,马萨诸塞州商业信托的产生是为了规避马萨诸塞州公司立法的不合理限制和获得联邦税制的税收优惠。

2. 马萨诸塞州商业信托的人格独立

历史上,马萨诸塞州商业信托一度被认为属于合伙的范畴,被视作是份额可转让合伙。比如,在1885年的 Ricker v. American Loan & Trust Co. 一案中,马萨诸塞州最高法院就认定商业信托是合伙,因为"在公司与合伙之间不存在一种中间类型的组织"。① 直到1890年 Mayo v. Moritz 一案② 的审理,才在传统的商业信托认定规则上打开一个缺口,为法官重新认定商业信托创造了机会,因此,该案是"美国法院将商业信托界定为普通法普通信托的第一案,在美国商业信托法制史上具有里程碑式的意义"。③ 法官 C. Allen. J. 在 Mayo v. Moritz 一案的判决中明确指出:"信托契约并不产生使信托份额持有人与合伙人一样的法律效果,它并不打算在信托让与人和信托份额持有人之间经营合伙事务。"④ 随后,在1913年的 Williams v. Inhabitants of Milton 一案中,马萨诸塞州最高法院确立了以信任份额持有人是否拥有对受托人控制权以及信托份额持有人之间是否存在份额持有人联合会为检验商业信托的标准,商业信托的普通法普通信托规则由此得以正式确立。在 Williams 案中,法院面临的问题是 Boston Personal Property Trust——一个成立于1893年的不动产信托——是作为信托还是合伙来征税。法院首先指出1890年 Mayo v. Moritz 案与先前判例的区别,"在先前

---

① Ricker v. American Loan & Trust Co. ,140 Mass. 346,5 NE. 284(Mass. 1885).
② 案件事实是,一投资人将其在一项发明中的权利转让给受托人,由受托人依信托文件的约定对财产为占有、管理和处分。信托文件规定,受托人应将净收益的一半支付给投资人,另一半支付给可转让信托份额的持有人。之后受托人为了信托的利益与出租人签订了厂房租赁合同,出租人由于租金问题向信托份额持有人提起诉讼,认为信托份额持有人是合伙人,应对债务承担个人责任。
③ 刘正峰. 美国商业信托法研究[M]. 北京:中国政法大学出版社,2009:108.
④ Mayo v. Moritz ,151 Mass. 481,24 N. E. 1083(Mass. 1890).

的判例中，受益凭证持有人根据'信托'条款的规定而联合起来，他们是委托人，是受托人所持财产的主人，由受托人持有财产只是为了方便，受托人需服从他们的指示。然而另一方面，在 Mayo v. Moritz 案中，凭证持有人之间不存在任何联合，财产是受托人的财产，受托人是财产的主人，Mayo v. Moritz 案的凭证持有人拥有的只是要求受托人为他们的利益管理财产这一权利，他们无权亲自管理财产，也无权指示受托人如何为他们管理财产"。①法院以此为依据，指出 Boston Personal Property Trust 的信托文件中未赋予信托份额持有人召开年会或选任受托人的权利，②因此最终裁定，该实体是商业信托而非合伙，应按信托征税。另外，在 1933 年的 Larson v. Sylvester 案中，马萨诸塞州最高法院依据马萨诸塞州商业信托制定法（Massachusetts Business Trust Statute）的规定裁定原告可以商业信托为被告提起诉讼："一个组织或信托可在一项法律诉讼中被起诉，基于由受托人、或由该受托人正式授权的代理人或组织或信托的任何有正式授权的职员在履行信托声明或书面文件所规定的各自义务时所引起的或因合同而产生的债务和其他责任，以及基于任何受托人、代理人或职员在履行他们各自的义务时因疏忽大意而对他人人身或财产造成损害……"③

此外，移植或承认马萨诸塞州商业信托的其他州出于税收等目的，也会将商业信托视为一个特殊实体。例如，明尼苏达州立法规定，在此之前或之后组建的任何组织应视为是商业信托，一种独立的非法人的法定实体，而非合伙、合股组织、代理或任何其他非商业信托关系。④ 明尼苏达州的法律还规定，商业信托有权起诉和应诉。

---

① Williams v. Inhabitants of Milton, 215 Mass. 1, 102 N. E. 355 (Mass. 1913).
② Boston Personal Property Trust 的信托文件规定，受托人有下列权利：(1)发行可转让的信托受益份额；(2)为份额持有人的利益持有信托基金或财产；(3)将信托基金投资于不动产，包括不动产债券和票据；(4)修缮和出租不动产；(5)借款。信托份额持有人有如下权利：(1)拥有受托人管理的财产；(2)从信托中获取收益；(3)提议修改信托文件或终止信托；(4)在信托终止时获得其在信托中的份额。
③ Larson v. Sylvester, 282 Mass. 352, 185 N. E. 44(Mass. 1933).
④ M. S. A. § 290.36.

3. 从普通法商业信托到法定商业信托

美国学者 Sitkoff 教授认为，商业信托在美国各州的普及对商业信托的发展产生了重大影响。他将商业信托分为两个子类型，"普通法商业信托"（Common-Law Business Trust）和"法定商业信托"（Statutory Business Trust）。① 前者属于商业信托发展的初级阶段，后者是在克服前者存在的诸多不确定性弊端的基础上形成的高级类型，并有逐渐取代前者的趋势。

普通法商业信托，顾名思义，是以美国各州的普通法为法律依据创设的商业信托。如今，普通法商业信托的影响力逐渐式微，原因是高度不确定性的制度缺陷阻断了其发展壮大的道路。具体表现为：第一，法律地位的不确定性。比如，有些州拒绝承认商业信托的合法性，原因在于商业信托构成了对本州公司法的非法规避。另外，商业信托起诉和应诉的资格在某些州也面临挑战。第二，受益人承担有限责任的不确定性。美国普通法确立了禁止商业信托受益人对受托人形成实质性控制的规则，否则信托的面纱会被揭开，受益人将被视为合伙人对信托债务承担无限责任。但是，认定构成实质性控制的标准却是因"法院"而异，受益人保留哪些权力会构成对受托人的控制是不确定的。同一商业信托的受益人，在某一州承担有限责任，在另一州却可能要承担无限责任；在过去承担有限责任，到了现在却可能承担无限责任。为破除这一困境，美国部分州以制定法的形式对普通法商业信托加以改造，其中特拉华州的商业信托立法可谓最受关注。特拉华州 1988 年制定了《特拉华州商业信托法》（Delaware Business Trust Act），后于 2002 年更名为《特拉华州法定信托法》（Delaware Statutory Trust Act），该法明确规定"依据本章设立的法定信托是一个独立的法律实体，除非法定信托的信托证书被取消，法定信托将作为一个独立的法律实体一直存续"，②"除非法定信托的管理文件另有规定，受益人有权享有与依照州普通公司法设立的营利性私人公司的股东同样的有限责任的保护"。③ 由于制定法法律适用的

---

① SITKOFF R H. Trust As "Uncorporation": A Research Agenda[J]. University of Illinois Law Review,2005,31:32—33.
② 12 Del. C. § 3810(a)(2012).
③ 12 Del. C. § 3803(a)(2012).

效力优先于普通法,以州制定法为法律依据履行登记程序得以设立商业信托即成为"法定信托",在主体地位和有限责任上都得到了法律的明确承认,摆脱了普通法商业信托不确定性的困扰。特拉华州对商业信托的立法确认推动其他各州的商业信托法定化进程。Sitkoff教授指出,截至2005年,全美至少有29个州针对商业信托进行了专门立法。[①] 此外,2009年美国统一州法委员会通过了《统一法定信托实体法》(*Uniform Statutory Trust Entity Act*),旨在承认商业信托作为商事组织的一种类型,同时将各州之间关于商业信托的不同规则和零散规定加以统一和整合,以供各州参考适用。美国统一州法委员会在《统一法定信托实体法》的前言部分从主体地位的角度指出法定信托和普通法信托之间的差异:"由于普通法信托并非一个法律实体,其必须以受托人的名义起诉、应诉、持有财产和进行交易。相反,法定信托是一个法律实体,独立于受托人和受益人,可以自己的名义起诉、应诉、持有财产和进行交易。"

通过上述考察不难发现,商业信托属于自生自发秩序的范畴。商业信托的组织属性是在商事实践过程中为规避法律限制而逐渐形成的,是信托的脱法设计与灵活性在商事领域的突出体现。由于其脱法色彩,商业信托刚开始并未能在立法和司法上获得独立人格。但随着历史的演进,商业信托的人格独立逐渐得到法院判例的支持,并最终获得了立法对其主体地位的明确承认。

二、法经济学视角下的商业信托

(一)企业组织的经济本质

市场中为何会有企业存在?企业的本质是什么?这些问题是企业理论的核心问题,经济学界对此并未形成一致的认识。笔者通过对企业理论发展脉络的梳理,来发掘各种企业理论的基本共识。

---

① SITKOFF R H. Trust As "Uncorporation": A Research Agenda[J]. University of Illinois Law Review, 2005, 31:35—36.

1. 交易成本理论

传统企业理论认为企业只是一个生产单位，结合各种生产要素来生产商品与服务，"是实现商品和服务生产规模效益的一种手段"，[1]而对企业的形成与组织的本质则未有深入论述。1991年诺贝尔经济学奖得主科斯（Ronald H. Coase）在这一方面做出了开创性的贡献。科斯于1937年发表了《企业的本质》（The Nature of the Firm）一文，该文虽在面世后20多年才受到关注，但如今已成为现代企业微观理论最重要的基础之一，同时也为法经济学开辟了新的研究领域。科斯在文章中将"企业"与"市场"视为两种不同的生产协调机制，并指出"既然注意到如果价格变动调节生产、生产在无需任何组织时就可以进行这一事实，我们很可能要问，为什么还存在组织呢？"[2] 科斯认为，相对于市场上的个别契约交易，企业之所以形成，是因为这样的生产方式在某些情形下是有优势的。他指出，建立企业之所以有利可图，原因在于市场的生产协调方式中，价格机制的使用并非可以坐享其成，而是需要付出一定的成本。通过价格机制"组织"生产活动的最明显的成本就是发现相关价格的成本。随着出售这类信息的专业人员的出现，这种成本可能减少，但却不能消除。市场中发生的每一笔交易的谈判费用和签约费用也必须加以考虑。如果我们采用企业的生产方式，企业主可以决定以标准化的劳务契约的缔结，将一定数量、范围内的相关上下游生产者纳入其企业组织之内，由其发号施令，引导雇员的生产活动。相对于市场的生产方式，企业内生产流程的进行所需缔结契约的数量可望大幅减少，企业主与雇员之间的上下服从关系成为缔约的重点。因此，组织内的科层命令（hierarchical direction）可取代市场的价格机制发挥作用，故此可以减少交易成本。

科斯指明了交易成本对于理解企业的性质至关重要，但未明确指出企业的定义或边界。经济学家威廉姆森（Oliver E. Williamson）进一步借助交

---

[1] ULEN T S. The Coasean Firm in Law and Economics[J]. Journal of Corporation Law,1993,18:302.

[2] 科斯.企业的性质[M]//威廉姆森,温特.企业的性质——起源、演变和发展.姚海鑫,邢源源,译.北京:商务印书馆,2008:23—24.

易成本的概念来解决企业与市场的边界问题。他指出,交易成本经济学有两个重要的行为假设:第一是认知的假设,假设人的动因是意欲合理的,但只是有限地做到,该条件通常被称为有限理性;第二是行为的假设,假设人的动因天生就是机会主义,这是人们为实现目标而寻找自我利益的一个深层次条件。① 另外,交易成本经济学有三个主要维度:交易发生的频率、交易所面临的不确定性的程度和类型、资产专用性的条件。依据威廉姆森的观点,缔约不完全、机会主义行为、市场竞争不充分与资产专用性等因素都直接影响交易费用的高低,决定着企业与市场的替代转换关系。选择借助企业而非市场机制的是那些费用高昂的交易,即涉及专用性资产、交易期间长、内容不确定以及需要参与者合作的交易。比如,专用性资产对企业的纵向整合就有着重要影响。一般而言,资产专用性越高,市场交易的潜在费用就越大,企业纵向整合的可能性就越大。

2. 合约联结理论

科斯对于企业的论断虽然得到了学界广泛的肯定,但并非毫无异议。阿尔奇安(Armen A. Alchain)与德姆塞茨(Harold Demsetz)在1972年发表的《生产、信息成本与经济组织》(*Production, Information Costs, and Economic Organization*)一文中指出,科斯所强调的"组织中的科层关系"与"市场中的契约关系"的不同只是一种幻觉。因为,在组织的科层关系中,若雇员无正当理由而违背指示,雇主除了开除雇员(终止劳务契约关系)及依法请求损害赔偿外,别无他法。但在市场的契约关系中,举例而言,若一般消费者对于杂货商提供的商品不满,可考虑不再光顾该杂货商,也可以对有瑕疵的商品,依据债务不履行或瑕疵担保的规定请求损害赔偿。就此而言,市场上的契约关系或组织中的科层关系实在无太大的区别。② 有别于科斯的观点,阿尔奇安与德姆塞茨认为组织与契约的不同在于团队生产过程中监督的需求所造成的差异。

随后,詹森(Michael C. Jensen)和麦克林(William H. Meckling)进一

---

① 威廉姆森.经济组织的逻辑[M]//威廉姆森,温特.企业的性质——起源、演变和发展.姚海鑫,邢源源,译.北京:商务印书馆,2008:119.
② 邵庆平.公司法——组织与契约之间[M].台北:翰芦图书出版有限公司,2008:29.

步深化了阿尔奇安与德姆塞茨的观点,提出了著名的"合约联结理论":大多数组织只是法律的拟制,作为一系列个人之间的合约关系的联结。① 合约联结理论的有力倡导者还有美国的伊斯特布鲁克(Frank H. Easterbrook)法官和费希尔(Daniel R. Fischel)教授,他们于1991年出版的《公司法的经济结构》(*The Economic Structure of Corporate Law*)是将合约联结理论延伸至公司法研究的代表性著作。伊斯特布鲁克与费希尔指出,企业的出现是为了利用团队合作的效益,使得人们在更大程度上利用专业技能从事生产成为可能。随着企业规模的扩张,成员之间的交易会不断增多,当交易的数量足够多时,协调问题就会产生。当组织生产的内部管理成本超过组织整个市场交易的成本时,企业就会停止扩张。

3. 产权理论

经济学家哈特(Oliver D. Hart)于1989年发表的《一个经济学家对于企业理论的看法》(*An Economist's Perspective on the Theory of the Firm*)一文中简要整理了他与其他学者针对组织的本质所提出的产权理论。哈特首先指出,正如科斯、威廉姆森、阿尔奇安与德姆塞茨所强调的,交易成本是普遍存在且巨大的,其结果是当事人"会签订一个不完全的合约,在某种意义上,它包含着有漏洞或遗漏的条款"。② 哈特认为,合约中除了明确可约定的权利外,还有事前无法约定的剩余权利,即"资产的剩余控制权"。若特定合约关系存在的交易成本很高,例如彼此的资产具有高度的专属性,此时若双方维持合作,将可使得资产发挥最大效益,相反若是一方当事人拒绝继续合作,他方当事人所拥有的资产将可能无用武之地。在此情形下,任何一方当事人各自拥有的剩余控制权可能会造成他方当事人交易上的疑虑及生产效率上的降低,这时交易当事人间可能会将所有剩余控制权移转归属于同一人,由该人协调、控制财产(生产要素)在生产过程中的投入。为促进生产效率,该取得控制权者原则上是在生产过程中投入最多,其投入的财产对整

---

① JENSEN M C, MECKLING W H. Theory of the Firm: Managerial Behavior, Agency Costs, and Ownership Structure[J]. Journal of Financial Economics, 1976, 3: 310—311.

② 哈特. 不完全合约与企业理论[M]//威廉姆森, 温特. 企业的性质——起源、演变和发展. 姚海鑫, 邢源源, 译. 北京: 商务印书馆, 2008: 185.

体生产而言最不可或缺,或最适于统筹管理各项生产要素之人。①

产权理论阐述的剩余控制权归于一统的需求和过程体现了组织与契约的差异所在。根据产权理论的观点,雇员之所以遵循雇主的命令,原因不在于组织内的上下隶属关系,而是由于雇主控制了组织内资产的剩余控制权。雇员常与组织财产的使用密不可分,倘若雇员不服从雇主指示而遭开除,其使用组织财产的权限即被剥夺,员工过去为使用组织财产所做的种种专用性投资很可能因此付之东流。

4. 小结

通过对科斯以降企业理论发展的回顾,可以发现,尽管不同学者对企业作了不同的诠释,但不同观点之间主要是着眼点的差异,彼此间能够起到相互补充的作用。综合上述这些理论,作者认为,可以将企业的经济本质定义为为了节约交易成本而通过合约将不同要素组合在一起的独立人格体。从逻辑上看,这一定义包括了四层含义:第一,就目的而言,企业不是人和物的简单组合,而是为了节约交易成本由不同投资者根据不同行业和自身的实际情况组建的。第二,不同要素的共同投入构成了作为企业生存基础的企业资产,这些要素包括与物有关的,如货币、实物、有价证券等;与人有关的,如技术、经验、智力、体力、人脉甚至企业家雄心等;介于两者之间的,如广义的知识产权。第三,企业的本质是合约,合约如同企业的血液脉络将不同的要素组合在一起。合约联结理论就认为企业是所有参与者之间缔结的一系列合约。科斯虽然指出企业的显著特征就是替代价格机制,但他并没有把企业看成一个非合约机构对市场合约的替代,相反,他认为企业不过是以一个市场合约替代了一系列市场合约而已。"在一系列的合约被一个合约替代的阶段,重要的是注意合约的特性,即注意企业中被雇佣的生产要素是如何进入的。"②有学者将此合约称为"市场的企业合约"——由投入企业的各生产要素及其所有者"同意"而订立,其本质正在于界定企业家权威的由来

---

① 邵庆平.公司法——组织与契约之间[M].台北:翰芦图书出版有限公司,2008:35.
② 科斯.企业的性质[M]//威廉姆森,温特.企业的性质——起源、演变和发展.姚海鑫,邢源源,译.北京:商务印书馆,2008:26.

和范围。① 据此,可认为企业本质上体现为一种合约。第四,企业是一个具有独立人格的实体,可以与投资者、雇员等其他市场主体签订合约。

这种以新制度经济学理论为基础的对企业的经济本质的认识,必然对法律如何界定和规范企业提出了新的命题。首先,对于规范企业组织和经营的立法,必须能为企业减少交易成本提供便利,能够满足不同要素组合的需要。其次,企业是有边界的,由于投资领域、投资者能力等诸多因素的不同,企业会具有不同的形式和内涵,各种企业都有其存在的合理性。"法律对此的规范尽量满足具有不同表现形式和内涵的企业的要求,而不能以简单应对复杂。"②最后,企业一经创立,即具有一定程度的独立性,现代法律应该通过相应的制度设计赋予企业相应的独立人格。

(二)企业组织的核心属性

1.资产分割的含义

一般而言,企业需具备两个基本属性:(1)明确的决策权,即企业的管理者对企业的合同缔结拥有最终的决定权;(2)确保合同履行的能力,即企业存在一个资产池用于保障其合同债务的履行,该资产池又可称为企业的"担保财产"。对自然人而言,其担保财产由其所拥有的全部财产构成。与自然人不同,企业涉及管理者和所有者,企业的担保财产会区别于企业所有者和管理者个人所拥有的财产。在此意义上,企业的债权人对企业担保财产的请求权要优先于企业管理者或所有者个人的债权人的请求权。正是这一独特性,构成了企业组织的核心属性,而构建这种财产的分割正是组织法在规制企业组建的过程中发挥的主要作用。美国学者亨利·汉斯曼(Henry Hansmann)与莱纳·克拉克曼(Reinier Kraakman)将企业立法的这一功能称为"资产分割"(Asset Partitioning)。

两学者指出,资产分割由两部分组成。第一个组成部分是与企业有关的一个独立资产池的指定,该资产池独立于企业所有者和管理者的个人财

---

① 周其仁.市场里的企业:一个人力资本与非人力资本的特别合约[J].经济研究,1996(6):71.
② 徐强胜.企业形态的法经济学分析[J].法学研究,2008(1):32.

产。实质上,这可通过对法律实体资格的承认来实现。"当企业组织成实体的形式时,以实体名义所拥有的财产就成为企业的特定的独立资产池。"①第二个组成部分是债权人对法律实体构建中所出现的不同资产池的优先权的分配。这种优先权的分配有两种表现形式:第一种表现形式是赋予企业的债权人对与企业运营有关的资产优先于企业所有者的个人债权人的请求权利,这称之为"积极"的资产分割(affirmative asset partitioning)或"实体保护"(entity shielding),体现出设置独立的企业资产作为企业所有合同的担保财产。第二种表现形式与第一种正好相反,赋予企业所有者的个人债权人对所有者的个人财产优先于企业债权人的请求权利,这称之为"消极"的资产分割(defensive asset partitioning)或"所有者保护"(owner shielding),使得企业所有者的资产免于公司债权人的请求。

根据积极的资产分割功能对债权人所提供的优先权保护程度的不同,可将法律实体分为"弱式法律实体"、"强式法律实体"和"超强式法律实体"。弱式法律实体赋予债权人的优先权是不具有清算保护(liquidation protection)②的优先权,比如普通合伙,合伙的破产风险会影响到合伙人的个人财产,反之合伙人的资产风险也可能会影响到合伙本身的法律关系。强式法律实体为债权人提供了具有清算保护的优先权,比如公司,公司破产时其债权人仅能就公司资产为强制执行,而不涉及股东的个人资产。相对地,股东破产时其债权人只能对股东个人财产为执行,不包括股东已移转给公司的资产。超强式资产分割,比如信托,由于信托财产独立于委托人、受托人、受益人,任何一方当事人破产都不得对信托财产为强制执行。消极资产分割和积极资产分割一样,也具有不同的程度。最强式的消极资产分割存在于标准商事公司中,公司的债权人对公司股东的个人资产无任何请求权,公司股东的个人财产是股东的个人债权人排他性的担保财产,亦即我们

---

① HANSMANN H,KRAAKMAN R. The Essential Roleof Organizational Law[J]. Yale Law Review,2000,110:393.

② 清算保护由两部分组成:(1)针对所有者的清算保护,即禁止所有者单方面撤回其对企业的出资;(2)针对债权人的清算保护,即禁止所有者个人的债权人为实现债权而强行撤回所有者对企业的出资。

通常所说的"有限责任"。而另一个极端则存在于普通合伙中,普通合伙并没有提供任何消极资产分割功能,因为无论是合伙破产抑或合伙人破产,合伙的债权人和合伙人的债权人都平等分配合伙人的个人财产。由此可看出,"实际上,消极资产分割对于构建法律实体而言并非必要"。① 另外,企业的资产不仅与企业所有者的资产相分离,也区别于企业管理者的资产。对于企业管理者而言,无论积极资产分割还是消极资产分割都遵循着这样一个排他性规则:企业的资产不得用于清偿管理者的个人债务,管理者的个人资产不得用于清偿企业的债务。

2. 资产分割的实现

有学者指出,虽然实体保护(即积极的资产分割)和所有者保护(即消极的资产分割)对于理解现代商事企业的债权人权利模式都相当重要,但两者的实现方式有所差异:只有实体保护需要法律进行特别规定才能实现,相反,所有者保护通常可通过合同来实现。②

若没有法律的特殊规定,实践中对众多类型的企业而言都无法实现积极的资产分割或实体保护,原因在于:一方面,通过合同来安排债权人的权利存在高昂的交易费用;另一方面,存在难以克服的道德风险问题。具体而言:(1)理论上,企业所有者可以通过合同的方式,与其所有的债权人就他们对于企业所有者资产份额请求权的优先性置于企业的债权人之后或放弃要求清算企业资产的权利("弃权条款")等协商一致,从而实现企业资产的独立性。然而,企业所有者往往有着众多的债权人:时间上看,包括过去的、当前的和未来的债权人;范围上看,不仅包括那些借贷给所有者个人的债权人,还包括所有者在其他投资中的债权人。如果企业存在许多所有者,则其个人债权人的数目将以几何倍数增加,要求这些债权人都同意"弃权条款",交易费用会相当巨大将导致实际上难以实现。(2)合同方式在现实中将遭遇到难以克服的道德风险。"弃权条款"虽有助于改善企业债权人的地位,

---

① HANSMANN H, KRAAKMAN R. The Essential Role of Organizational Law[J]. Yale Law Journal, 2000, 110:396.

② HANSMANN H, KRAAKMAN R, SQUIR R. Law and the Rise of the Firm[J]. Harvard Law Journal, 2006, 119:1340.

通过减少企业的借贷成本从而使所有的企业所有者受益。但"弃权条款"会增加个人的借贷成本,该成本完全由接受了"弃权条款"的所有者承担。在此背景下,所有者会面临着很大的诱惑,他们可能会在个人交易中省略"弃权条款"。由于所有者有着充分的交易自由,他们的这种机会主义行为不易被其他所有者和企业债权人所察觉。如果所有者的权益是可以自由转让的,要监控这种机会主义行为将更为困难。此外,如果企业中存在众多的所有者,由于监管难度加大和个人与集体间利益冲突的加剧,这一问题还会进一步恶化。因此,可以得出结论,上述问题无法通过合约安排来解决,"这个道理正如物权之对世效力无法透过一般契约创设出来一样"。① 实际上,这正是商事组织法的功能价值所在。当企业采用某种商事组织形式的时候,法律实际上便在企业所有者和他们的个人债权人之间的所有合同中自动插入了必不可少的条款——所有者的个人债权人同意将对企业资产的求偿权置于企业债权人之后。②

与实体保护不同,作为消极资产分割的所有者保护,可通过合同安排来实现,即企业的代理人通过协商的方式使企业债权人同意限制或放弃他们执行企业所有者个人财产对外权利。这种方法虽然同样存在道德风险问题,但相对而言影响没那么严重。因为,省略"弃权条款"的成本以所有者个人财产风险增加的形式由全体所有者共同承担,与此同时,企业借贷成本降低的好处由全体所有者共同分享,减少了所有者之间损人利己的机会主义行为的发生。但是,需强调的是,对于企业侵权行为的有限责任是无法通过合同来实现的,因为合同无法对此进行事先规定。此时,商事组织法在保护组织的所有者对于侵权行为受害人免于承担个人责任方面发挥着关键作用。

3. 资产分割的优势

资产分割对于法律实体功能的发挥起到了独特的作用,对于法律实体的债权人和所有者的利益都是至关重要的。在许多重要方面,消极资产分

---

① 王文宇.信托法原理与商业信托法制[M]//王文宇.新公司与企业法.台北:元照出版有限公司,2003:13.

② 李清池.商事组织的法律结构[M].北京:法律出版社,2008:56.

割和积极资产分割功能上而言具有镜像效应:对于企业债权人而言是消极的资产分割,若换作企业所有者则为积极的资产分割。① 因此,积极资产分割的效益优势很大程度上也存在于消极资产分割当中。

第一,资产分割有助于减少债权人的监督成本。如果没有积极的资产分割,企业债权人不仅要关注企业的信用状况,还要关心企业所有者个人的信用情况。假如债权人与企业的关系将维持相当长一段时间,或者企业所有者经常发生改变,此时债权人则需要持续不断地关注企业和所有者的信用情况。毫无疑问,这种监督的成本是巨大的,造成的结果是企业的潜在债权人要么提高借贷成本以补偿其面对的高度不确定性,要么直接拒绝贷款。积极资产分割通过区分企业资产和个人资产,将不同资产的优先请求权分别分配给不同的债权人,使债权人能更好地监督相应的资产,从而全面降低监督成本和企业的融资成本。

第二,资产分割有助于保护企业的持续经营价值。法律实体债权人的优先请求权若被赋予清算保护功能,不仅意味着实体保护程度的由弱变强,最重要的优势在于保护企业的持续经营价值。如果企业的所有者可以任意撤回出资,由于撤回出资对该所有者是有利的但由此对持续经营价值造成损害的成本会分摊到全体所有者头上,那么后果将是所有者会受到行使撤回出资的权利的诱惑,但这将造成企业无法形成自身的专有资产。基于此,企业所有者通常相互同意在特定期间内或在多数所有者投票同意进行企业清算之前放弃撤回出资的权利。撤回出资的成本外部化程度是随着所有者数量的增长而加深的,所有者人数越多,清算保护的价值就越大,原因在于,通过使企业所有者人数增长,清算保护能够增加企业可筹集的资本总额,使企业以更低的成本形成与资本密集型生产技术相匹配的最佳规模。②

第三,资产分割有助于资本积累和分散投资。实体保护减少了企业所有者监督他人财务状况的必要性,因而降低了企业所有者吸纳其他权益投

---

① HANSMANN H, KRAAKMAN R. The Essential Role of Organizational Law[J]. Yale Law Journal, 2000, 110:398.

② HANSMANN H, KRAAKMAN R, SQUIR R. Law and the Rise of the Firm[J]. Harvard Law Review, 2006, 119:1349.

资者的成本,尤其是当这些投资者并非所有者的家庭成员、朋友或其他便于监管和信任之人的时候。因此,实体保护使得个人能更容易进行权益投资,分散风险。这对于所有类型的实体保护都适用,特别是强式的实体保护,因为其具有清算保护的优势。

第四,资产分割尤其是积极的资产分割有助于投资者份额的转让。清算保护一方面减少了所有者对他人个人事务进行监督的必要性,另一方面降低了对潜在投资者资格进行限制的重要性,从而便利了权益份额的自由转让。虽有学者认为有限责任是股份自由转让的基础,[①]但实际上,有限责任对权益份额自由转让而言既非必要条件亦非充分条件。非必要条件的原因在于,所有者按比例承担责任是与权益份额市场的流动性相一致的。非充分条件的原因在于,与强式实体保护不同,有限责任并没有消除这样一种风险:最后持有份额的个人有可能因为个人过度借贷威胁到企业的持续经营价值。因此,权益份额能够自由转让的企业有时会不具备有限责任,但即便如此,它们通常都有着较强的实体保护。

(三)商业信托的资产分割功能

上述资产分割理论对于我们理解商业信托的组织属性至关重要。作为商事组织的核心法则,资产分割机制是检验市场主体是否具备组织属性的一面镜子。透过这面镜子,我们发现,商业信托也同样具备商事组织的这一基本功能。

1. 商业信托破产隔离的实现

资产分割从积极角度而言,要求有独立的资产作为商事组织对外经营的债务的担保,这在商业信托中体现为信托财产的独立和破产隔离的实现。

如前文所述,信托具有破产隔离的制度优势,而这一优势是由信托财产的独立性所赋予的。信托财产独立性"可其独立于委托人、受托人、及受益人三方债权人追及范围之外充分显现"。[②] 信托财产独立于委托人、受托

---

① 伊斯特布鲁克,费希尔.公司法的经济结构[M].张建伟,罗培新,译.北京:北京大学出版社,2005:47.

② 方嘉麟.信托法之理论与实务[M].北京:中国政法大学出版社,2004:30.

人、受益人三方的自有财产,成为仅受制于信托目的的独立存在的"目的财产"。信托财产独立性原则体现出独特的"闭锁效应"——信托财产一旦设立即与外界隔离,不受信托关系中委托人、受托人和受益人的债权人的请求权的干涉,以及"隔离效应"——即信托一旦合法有效设立,信托关系中的任何一方当事人发生破产、强制执行、抵销、混同法律关系时,信托财产都不能与一方当事人的其他财产一同被当作当事人的财产由其债权人进行分配、抵销、混同。

信托财产的独立性是所有类型的信托的共同特征,因此信托财产的闭锁效应和隔离效应同样存在于商业信托制度当中。《特拉华州法定信托法》第3805条第(f)款即明文规定,信托财产虽由受托人取得名义上的所有权,但实质上如同由法定信托担任所有人的结果一样。第(b)款和(g)款分别规定了法定信托的受益人和受托人的债权人均不得对信托财产主张任何权利。信托财产独立性赋予了商业信托破产隔离的优势。以商业信托中的特殊目的信托为例,发起人将拟证券化资产转让给特殊目的信托成立信托关系,由特殊目的信托作为资产支持证券的发行人,发行代表对证券化资产享有权利的信托受益权凭证。在此法律关系之中,作为委托人的发起人将拟证券化设定信托给作为受托人的特殊目的信托时,这一资产的所有权已经发生移转,不再属于发起人对外担保财产的范围,如果发起人破产,其债权人对信托财产不得强制执行。同样,在受托人破产时,由于受托人是为受益人的利益持有、管理、处分财产,其对信托财产的权利并非完整意义上的所有权,故在受托人破产时其债权人也无法对这一资产主张权利。商业信托破产隔离功能的实现具有重要意义,不仅隔离原资产持有者可能发生的信用风险或破产风险,使其不至于影响到该资产的投资人。反之,它也同样隔离了该资产发生的风险不致影响到原持有者。[①] 总而言之,商业信托信托财产独立性的特征和破产隔离机制的实现体现了积极资产分割的法律设计。

2.商业信托有限责任的确立

资产分割从消极角度而言,指的是投资者的有限责任。伊斯特布鲁克

[①] 施天涛,周勤.商事信托:制度特性、功能实现与立法调整[J].清华法学,2008(2):125.

与费希尔认为,有限责任是普遍存在的,真正"无限"责任的情况几乎没有。①商业信托多为自益信托,委托人与受益人往往身份重合,加之实际运营中投资获利的目的,使我们可统一以投资人称之,"委托人是投资人于商业信托设定过程中的身份,而受益人则是商业信托设定之后实际运营过程中投资人身份的出现"。②从商业信托的现代发展来看,有限责任制度逐渐得到立法的承认,不仅受益人承担有限责任,受托人在某些情形下也能受到有限责任的保护。

对于普通信托,依美国《信托法重述》(第2版)的见解,受益人通常情况下承担有限责任:"信托财产不足以补偿受托人垫付的费用等的,除受托人和受益人之间存在受益人应当补偿受托人垫付的费用等协议外,受托人不得以个人的身份自受益人接受补偿。"③但是,正如前文所提及,商业信托中受益人的有限责任问题长期以来在美国信托判例法中颇具争议。若受益人对受托人和信托事务享有实质性控制的权力,那么受益人不再享有有限责任。④但是,实质性控制标准的认定是十分复杂的,同时又有诸多不确定之处。比如,《美国法学百科全书》(第2版)认为:"确定受益人是否对组织构成有效控制从而使其像合伙关系的合伙人那样承担责任通常不取决于单一的控制因素而是取决于多种因素:对信托财产是否有共同所有权;是否存在信托收益和损失的分配协议;实体的受益权是否能自由转让;是否持续从事经营活动而非仅进行一次交易;受益人是否有修改或终止信托的权力。下列情形不足以认定受益人应承担合伙责任:只有组成受益人会议的权力;有权与受托人和一个无控制权的受益人就信托事务召开临时会议;在受托人未放弃对信托事务控制权的前提下,受托人任命受益人作为一个咨询顾问委员;信托文件赋予受益人修改或控制最低销售价格的权利。仅仅为商业信托的受益人保留修改信托文件的权力不会导致该组织转变为合伙从而使

---

① 伊斯特布鲁克,费希尔.公司法的经济结构[M].张建伟,罗培新,译.北京:北京大学出版社,2005:40.
② 彭插三.信托受托人法律地位比较研究——商业信托的发展及其在大陆法系的应用[M].北京:北京大学出版社,2008:144.
③ Restatement (Second) of Trusts § 249 (1959).
④ 13 Am. Jur. 2d Business Trusts § 31.

受益人对信托债务承担责任。然而,将修改信托文件或终止信托连同其他权力保留给受益人,可能将导致其需像合伙人那样对信托债务承担责任。"① 商业信托受益人关于有限责任不确定性的困扰直到 1988 年才有所改善——特拉华州以立法的形式率先彻底承认商业信托受益人享有与股份公司的股东同样的有限责任。随后,美国统一州法委员会在《统一法定信托实体法》的制定中吸收了特拉华州的立法经验,明确认定商业信托受益人承担有限责任。该法第 304 条第(a)款规定:"法定信托的债务、义务、其他责任或此后的一系列债务、义务、其他责任由信托自身承担。受益人、受托人、信托的代理人、受托人的代理人均不会因其作为受益人、受托人、信托代理人、受托人的代理人而直接或间接对信托的债务、义务、其他责任或此后的一系列债务、义务、其他责任承担个人责任。"

另外,大陆法系中引进信托制度的国家和地区并未针对商业信托受益人的责任承担问题作出特别规定,商业信托受益人的责任认定适用信托法的规定,而信托法只规定受益人在放弃受益权的情况下才承担有限责任,亦即受益人若不放弃受益权,即无所谓的有限责任。② 有学者指出,此规定无异使受益人负担超过信托财产的责任,此在信托的受托人主要是信托业的当下,是否妥适不无疑义。③ 日本在 2006 年对信托法进行了修改,"通过将诸多商事信托固有规则作为一般规则确立下来的做法,承认了民事信托法自身的商事信托法化"。④ 在受益人责任方面,体现为新法删除了受托人对受益人请求补偿的规定,除非受托人与受益人之间存在合意否则受托人不得请求受益人偿还其费用,从而明确了受益人的有限责任,更加充实了对受益人的保护。

---

① 13 Am. Jur. 2d Business Trusts § 33.
② 如日本旧《信托法》第 36 条、我国台湾地区"信托法"第 40 条。
③ 谢哲胜.信托法[M].台北:元照出版有限公司,2009:189.
④ 神作裕之.日本信托法及信托相关法律的最新发展与课题[J].杨林凯,译.中国政法大学学报,2012(5):76.

第三节　商业信托组织属性的制度价值

既然商业信托具有与公司相似的资产分割功能和有限责任优势,那么对投资者而言,两者应是两种可以相互替代的组织类型。然而事实上,两者都有其独特的存在价值,都无法完美无缺地替代对方。要探究其中的缘由,就需要我们对商业信托组织属性的制度价值作更深入的认识。

一、商业信托与公司的交错互动

(一)商业信托对公司的挑战

从表面上,通常认为商业信托相对公司而言具有节税优势。但作者认为,这一因素固然重要,但难以成为投资者选择商业信托而放弃公司形式的一个深层次的原因。因为,这一特征并非商业信托所独有。在美国,大多数具有公司功能特征的非公开交易实体也能避免实体层面的税赋。[①] 此外,美国 1986 年的《税务改革法》(Tax Reform Act)就已经表示了在某些税费的征收方面信托与公司应当一视同仁地被看作一类独立的课税主体。1996年,美国国内税务机关表示要逐步消除公司法人和非法人商事组织之间税赋方面的差别待遇。所以,当商业信托被视为与公司一样的课税主体时,也就无节税方面的优势可言。

那么,除了节税上的考虑外,商业信托是否还具有公司所不具备的优势?对这一问题最概括性的回答就是:灵活性。即使是自由度再高的商事公司法,公司也还是会面临不少的限制,而商业信托并不存在这一情况。具体体现在:(1)内部治理机制上,公司往往有着强制性的要求。相比之下,商业信托在内部治理机制上没有那么多的限制,因此,商业信托在内部治理上所耗费的代理成本以及其他成本均相对较低。(2)公司法通常规定,公司在

---

① SCHWARCZ S L. Commercial Trusts as Business Organizations: An Invitation To Comparatists[J]. Duke Journal of Comparative & International Law,2003,13:327.

增加股东人数和增加股份数额时一般需要取得股东大会的同意,但商业信托则不存在类似的要求。正是这一明显优势使得商业信托在共同基金(mutual funds)中得到了广泛的应用,因为共同基金通常涉及持有人数量和基金份额的迅速增加。(3)公司法构造的前提在于组织中至少存在某一级别的剩余请求权人有权选任和开除公司董事,并能够参与到公司重大事务的决策当中。相反,信托法允许管理人不受剩余请求权人(受益人)的控制。这一优势不仅体现在当受益人不具有民事行为能力之时,还体现在当众多受益人之间有着潜在的利益冲突之时,此时,必须赋予受托人一定的自由裁量权以平衡这些相互冲突的利益。在此情况下,若赋予某一级别的受益人选任和开除管理人的权利将会威胁到其他受益人利益的实现,并且出现组织受到少数人操纵和陷入僵局的风险。使管理人成为一个纯粹的受信义务人,免受受益人的控制,会有助于避免这些风险。[①]

(二)商业信托与公司的趋同

商业信托在凭借其灵活性对公司在组织体系中的霸主地位提出挑战的同时,也积极借鉴公司的制度优势以推动自身的发展。在现代市场中,商业信托和公司这两种组织形式出现了趋同的现象。主要体现在:(1)美国特拉华州1988年针对商业信托的立法是一部类似于公司法的制定法,该法允许当事人通过私人合同的形式构建一个具有公司基本属性的法律实体,如法律人格和债权人权利模式,特别是管理人和受益人的有限责任。除此之外,该法还允许当事人依自身意愿来塑造该法律实体,比如只要治理文件中作了特别规定,当事人在收益的控制与分配上就享有充分的自由。很显然,依照特拉华州的立法,完全可以通过在治理文件中通过约定的方式构建一个具有标准商事公司所有特质的、"有公司之实而无公司之名"的法律实体。(2)受托人与公司董事所负信义义务的标准出现趋同。信义义务包括谨慎义务和忠实义务。就谨慎义务而言,美国《信托法重述》(第2版)将普通信托受托人的谨慎义务标准化为注意、技能、审慎三个方面的要求。而公司董

[①] HANSMANN H, MATTEI U. The Functions of Trust Law: A Comparative Legal and Economic Analysis[J]. New York University Law Review, 1998, 3: 473.

事的谨慎义务是以商业判断规则为依据的,"仅仅相当于普通信托受托人谨慎义务的注意义务要求",①因此,商业判断规则的适用使公司董事仅须负相比普通信托受托人较低的谨慎义务。正如伊斯特布鲁克所说的:"信义原则意味着,在通常情况下法院应当进行广泛的调查,以确定如果交易成本为零,投资者和管理层本来可以达成怎样的交易。……然而,法院援引'商业判断原则'('business judgement rule')所得出的结论将大不相同。根据该原则,即使公司管理层存在经营过失,也可能被免于承担责任。"②对于忠实义务而言,普通信托受托人以"无我"规则作为标准,即受托人任何自我交易均构成对忠诚义务的违反,不考虑其是否善意抑或该交易是否有利于信托。而公司法在确立公司董事的忠诚义务标准时显得较为宽容,体现为一定程度上的对"自我"交易的接受。比如特拉华州的公司法规定,董事的自我交易在向董事会成员披露相关信息并取得大多数无利害关系董事的同意,抑或向有投票权的股东披露相关信息并取得大多数有投票权的股东的同意的情况下是有效的。③ 商业信托不同于传统信托,受托人行为规则所适用的商业领域完全异于传统信托法所适用的背景,基于商业信托与公司同样的商业性特征,商业信托受托人信义义务体现出向董事信义义务靠近的趋势。该问题将在下一章再作详细探讨。

二、商业信托在组织体系中的定位

既然商业信托的架构设计较公司灵活弹性,而且商业信托"长"得越来越像公司,体现出浓厚的公司特征,为何公司仍为商事组织发展的主导类型,仍为大型商业经营上最为普遍的选择?换言之,公司组织为何还有存在的必要?通常,人们习惯于以两者的发展历史为视角作出解释。正如上文所述,商业信托的出现是因为19世纪末20世纪初马萨诸塞州的公司受到

---

① 刘正峰.美国商业信托法研究[M].北京:中国政法大学出版社,2009:243.
② 伊斯特布鲁克,费希尔.公司法的经济结构[M].张建伟,罗培新,译.北京:北京大学出版社,2005:105.
③ DE ST TI 8 § 144(2010).

了州公司法的严格限制。然而,随着历史的演进,公司法逐渐变得宽松和自由。由于公司法的强制性色彩逐渐淡化,运用信托而放弃公司形式的基本做法也随之改变。作者以为,历史解释自身存在着一大缺陷,即它预先设定公司形式的优越性是与生俱来的,采用商业信托形式只是"权宜之计"——因为公司制度存在着不完善之处,一旦这些障碍得以消除,公司必将优越于其他商事组织。由于这种解释是建立在公司的霸主地位牢不可破的假设之上,因此它实际上只告诉我们公司在企业经营中占据主导的事实,而没有解释为什么在共同基金以及结构化金融中商业信托反而会优于公司得到采用。

理论上,若从商事组织的选择而言,商业信托与公司本质上具有竞争关系,而决定投资人或管理人选择何种组织形式的因素是复杂的。主要包括:(1)市场机制。从市场机制的角度观察,由于资本市场推动着商事组织的形成过程,因此,理性的管理人如欲从市场中筹措资金,自有诱因考量何种商事组织能为投资者带来最大化的投资收益,以吸引投资者注入资金。欲实现此目标,必须借助成本效益的分析方法,综合考量公司法、信托法、税法、破产法的法律构造,分析其在组织成本、课税方式及责任风险等方面对商业信托或公司所造成的影响。此时,商业信托与公司先前形成的均衡态势可能会被打破,新形成的均衡态势将反映出在相关商业环境中采用这两种组织形式的成本和收益之间的平衡。(2)路径依赖。路径依赖类似于物理学上的惯性定律,是指事物一旦进入某一路径就可能对该路径产生依赖。在一定程度上,人们的一切选择都会受到路径依赖的影响,过去的选择决定了现在可能的选择。如果从被视为普通公司立法的开端的英国1844年《合股公司法》起算,现代公司法制历程已经有一百多年了。相较于新近发展出现的商业信托,公司形式早已为世界各国人民所普遍接受。这无疑使我们在选择企业组织形式的时候形成了一种路径依赖的思维定式,就好像我们所使用的电脑键盘布局,在早期是为了避免机械式打字机卡纸而刻意作此设计,但今天再合理的方案都难以撼动我们的键盘布局习惯了。[①] 因此,根据

---

① LIEBOWITZ S J, MARGOLIS S E. PathDependence, Lock-In, and History[J]. Journal of Law Economics and Organization,1995,11:206-208.

这一逻辑,路径依赖会影响企业组织形式的选择。(3)治理机制。公司中作为剩余请求权人的股东和作为优先请求权人的债权人之间存在着严重的利益分歧:股东投资的目的是希望获得一定的投资回报以补充其自愿承担的投资风险,因此股东不仅仅追求公司价值的维持,更是要求提高利润率,这就使得公司愿意从事风险投资以实现公司盈利的最大化。而债权人关心的是为取得公司盈利所承受的风险是否足以导致公司破产。因为,"允许一个有能力的公司从事风险投资以增强盈利能力不会给债权人带来任何好处,相反,风险投资的失败将可能导致公司破产从而使债权人蒙受损失"。[①] 商业信托脱胎于无偿信托,存在于公司中的利益冲突问题在无偿信托中不可能出现,因为请求权人的利益趋于一致。商业信托也会避免出现优先请求权人和剩余请求权人的利益冲突问题。不同于公司债权人,作为剩余请求权人的委托人通常并不希望为自己的利益冒太大的风险。相反,其目标只是保留信托财产的剩余价值。只要没有第三方剩余利益投资者,商事信托不像公司那样受必须盈利的约束。因此,当一个商事组织的剩余请求权人不要求管理者将其利益置于优先请求权人之上时,信托形式会找到用武之地。

实践中,虽然具有公司特征的商业信托已普遍可见,但不难发现,商业信托主要还是应用于具有流动性的金融资产池的管理方面,比如共同基金或结构化金融,并没有像普通公司那样出现在经营型企业领域,即制造业领域或涉及商品和服务生产或分配的其他领域。究其原因,作者认为,在于以下两个方面:(1)商业资产的性质。如果企业业务主要涉及金融资产,因金融资产的价值一般能较好作出预测,价值不会有大幅度提升,信托形式会有利于这种资本结构,因为管理人的公平对待义务能够有效和低成本地保护所有投资者的利益。(2)治理机制。经营性企业的投资人较之于将资金交由管理人进行组合投资的投资人,更依赖商事公司治理机制提供的保护。以共同基金为例,共同基金的业绩多有客观标准可供评估及比较,而且共同基金最易发生的关联交易则可以通过强制性禁止规定来加以防范;此外,开

[①] SCHWARCZ S L. Commercial Trusts as Business Organizations: An Invitation To Comparatists[J]. Duke Journal of Comparative & International Law, 2003, 13: 328.

放式基金提供投资者"赎回权",投资者随时可选择"用脚投票"。因此,类似公司的治理机制相对而言就显得没那么重要。但显然,运营型企业并不具备这些经济特性,而且多具有复杂的组织结构,不借助公司的治理机制难以有效约束公司管理人的行为。

三、商事组织的多元化价值

商事组织是市场主体用以降低交易成本的工具,但商事组织自身会面临制度性约束的问题,即商事组织因所有权与经营权分离特征而具有的组织成本。为克服这一问题,理论上商事组织法有两种解决途径可供选择:一是通过完美的经济分析设计出一种最优的企业组织模型作为商事组织发展的终极方向,二是通过充分的市场竞争自发产生最优的企业组织体。[①] 但商事组织法的实际发展轨迹表明,商事组织法在上述两条道路中间开辟出一条新的路径:一方面,随着公司组织在世界范围内的日益普及和日渐成熟,商事组织法似乎进入了一个经济学上的"帕累托最优"状态,即法律不再可能作出一个"只改进一方处境而不伤害另一方"的改进,设计一个能够应对各种状态而成本始终最低的组织类型已不太现实。另一方面,鉴于信息获取成本以及交易主体的路径依赖,法律不可能完全放任市场主体以其意愿随意创造出各种形式的商事组织。所以,法律最好的选择是,尽可能多地提供不同的商事组织形式以供交易主体选择,以便适应不同交易环境的需要。美国最近30多年不断涌现出各种新的商事组织类型就是很好的例证——包括有限责任公司(limited liability company, LLC)、有限责任合伙(limited liability partnership, LLP)、有限责任有限合伙(limited liability limited partnership, LLLP)和法定商业信托(statutory business trust)等。这背后的推动力量在于一种社会需求和经济政策导向,即"美国的企业立法已经从以保护债权人为首要考虑转向了鼓励投资为其首要出发点"。[②] 理论上,通过在治理文件中具体化必要的治理结构,上述各种商事组织之间能够相互

---

① 高尉泷. 论信托的商事组织属性[D]. 北京:中国政法大学,2010:46.
② 宋永新. 美国非公司型企业法[M]. 北京:社会科学文献出版社,2000:5.

替代。但法律创设出这么多可相互替代的企业组织形式,其优点在于提供了众多与不同企业类型相适应的具体的默示条款,如果这些条款只是规定在一个企业的治理文件之中,对企业治理结构的要求就会显得要么过于宽松要么过于严格。[①]

[①] HANSMANN H, KRAAKMAN R, SQUIRE R. The New Business Entities in Evolutionary Perspective[J]. European Business Organization Law Review,2007,8(1):69.

第三章

商业信托的运作机制

第一节 商业信托的委托—代理问题

上述企业的经济本质理论已表明,商事组织的存在正是为了减少市场交易所产生的交易成本,借助科层化的方式进行权利结构性的安排。但是,随着商事主体组织化设计的日益复杂,制度化成本问题也随之出现,突出表现为组织内部因信息不对称而产生的委托—代理问题。因此,对于任何一个商事组织而言,除应具备资产隔离的功能外,还应该拥有可以妥善解决组织内部委托—代理问题的治理机制。这对于以有限责任为代表、以所有权和经营权相分离为特征的现代商事组织而言,是其内部治理上面临的最重要问题。笔者在此拟以委托—代理问题的控制作为一种分析框架来探讨商业信托的制度约束问题。

一、商事组织中的委托—代理问题

(一)委托—代理问题的产生

委托—代理问题并非局限于代理法所调整的委托代理法律关系。在现代市场经济中,委托—代理关系大量存在于股份公司中资本所有者与经营者之间的关系。1932年,美国学者伯利(Adolph A. Berle)和米恩斯(Gardiner C. Means)在其著作《现代公司与私有财产》(*The Modern*

Corporation and Private Property)中首次提出了企业所有权和控制权分离的命题,认为"两权分离"是现代公司制度的基础。"经济权力,就对实物的控制权而言,显然是向心的,有越来越集中在少数公司经营者手中的趋势。而与此同时,可享受收益的所有权则是离心的,有一而再,再而三地分割成更小单位并自由转让的趋势。换句话说,所有权不断地变得更加分散,过去和所有权结合在一起的权力则逐渐集中,公司制度因而更加稳固地确立了起来。"[①]此外,伯利和米恩斯还认为,公司制度中所有权与控制权之间存在利益分歧,"在一个企业的大部分利润被预先设定给大量的个人所有者而不是控制者的情况下,控制者与所有者的利益就不可能一致,控制者集团也就处于为其自身利益服务的位置"。[②] 正因如此,解决所有者和控制者之间的利益冲突是公司治理的核心问题。总而言之,现代市场竞争驱使公司的管理走向专业化和分工化,由此出现了所有权与经营权的分离;而两权的分离进一步带来了公司所有者和控制者利益不一致的委托—代理问题。

美国学者 Sitkoff 在"合同联结理论"的基础上对委托—代理问题的经济因素进行了探究。他认为,委托—代理问题产生于一方当事人(代理人)拥有自由裁量权和影响另一方(委托人)权益的不受监控的决策性权利而双方又不可能订立完全合同之时。[③] 当代理人的行为不受监控时,无论事前双方的协议多详细具体,事后要执行该协议实际上是不可能的,因为委托人无法确定究竟是代理人的违约行为抑或一个外部因素造成了不利后果。因此,除非代理人的努力程度与计划的可计量收益之间存在正相关的关系,即此种情况下结果的好坏将完全取决于代理人努力的程度,否则委托人很难防范代理人的逃避责任行为。这就是"隐蔽行为"问题,有时将其称为"道德风险"。这一问题源于于合同签订后双方间的信息不对称。Sitkoff 教授指出,将代理成本理论运用于企业组织,有助于我们认识企业中存在的规避责任问题以及组织内部关系中因信息不对称而产生的监督问题。

---

① 伯利,米恩斯.现代公司与私有财产[M].北京:商务印书馆,2007:10.
② 伯利,米恩斯.现代公司与私有财产[M].北京:商务印书馆,2007:134-135.
③ SITKOFF R H. An Agency Costs Theory of Trust Law[J]. Cornell Law Review, 2004,89:636.

(二)委托—代理问题的内容

委托—代理问题在现实生活中随处可见:假设作为代理人的某房地产经纪人能从作为委托人的房产所有者处获得销售额的5%作为佣金,如果委托人无法监督代理人的日常行为,代理人将缺乏动力投入价值10元的额外努力去增加100元的销售额,因为代理人额外投入的努力仅能换回5元的回报,尽管显而易见代理人这10元的额外努力有助于实现委托人的最大利益。如果双方利益高度一致(比如该经纪人是该房产的共同所有者),代理人毫无疑问将会投入这10元的额外努力。因此,代理人不这么做对委托人而言无疑意味着利益的损失。

著名学者詹森和麦克林在《企业理论:管理行为,代理成本和所有权结构》一文中对代理成本的具体内容进行了详细的界定。依据他们的观点,如果代理关系的双方都致力于追求利益最大化,那么有理由相信代理人并非总是为了委托人的最佳利益而行动。代理人可以通过设置合理的诱因或承担用于减少代理人越权行为的监控成本来限制双方之间的利益分歧。比如,在律师和客户的关系中,作为委托人的客户会仔细审查律师的账单是否合理,或者客户会要求一个固定的律师服务费而不是采取按小时计费的方法。在某些情况下,委托人和代理人通过合意,以共享收益共担风险的方式确保代理人的活动有利于委托人最大利益的实现。比如客户与律师在委托合同中约定的胜诉费此种委托人向代理人支付的用于确保代理人不会从事有害于委托人利益的活动的费用称为担保费用。此外,通常不可能在零成本的情况下就能确保代理人能从委托人角度作出最优决策。事实上,代理人作出的决策与那些能够最大化委托人利益的决策之间存在分歧。由于这种分歧的存在导致委托人利益的损失在价值上同样是代理关系的一种成本,故称为"剩余损失",比如上述例子中100元销售额的损失就是剩余损失。因此,两学者认为,代理成本是委托人监督费用、代理人担保费用和剩余损失这三种成本的总和。[①]依此逻辑,只有当委托—代理关系通过监督行

---

① JENSEN M C, MECKLING W H. Theory of the Firm: Managerial Behavior, Agency Costs, and Ownership Structure[J]. Journal of Financial Economics, 1976, 3: 308.

为和担保行为产生的净经济收益和其他经济收益大于代理成本时,委托人才会与代理人建立这样一种关系。①

(三)委托—代理问题的克服

詹森和麦克林指出,只要委托人选任他人作为代理人行使能影响其利益且难以进行监督的自由裁量权力时,委托—代理问题就会产生。可见,委托—代理问题是普遍存在的,因为没有人能保证有足够的精力和能力来完成所有的事情。因此,规范委托—代理关系,应着眼于尽可能减少代理成本。问题是,要减少代理成本就应想办法让代理人在行使自由裁量权时能自觉地为委托人的最大利益行事。②

1. 合约策略

(1)取消或限制代理人的自由裁量权

此方法无法很好地解决委托—代理问题,因为代理人通常没办法事先就详细规定好代理人在未来所有的突发情况下应该如何应对。无法订立完全合约的问题来源于交易成本——没办法预测到未来所有突发情况以及没办法为所有预测到的突发情况制定行为准则。在许多情况下,如果不赋予代理人足够的裁量空间让其发挥专业技能以应对不断变化的环境,委托人的目标将难以实现。

(2)代理人积极监督

采用积极监督的方式也非良策。即使委托人详细规定了代理人在特定情形之下应如何应对,通常而言委托人要监督代理人是否遵守这些规定并不具备可行性。假设一个房地产经纪人无法按照卖房者预设的出售价格为其找到合适的买家,此时卖房者将面临一个判断难题:究竟是代理人能力不足还是卖价过高抑或房地产市场的低迷造成的此种结果。

---

① Lee-Ford T. The Limitations of An Economic Agency Cost Theory of Trust Law[J]. Cardozo Law Review,2011,32:2593.
② SITKOFF R H. The Economic Structure of Fiduciary Law[J]. Boston University Law Review,2011,91:1040-1042.

(3)签订补偿协议

另外一种经常谈到的用于改善委托—代理问题的方法是双方签订以奖励为基础的补偿协议。比如我们上述例子中提到的房地产经纪人能从销售额中获得一定比例的补偿作为佣金,以激励其为提高售价而努力工作。但是,也正如上述例子所指出的,除非代理人同时也是该房产的所有者,否则不可能完全消除委托人与代理人之间利益的不一致,从而导致代理人偏袒自身的利益。然而,通过让代理人成为房产的所有者来解决这一问题显然并不现实。

2. 立法策略

(1)剥夺权力

立法上有两种基本方法来处理委托—代理问题,其中之一就是尽可能减少代理人自由裁量的权力。比如,信托法上规定受托人不得参与有关信托财产的市场交易活动;代理法上则要求委托人无行为能力时代理权终止;传统公司法上的越权原则使得公司不能从事超越公司章程记载的公司经营范围之外的任何活动。但是,这种剥夺代理人权力的方法已经被证实是行不通的,原因在于,法律在保护委托人免受代理人不法行为侵害的同时,也剥夺了代理人从事有利于委托人利益的活动的机会。正因如此,现代法律采用第二种方法即规定代理人的信义义务的方法作为克服委托—代理问题的首选。信托法上,由于信托财产逐渐由具有流动性的金融资产占主导地位,金融资产要求灵活的管理手段以应对金融市场的瞬息万变,因此现代信托法已赋予受托人在信义义务的前提下开展各种类型的交易活动的权力。代理法上,美国各州通过制定成文法准许代理人在信义义务的约束下享有为无行为能力的委托人的利益行事的永久性权力。公司法上,越权原则已经名存实亡,如今的公司可采取任何行动追求利益,只要不违反信义义务的要求。

(2)信义义务

依据现代法上的信义义务,代理人在进行代理活动时享有广泛的自由裁量的权力,但事后委托人有权审查代理人的活动是否符合委托人的最佳利益。信义义务的关键功能在于威慑作用,即代理人不得不为委托人的最大利益服务,因为不这样做将意味着事后要承担损害赔偿责任,以及其违法所得会被追缴。以此角度观察,信义义务的实现变得直观明了。信义义务的核心是忠实义务和注意义务。由于代理成本问题源于合同的不完全性,所以忠实义务和注意义务通常使用开放式的、宽泛的术语进行描述。由此,忠实义务和注意义务是这样的一些行为标准,即要求法院在考虑到所有事实和情况的条件下,裁定受信任人的行为与双方当事人如果能够预见到这些事实和情况时同意采取的措施是否相一致。实际上,忠实和注意标准赋予了法院将双方当事人的合同填补完整的权力。因此,忠实义务和注意义务能够实现交易成本的最小化,亦即,双方当事人不需要事先对未来突发情况制定措施,只需迅速处理那些重要且很可能成为明确规定的交易成本的合理依据的意外情况即可。至于其他那些意外情形,则借助信义义务来填补漏洞。①

作为能够考虑所有相关事实和情况的行为标准,忠实义务和注意义务还能够减少错误成本。然而,由于两者都是典型的行为标准而非具体规则,错误成本的减少是以不确定性增加和决策成本增加为代价的。原因在于,一种与语境有着高度密切关系的行为标准将很难对未来作出预测,同时还需要司法发挥更强的作用。但是信义法的发展历史有效消除了这种不利因素。一方面,普通法已经衍生出大量的关于受信任人问题的解释权,不仅反映在判例法上,还体现在凝结了数代人心血的论文、法律重述和成文法当中。另一方面,随着法院处理那些经常出现的事实和情况的经验越来越丰富,衍生出在这种情形下适用忠实义务和注意义务的许多补充规则或实施规则。比如公司的机会原则和信托法上的无须询问规则(no-further-inquiry rule)。这些补充规则或实施规则简化了信义义务的适用,从而减少了决策成本。宽泛的忠实义务和注意义务以及特定的补充规则双管齐下,既提供了具体规则具有的减少决策成本的优点,又具备行为标准提供的减少错误成本的优势。可以这么说,信义义务方法的成功在于其自身的灵活性。

---

① SITKOFF R H. The Economic Structure of Fiduciary Law[J]. Boston University Law Review,2011,91:1044.

二、商业信托受托人权力的扩张

(一)普通信托受托人权力的演变

信托法对于受托人权力的规制,经历了从严格限制到松动扩张的演变过程。早期的信托法通过约束受托人的交易能力来限制其权力,具体包括两个方面:(1)限制受托人的交易权力。由于早期的传统信托以家庭土地作为主要的信托财产,受益人往往居住在这块土地之上并负责管理,受托人除了持有信托财产、等委托人死亡之后将财产移转给剩余受益人外,几乎不再有任何的权力或义务。有学者指出,此时的受托人与其认为是管理人还不如说更像是利害关系人或候选人。[①] 因为限制受托人的交易权力能够减少他们可能对受益人造成的伤害。(2)限制其他市场主体与受托人进行交易。早期的信托法要求,知道或有理由知道正与受托人进行交易的一方当事人"询问了解信托条款的规定,以确定受托人是否及何种条件下有权进行交易"。[②] 毫无疑问,这种规则有效限制了第三人与受托人进行交易。但是,社会经济条件的发展已经极大改变了受托人权力受限规则所适用的制度背景,尤其是金融资产取代家庭土地成为信托财产的主要类型,使得信托法必须赋予受托人足够的权力以应对瞬息万状的市场环境。

我们不妨以受托人委托代理人的权力为例来一窥究竟。美国早期的信托法制对受托人授权他人代为处理信托事务采取原则禁止、例外容许的立法模式。依据1959年《信托法重述》(第2版)第171条的规定,受托人原则上不得将其被合理期待应自己处理的事务授权他人代为处理,只在特定的情况向可授权普通谨慎之人(a person of ordinary prudence)代为处理某些类型的信托事务。然而,严格要求受托人遵循亲自管理义务事实上存在着局限性:从信托事务的量的角度,受托人可能无法独立有效完成;从信托事

---

① LANGBEIN J H. Why Did Trust Law Become Statute Law in the United States[J]. Alabama Law Review,2007,58:1074.

② Restatement (Second) of Trusts § 297 cmt. f (1959).

务的质的角度，受托人可能缺乏执行信托事务所需的专业知识和技能。并且，由于商业信托或营业信托之事务具有复杂化、专业化及大量化之特性，若仍坚持应由受托人亲自管理信托事务，将有害于信托财产管理之效率及信托运作之弹性。① 因此，美国直到1992年《信托法重述》（第3版）和2000年《统一信托法典》的相继颁布，因采用谨慎投资人规则，致使受托人委托权力的传统规范模式发生原则与例外的巨大互转——受托人在不违反注意义务的情况下，可授权第三人代为处理信托事务，而不再坚守传统信托法制之自己管理义务。《信托法重述》（第3版）第80条规定，受托人负有亲自履行受托人义务之责任，但作为一个有类似技能的谨慎之人可以将这些责任授权他人除外。在决定是否将处理信托事务之权限委托他人、委托何人、以何种方式委托及随后如何监督代为处理信托事务之人，受托人有履行受信赖人自由裁量权的义务，以及相同情况下像一个有着相似技能的谨慎之人那样采取行动的义务。《统一信托法典》第807条则规定受托人应以合理的注意义务决定是否委托第三人代为处理信托事务，且受托人委托第三人代为处理信托事务系属恰当时，其责任范围仅限于选任及监督第三人之事项。此外，美国信托立法在此问题上的改弦更张还深刻影响到了日本。日本早期信托立法与美国一样，严格限制受托人委托代理人的权力。但日本在2006年修改《信托法》时对此规则作出了修正，新《信托法》第28条规定："受托人在下列情形下可委托第三人处理信托事务。（一）信托行为中规定有将信托事务委托或可以委托给第三人处理的；（二）信托行为中虽无委托第三人处理信托事务的规定，但委托第三人处理信托事务本身符合信托目的，被认为是妥当的；（三）信托行为虽规定不得将信托事务委托第三人处理，但认为委托第三人处理信托事务，符合信托目的，系出于不得已之情由。"

此外，现代信托法改变了已不合时宜的受托人权力策略，赋予受托人如同所有人对自有财产般的广泛权力。《信托法重述》（第3版）第85条规定："（1）除非制定法或信托条款另作限制，受托人在信托管理中享有如下权利：（a）受托人对信托财产拥有如同一个法律上有着行为能力的未婚的个人对

---

① 王志诚.受托人之自己管理义务——从受益人最大利益原则论第三人代为处理信托事务之容许范围[J].政大法学评论,2010(123):308.

自有财产拥有的权力那样的权力;以及(b)制定法或信托条款赋予的权力;以及(c)本法律重述其他条款所承认的专门用于信托管理的权力。(2)除非信托条款另有约定,第1款授予受托人的权力会延续至继任受托人,由继任受托人继续行使。"《统一信托法典》第815条对受托人的一般权力作出了规定:"(a)未经法院授权,受托人可以行使以下权力:(1)信托条款赋予的权力;以及(2)除受到信托条款限制外的权力;(A)受托人对信托财产拥有的如同一个未婚的有行为能力之人对自有财产拥有的权力那样的权力;(B)有助于实现信托财产的有效投资、管理和分配的其他任何权力;(C)本法典赋予的其他任何权力。(b)权力的行使要受到本章所规定的信义义务的约束。"

(二)商业信托受托人权力的确立

美国法上,在未针对商业信托进行统一立法的州,调整商业信托受托人权力的法律规范来自于普通法。即便是有着商业制定法的州,比如特拉华州,制定法也多未对商业信托受托人权力作出明确规定,这一立法空白为普通信托法受托人规则的适用预留了空间。基于许多州的商业信托制定法在商业信托受托人权力方面存在立法空白,《统一法定信托实体法》第502条对法定信托受托人的权力作出了一般规定:"受托人可行使如下权力:(1)治理文件所赋予的权力;(2)除受到治理文件限制之外的,便于法定信托业务的开展或法定信托开展业务所必需的其他任何权力;(3)本法赋予的其他权力。"统一州法委员会在该条款的注释中指出,该条款的法律渊源是《统一信托法典》第815条,其目的在于尽可能授予受托人最宽泛的权力。[①] 对于商业信托受托人的具体权力,《统一法定信托实体法》第511条规定:"(a)受托人可以委托代理人。受托人在下列情况下应尽到一个相似地位之人在相似情形下有理由相信是合理的的注意:(1)选择代理人;(2)设定委托人的范围和条款;(3)定期审查代理人的行为以监督代理人的行为是否与代理条款一致。(b)受托人可委托作为共同受托人的其他受托人担任代理人,但要受(a)款的约束。(c)在行使代理职责的过程中,受托人的代理人要遵守代理

---

① Uniform Statutory Trust Entity Act § 502cmt(2009).

条款的规定,对法定信托负有注意义务。(d)符合(a)款规定的受托人不因受托人的代理人在行使代理职责过程中的作为或不作为对受益人或法定信托承担责任。(e)受托人的代理人对与代理有关的诉讼请求可向本州有管辖权的法院提出。"可以看出,《统一法定信托实体法》与《信托法重述》(第3版)、《统一信托法典》一样,废弃了传统信托法禁止受托人委托代理人的规定。统一州法委员会在该条款的注释中指出,该条款的第(a)、(c)、(d)、(e)款是仿照《统一信托法典》第807条的规定作出的,而《统一信托法典》第807条则来源于《统一谨慎投资人法》(Uniform Prudent Investor Act)第9条。然而,该条款与之前的法案不同之处在于委托作为共同受托人的其他受托人担任代理人的问题上。《统一法定信托实体法》第511条(b)款将这一问题与委托其他人作为代理人同等对待。相反,普通信托法并不乐意看到共同受托人中其中一个受托人将其权力委托给另一个受托人行使。原因在于,传统信托法规则的建立是基于这样的假设,即赠与人任命多个受托人的目的是希望他们彼此之间能够相互监督。但这种规则并不适合商业法定信托的实践,因为有限目的受托人普遍存在。[①]

总而言之,信托法的现代变革——从传统信托法严格限制受托人权力的保守主义过渡到现代信托法赋予受托人广泛的自由裁量权的开放主义,无疑是与商业信托的发展趋势相一致的,现代信托法中受托人广泛权力的赋予成了商业信托受托人权力规则的重要规范基础。因此,比较普通信托受托人权力和商业信托受托人权力,除了普通信托受托人并不必然具有商业经营权力外,[②]其他方面并无多大差别。

三、商业信托委托—代理问题的产生

商业信托虽与公司在组织化程度上存在差异,但这并不意味着商业信

[①] Uniform Statutory Trust Entity Act §511cmt(2009).
[②] 美国《信托法重述》(第3版)第229条的注释中指出,受托人原则上不享有传统商业经营的权力,除非受托人能证明其对传统商业的经营具有信托条款的授权,或法院的授权,或证明符合本法律重述第227条规定的谨慎投资人规则。

托中不存在委托—代理问题。第一,信托与公司一样,存在着管理与收益相分离的特征,因此也容易产生这一问题。正如 Sitkoff 教授所言,公众公司和信托两者在治理上的一个重要任务就是协调好受托人利益与受益人利益,实现代理成本最小化。[①] 第二,在所有权与经营权分离的前提下,如果受益人监督受托人的成本较低,或者存在着充分的市场竞争以督促受托人勤勉尽责,委托—代理问题并非必然产生。只有在上述条件缺失的情况下,代理成本才是一个需要重视的问题。不幸的是商业信托满足这种情形:从上述对商业信托受托人权力的考察可以发现,现代信托法中的受托人拥有广泛的权力,商业信托中受托人对受益人的利益有着巨大的自由裁量权。因此,现代商业信托存在着与公司类似的管理专业化和所有权分散化特征,由此带来了受托人与受益人之间信息不对称和受益人监督成本过高等问题。第三,现代商业信托中,由于受托人专业化、分工化程度不断提高,信托关系变得更加复杂,商业信托中的委托—代理问题较之于公司显得更为严重。以房地产投资信托(REITs)为例。一方面,REITs 性质上是一种信托法律关系。投资人作为委托人,认购 REITs 份额后将资金交给 REITs 管理人代为投资,并收取红利。管理人作为代理人,受委托人之托代为理财,收取管理费。投资者与管理人之间形成一种典型的委托—代理关系。另一方面,REITs 本质上是一种投资基金。投资基金不仅属于信托的范畴,且有其特殊的法律关系。一是基金份额持有人同时充当信托关系中的委托人和受益人的角色(即自益信托),二是信托关系中受托人的角色一分为二,由基金管理人和基金托管人共同担任。在投资基金关系中,由于受托人角色的分化,委托人(基金份额持有人)与两个职责不同的受托人(基金管理人和基金托管人)均存在委托—代理关系,即双重委托—代理关系,由此引发的委托—代理问题在 REITs 中也将表现得更为明显和突出,更应当受到法律监管的核心关注。作者认为,对于商业信托组织化过程中因受托人权力的扩张和受托人专业化、分工化程度提高所产生的委托—代理问题,可从受托人和受益人两个角度来进行约束。从受托人角度来看,可发挥信义义务在商业信

---

① SITKOFF R H. Trust Law, Corporate Law, and Capital Market Efficiency[J]. Journal of Corporation Law,2003,28:566.

托中所体现出来的制度基础性作用。从受益人角度来看，可通过受益人权利的保障来对商业受托人进行制度性的约束。

第二节　商业信托受托人行为的规制

商业信托以信托为其组织运营的法理基础，信托法的相应规则无疑为商业信托制度构建的制度性基础，因此商业信托的信托性使商业信托受托人行为的规制与普通信托受托人具有共同之处。然而，商业信托作为信托制度的商业化应用，是信托制度与商事组织结合的产物。商业信托的组织化、机构化、制度化等特征使商业信托受托人与公司董事在功能上更为相似，商业信托受托人行为治理规则的构建大量借鉴和参考了公司法的治理准则。

一、普通信托受托人的信义义务

（一）受托人的信义地位

在信托中，受托人享有信托财产法定所有权的同时，负有一种为受益人的利益持有财产的衡平义务。受托人的这种衡平义务是衡平法施加的、受益人可强制执行的义务，反映了受托人与受益人之间的信义关系。由于信义义务实质上是特定当事人间一种不对等的法律关系，受托人处于强势地位，信托受益人处于弱势地位，受托人作为权利拥有者，具有以自己行为改变他人法律地位的能力，受益人则必须承受这种被改变的法律地位且无法对受托人实施直接控制。法律为了保护受益人的利益，防止受托人滥用其权利，以确保双方的信任关系，要求受托人对受益人负有信义义务。在现代信托法中，信义义务发挥着相当重要的作用。对受益人而言，信义义务是有效控制受托人不当行为的重要手段。对委托人而言，信义义务的适用节省了其草拟规制机会主义行为的一系列规则需要的时间和精力，信义义务比当事人特别草拟的规则更易于理解和适用，且在当事人未作约定的情况下还能作为默示规则加以适用。"在大多数情况下，这一完备信义义务规则的适用是事后以事实为根据确定信义责任的首选。当然,委托人和受托人仍保留在任何情况下对信义原则进行调整以适应特定设计的权利。"①

(二)普通信托法的信义义务规则

如前文所述,现代信托中受托人被赋予了更多的自由裁量权以及利用市场机会最大化信托财产价值的权力。与此同时,现代信托对受托人的信义义务也作了相应的调整,以日益客观化、标准化、具体化的信义义务作为信托财产的安全保障机制。若将信义义务置于历史的显微镜下则不难发现,注意义务和忠实义务就是其遗传因子,两者如同 DNA 中的双螺旋结构那样相互交错,共同塑造着信义义务的性状表征。

1.注意义务

注意义务,又称谨慎义务,要求受托人管理信托事务时必须采取合理的谨慎。受托人在管理信托事务时是否履行了注意义务,是确定其是否需要对由此造成的信托财产损失承担责任的关键。而明确受托人的注意义务,最重要的是确定谨慎的标准。从美国信托立法的实践来看,注意义务的标准经历了法定列表制、谨慎人规则以及以现代投资组合理论为依据的谨慎投资人规则的变迁。

(1)法定列表制(legal list)

法定列表制起源于英国。南海泡沫事件破灭后,英国的衡平法院确立了假设对受托人而言是合适的投资种类的列表。法定列表通常要求投资于政府债券和初次抵押贷款,而禁止投资于股权。② 法定列表制随后也在美国被广泛采用。比如,1869 年纽约上诉法院在 King v. Talbot 一案中就采取了限制性立场,仅允许受托人投资于政府债券以及有不动产抵押担保的公司或个人债务。"当基金被投资于银行、保险或铁路公司股票时,它就脱离

---

① 陈雪萍,豆景俊.信托关系中受托人权利与衡平机制研究[M].北京:法律出版社,2008:149.
② LANGBEIN J H, POSNER R A. Market Funds and Trust-Investment Law[EB/OL].[2015-05-20]. http://digitalcommons. law. yale. edu/cgi/viewcontent. cgi? article=1492&context=fss_papers.

了受托人的控制;基金的安全与否,或者损失的风险,都不再依赖于受托人在保管或管理基金过程中的技能、注意或者自由裁量权,而且投资条款没有考虑基金将会回归受托人。"①1889年,纽约州的立法机关将该标准成文法化。随后,法定列表规则或称为纽约规则得到了美国大多数州采用。②

(2)谨慎人规则(prudent man rule)

谨慎人规则最早由马萨诸塞州最高法院于1830年在Harvard College v. Amory这一具有标志性意义的案件中所确立。马萨诸塞州最高法院在案件中拒绝适用法定列表制,认为即便是安全的投资也会面临价值的波动。"不能想当然就认为那些由董事管理的股票就是不安全的,虽然董事或好或坏的管理措施有可能会导致完全的损失。随心所欲想怎么做就怎么做,资本就会有风险。如果资金都流向政府成为公共资金,当政府出现如同上次战争结束时那样的信用受损情况时,资本的结果会是如何?"③马萨诸塞州最高法院最终认定,受托人应当尽处理自己事务所应尽的谨慎、自由的裁量权以及智慧,不得进行投机行为,但在对他们所管理的基金进行永久性处置时,应考虑合理的收入以及欲投资的本金的合理的安全。但是需注意的是,Harvard College v. Amory一案所确立的"马萨诸塞州规则"最初未能撼动"纽约规则"在美国各州的主导地位,只有少数州选择采用马萨诸塞州确立的谨慎人规则。

真正的变革发生在20世纪30年代。一方面,受托人要寻找到符合法定列表要求的投资越来越困难;另一方面,更重要的是,有研究数据显示,采用谨慎人规则的州能获得4%的投资回报率,而采用法定列表制的州的投资回报率只有2%。此外,美国银行家协会积极支持将Amory一案确立的规则成文法化的态度也起到了推动作用。在此影响下,许多州纷纷转投谨慎人规则的怀抱,谨慎人规则由此取代投资列表制成为主流。

---

① King v. Talbot,1 Hand 76,40 N. Y. 76,1869 WL 6484(N. Y. 1869).
② GORDON J N. The Puzzling Persistence of the Constrained Prudent Man Rule[J]. New York University Law Review,1987,62:52—57.
③ Harvard College v. Amory,9 Pick. 446,26 Mass. 446,1830 WL 2554(Mass. 1830).

1959 年发布的《信托法重述》(第 2 版)采纳了谨慎人规则,其第 227 条规定:"受托人在进行信托基金的投资时,对受益人负有如下义务:(a)在信托条款或者议会法律没有规定的情况下,受托人只能进行这样的投资,即一个谨慎的人在考虑到保存信托财产的价值、可能产生收入的数量和周期性之后,将对自己的财产进行的投资;(b)在信托条款未规定的条件下,受托人应遵守规范受托人投资的制定法的规定;(c)遵守信托条款,除非第 165 条至第 168 条另有规定。"由于谨慎人规则特别强调避免所谓的"投机"行为,因此《信托法重述》(第 2 版)针对受托人的投资种类进行了阐述:"除非信托条款另有约定,否则下列投资行为是不恰当的:(1)基于投机目的而购买证券,例如用保证金购买股票或者购买打折销售的债券,因为不确定这些证券到期能否得到支付;(2)投资于新成立的且未经检验过的企业;(3)将信托财产用于开展贸易或营业活动;(4)以再出售为目的购买土地或其他物品"。[1]换言之,受托人如在信托文件未另作约定的情况下进行了上述的投资行为将会被视为投机性的和不谨慎的,从而违背了注意义务的要求。另外,《信托法重述》(第 2 版)还认为分散投资也是谨慎人规则的体现,其第 228 条规定:"除信托条款另有规定外,受托人对受益人负有义务,通过投资的合理多样化,分散损失的风险,除非根据当时的情况,不实行多样化投资是谨慎的。"

(3)谨慎投资人规则(prudent investor rule)

事实上,谨慎人规则最终的适用效果没能实现当年马萨诸塞州法院的判决目的。经过法院判决所累积出来的层层限制,谨慎人规则后来变相成了另一种投资列表。一方面,法院的司法审查针对的并不是投资人投资决策的行为过程,而是事后的投资结果,这种事后的评价容易产生偏见,即事后通过搜寻证据来证明投资风险过大。另一方面,法院并非是将各种投资视作一个整体来评价受托人的注意程度,而是针对每个投资单独作出评价。当一种股票的价值下跌时,受托人就会面临责任承担的风险,即使该股票只是一个合理的多样化投资组合的一部分。与此同时,法院的相关判决结果

---

[1] Restatement (Second) of Trusts § 227cmt. f (1959).

表明，当事人是难以通过合同来规避法院的司法审查的，不管是信托文件授权受托人有权进行特定投资，抑或约定一项免责条款使受托人不用接受司法审查。因此，20世纪后期开始，学界和实务界要求改革的呼声四起，他们透过大量批判性的、呼吁变革的学说论著，要求将新的投资理论——现代投资组合理论（modern portfolio theory）引入到受托人投资权限的规范当中。这一理论的支持者指出，风险与回报具有正相关关系，非系统性风险是能够通过分散投资的方式消除的。因此判断一项投资是否谨慎应该将不同投资视作一个整体来考虑，同时还要考虑受益人对风险的承受能力以及信托的目的。他们还指出，依据传统的谨慎人规则，针对那种长期的、固定利率的同时违约风险很少的债务进行的投资，容易使信托基金遭受通货膨胀的影响。① 在此影响下，从20世纪80年代中期开始，美国部分州废止了谨慎人规则转向支持新出现的谨慎投资人规则。大规模的变革发生在20世纪90年代，两个标志性事件给了谨慎人规则沉重一击：1992年美国法学会发布《信托法重述》（第3版），以及1994年统一州法委员会颁布《统一谨慎投资人法》（*The Uniform Prudent Investor Act*）。

谨慎人规则和谨慎投资人规则的主要不同之处在于投资管理的范围有差异。谨慎人规则关注每单个投资本金损失的风险，这与现代投资组合理论强调将投资组合视为一个整体、关注该整体产生的风险和预期收益是完全相反的。② 因此，相较于《信托法重述》（第2版），一方面，《信托法重述》（第3版）和《统一谨慎投资人法》都明确了受托人的信托投资是否谨慎不再以单个的投资行为为对象，而是将信托的整个投资作为整体来评价。如《统一谨慎投资人法》第2条（b）款规定："受托人有关单项资产的投资和管理决策不能单独进行评价，而把必须置于整个信托资产组合中，并作为整体投资策略的一部分进行评价。上述整体投资策略具有的风险和收益目标合理地符合信托的要求。"另一方面，两者废除了本质不谨慎的投资种类的要求，确

---

① SCHANZENBACH M M, SITKOFF R H. Did Reform of Prudent Trust Investment Laws Change Trust Portfolio Allocation[J]. Journal of Law & Economics, 2007, 50: 685.

② AALBERTS R J, POON P S. The New Prudent Investor Rule and The Portfolio Theory: A New Direction For Fiduciaries[J]. American Business Law Journal, 1996, 39: 44.

立了信托投资多样化规则。如《信托法重述》(第3版)第90条(b)款规定:"在作出投资决策和执行投资决策时,受托人有义务将信托投资多样化,除非根据环境,多样化投资是不谨慎的。"

美国学者Schanzenbach和Sitkoff针对谨慎人规则到谨慎投资人规则的转变对信托持股情况的影响进行了实证研究。研究表明,在采用了谨慎投资人规则的35个州,受托机构的股票持有量增长了1.5%—4.5%。股票市场的这一转变推动整个股票市场持股数量增长了3%—10%,占据股票持股数量总体增长的10%—30%。两学者进一步指出,虽然信托投资法律规范都是默示规则,当事人可通过信托文件加以变更,但研究表明信托投资规则的改变的对受托机构可谓"牵一发而动全身",因此实践中新的投资规则对信托投资行为有着重要的影响。这为我们提供了一个重要信息:信义义务是信托管理的一个切实可行的方法。[①]

2. 忠实义务

忠实义务又可称为忠诚义务、禁止自我交易的义务,即受托人有义务只为受益人的利益处理信托事务而不能为其本人或任何第三人谋取便利。[②] 忠实义务确立于19世纪早期的英国大法官法院,禁止受托人将自己置于其个人利益与受益人利益冲突或可能冲突的地位。美国通过Davoue v. Fanning案继受了英国的受托人忠实义务规则。该案主审法官Kent认为,受托人可能存在受益人难以证明的欺诈行为,为了"防范这一不确定性",受益人应享有"无须证明实际损害"即可撤销一项存在利益冲突的交易行为的权利。[③] Kent法官在其著作《美国法释义》(*Commentaries on American Law*)中进一步指出,唯一利益规则(The Sole Interest Rule)是"建立在假设存在法院难以察觉的欺诈行为且该行为的实施具有危险性的基础之上的"。以此为基础,唯一利益规则构成了受托人忠实义务的根本特征,受托人仅能

---

① SCHANZENBACH M M, SITKOFF R H. Did Reform of Prudent Trust Investment Laws Change Trust Portfolio Allocation[J]. Journal of Law & Economics, 2007, 50: 682-683.

② 高凌云. 被误读的信托——信托法原论[M]. 上海: 复旦大学出版社, 2010: 113.

③ LANGBEIN J H. Questioning The Trust Law Duty of Loyalty: Sole Interest or Best Interest[J]. Yale Law Journal, 2005, 114: 944.

为受益人利益管理信托成了忠实义务最核心的内容。唯一利益规则也得到了美国信托立法的承认,如《信托法重述》(第2版)第170条(a)款规定,受托人负有仅为受益人的利益管理信托的义务。《统一信托法典》同样继受了唯一利益规则,并在此基础上,针对受托人不同类型的利益冲突交易行为确立了不同的处理规则,从而构成了美国普通信托的受托人忠实义务规则。具体而言:

(1)针对受托人自我交易的无须进一步询问规则(No Further Inquiry Rule)。唯一利益规则的假设前提是,存在利益冲突的交易行为毫无疑问都是有害于受托人的利益的。依此逻辑,受托人在管理信托的过程中,只要进行了任何可能获得个人利益的交易,不论受托人是否真正获得利益、信托是否因此受到损害抑或因此获得利益,都可以认定该交易无效。法院在审理此类案件时,只需要考察冲突交易之有无,而不论冲突交易之是非曲直。这就是所谓的"无须进一步询问规则"。《统一信托法典》将无须进一步询问原则适用于受托人与信托财产进行自我交易的情形,受益人此时享有撤销权。《统一信托法典》第802条(b)款规定:"受到本法第1012条规定的与受托人进行交易之人或协助受托人之人的权利的约束,受托人为自己个人利益进行交易,如销售、财产负担或其他有关信托财产投资或管理的交易,或者其他受到受托人的受托职责与个人利益之间的冲突影响的交易,可以由利益受此影响的受益人撤销,除非:(1)交易获得信托条款的授权;(2)交易获得法院的批准;(3)受益人没有在本法第1005条规定的期限内提起诉讼;(4)受益人同意受托人的行为,批准该项交易,或免除本法第1009条课以受托人的责任;(5)交易涉及受托人订立的合同或者取得权利主张,但该交易发生在该人成为或者被提议担任受托人之前。"此外,《统一信托法典》还要求,如果受托人的交易行为涉及篡夺本属于信托的交易机会,该行为同样适用"无须进一步询问规则",受益人可认定其无效。①

(2)针对受托人关联交易的无效推定规则。《统一信托法典》第802条(c)款规定:"一项销售、权利设定或其他有关信托财产的投资或管理的交

---

① Uniform Trust Code §802. cmt. (2010)

易,推定为受到受托人的受托职责与个人利益之间的冲突的影响,如果该交易是由受托人与下列人员之一进行的:(1)受托人的配偶;(2)受托人的后代、兄弟姐妹、父母或他们的配偶;(3)受托人的代理人;或者(4)一家公司或其他人或企业,对于他们,受托人或受托人的主要权益持有人持有可能影响受托人作出最好判断的权益。"相对于第 802 条(b)款对受托人自我交易的规定,该款规定显得较为宽松,推定受托人进行的关联交易是可撤销的,而非无效的。这一推定是能够被推翻的,只要受托人能够证明该交易并未受到自身利益和其受托职责之间利益冲突的影响,影响的因素包括交易对价是否公平、交易条件是否类似于和一个独立当事人之间的交易等。即使该无效推定未被推翻,受托人关联交易行为是否无效还取决于受益人的选择。如果该交易有利于信托,受托人未获得不当利益,受益人可以选择允许该交易存在。

(3)针对受托人与受益人不涉及信托财产交易的无效推定规则。《统一信托法典》第 802 条(d)款规定:"受托人与受益人之间不涉及信托财产但发生在信托存续期间的交易,或者受托人对受益人有着实质性影响力,且受托人从中可获得优势的交易,这些交易可以由受益人撤销,除非受托人确信该交易对受益人是公平的。"该款推定,受托人与受益人之间不涉及信托财产的交易是存在受托人权力的滥用,因此适用受托人关联交易的规则,即推定该交易是可撤销的。但该推定是可以推翻的,受托人可以交易条件的公正性抗辩受益人的撤销权。

(4)受托人的公平对待义务。《统一信托法典》第 803 条规定:"如果信托有两个或两个以上的受益人,受托人在投资、管理和分配信托财产时应做到不偏不倚,应适当地考虑受托人各自的利益。"平等对待义务是受托人忠实义务的一个重要方面。受托人不仅应平等对待当前享受信托利益的受益人和信托终止时享受剩余信托财产的受益人,对于前者的各个受益人也应做到一视同仁。为确保平等对待义务的履行,受托人应特别注意收益与本金之间的收支分配,在适当的情况下还应该对收益进行再分配。此外,平等对待义务并非意味着受托人对所有受托人作同样(equally)对待,而是应该根据信托目的和信托条款公平地(equitably)对待所有受益人。①

二、商业信托与普通信托的区别对待

最初,商业信托是依据普通信托法的原则构建,因而商业信托的实体地位、组织结构、治理机制、救济方式等问题散见于众多专门规制赠与型私益信托的法律之中。然而,大部分商业信托在目的、功能与构成要件等方面与赠与型信托有较大差别,这些不同之处已经导致了在商业环境下适用普通信托法原则的不确定性。比如,Sitkoff教授指出,实践中某些法院基于商业信托并非赠与型私益信托从而构成了对公司法的非法规避而认定其无效。他同时指出,一些普通信托法原则具有不合理之处,事实上阻碍了信托商事功能的发挥,比如禁止永久存续原则和限制受托人将权力委托他人的原则。② 实际上,在宽松的条件下,一项原则可能会是一项效率低下或不合理的默示规则,当事人可通过合同加以排除,因此该原则不见得是适宜的。在严厉的条件下,一个原则在普通信托法上会被认为是一项不得规避的强制性规则,因此该原则同样不见得是恰当的。从组织法角度看,这两种不合理的情形的任何一种都是有问题的,尽管不合理的强制性规则很显然受到了更多的关注。问题在于默示规则或强制性规则的划分准则。商业信托的委托人会认为,普通信托法中的一项强制性规则在商业环境下是不合理的,因此应将其视为一项默示规则,能通过信托文件有效地加以排除。但是,这种做法的效力是缺乏法律依据的,不确定性由此产生。此外,普通信托法能否妥当地平衡和保护商业信托中当事人和利害关系人的利益也受到普遍的质疑。特别是受托人和受益人都缺少明确的有限责任的保护,以及投资人利益保护方面还存在缺陷。③

---

① Uniform Trust Code § 803. cmt. (2010)
② SITKOFF R H. Trust As "Uncorporation": A Research Agenda[J]. University of Illinois Law Review,2005,31:36.
③ MILLER P B. The Future for Business Trusts:A Comparative Analysis of Canadian and American Uniform Legislation[J]. Queen's Law Journal,2011,36:444-445.

在美国,虽然《信托法重述》(第 2 版)在制定之时认为"商业信托是一种特殊类型的商事组织,最好与其他商事组织一起进行处理"而未将其纳入其调整范围,[①]遗憾的是,起草者未能为这一结论提供理由。1977 年,马萨诸塞州最高法院在 Garald K. Richardsonv. Bradlee F. Clarke 一案中首次明确承认商业信托因拥有公司的诸多特征,普通赠与型信托实践为基础发展起来的普通信托规则因此不能全部适用于商业信托,由此成为商业信托不完全适用普通信托法规则的权威判例。在案件中,原被告双方争议的焦点在于商业信托设立文件在未明文规定共同受托人"少数服从多数"时,受益人能否通过商业信托文件的修改采用这一规则。若依照普通信托法规则,在信托文件未约定的情况下,受托人应遵循"全体一致同意"的规则。但是,马萨诸塞州最高法院在判决中明确指出:"商业信托拥有许多公司的特征,因此不能仅仅受到自传统信托演化而来的规则的规制。为了适应不断变化的环境和促进信托的有效运作以及信托目的的实现,正确的看法是,商业信托应能够修改其信托文件。与公司组织一样,少数服从多数的规定是一项方便商业运作的切实且有效的手段。"[②]Garald K. Richardsonv. Bradlee F. Clarke 一案确立的裁判依据在随后的案件中被不断引用,比如 1988 年的 Apahouser Lock And Security Corporation v. G. Robert Carvelli、1992 年的 First Eastern Bank,N. A. v. Jones 等案以此为依据对商业信托适用与普通法传统信托规则不同的受托人权力、义务与责任规则。

随着商业信托的日益兴起,商业信托与普通信托之间的区别日渐显现,客观上推动了立法对商业信托与传统信托作出区别调整。《信托法重述》(第 3 版)延续了《信托法重述》(第 2 版)的做法,将商业信托排除在其调整范围之外。[③] 美国《统一信托法典》主要针对"产生于一项不动产计划或其他赠与背景下的信托",但也可以适用于有着商业目的的信托,只要信托文件或其他立法未排除适用《统一信托法典》的规定。[④] 美国《统一法定信托实体

---

① Restatement (Second) of Trusts § 1cmt. b(1959).
② Richardson v. Clarke,372 Mass. 859,364 N. E. 2d 804(Mass. 1977).
③ Restatement (Third) of Trusts § 1cmt. b (2003).
④ Uniform Trust Code § 102cmt. (2010).

法》在前言部分关于该法"与普通法信托和《统一信托法典》的关系"中就明确指出将商业信托与传统信托进行区别对待:"法定信托与公司、有限责任公司、有限合伙相似而不同于普通法信托,法定信托是一个法律实体,能以自己的名义开展交易活动,独立于受托人和受益人。和上述实体相似但不同于普通法信托。……第105条规定传统信托法作为本法的补充适用,但仅在本法或信托文件没有修改或替换传统信托法的规定的情况下才能补充适用。……为确保法定信托不能用作规避适用于普通法信托的强制性规定,该强制性规定用于对赠与人实施公共政策限制,第303条(b)规定法定信托不得主要以赠与为目的。"另外,在《统一法定信托实体法》第104条、第105条和第303条的相关评论中,都明确了适用于普通法信托的强制性规则并不适用于法定信托。

无独有偶,针对商业信托进行了统一立法的其他国家亦明确要求将商业信托和传统信托作区别对待。比如,加拿大统一法律委员会于2008年8月批准通过了针对收益信托的统一立法——《统一收益信托法》(Uniform Income Trusts Act),该法在关于第1条的评论中指出:"每一种信托自身均有其独特的功能和特征,非公开交易的信托(附属信托除外)不在本法调整范围之内。"[①]另外,新加坡《商业信托法》(Business Trust Act)于2004年10月生效,该法第94条规定:"尽管商业信托是于《受托人法》开始施行前成立,《受托人法》并不适用于该经登记之商业信托。"不仅如此,该法第95条进一步规定:"尽管商业信托是于本法开始施行前成立,有关于财产的永久性、累积与不可转让性之原则,并不适用于经注册登记的商业信托。"

---

① Uniform Income Trusts Act §1cmt. (2008).

三、商业信托受托人的信义义务

(一)公司法与信托法信义义务规则的比较

1. 公司与信托在资本市场上的角色差异

无论是公司还是信托,信义义务方法都是克服委托—代理问题的一个重要措施。但是,由于信义义务是通过对受信任人的行为进行事后的合规性审查发挥作用的,并且不同的背景下委托—代理问题有所不同,所以信义义务的表现形式在不同领域中会存在差异。一个明显的例证就是信托法上的信义义务通常要严于公司法上的信义义务。Sitkoff教授指出,造成两者间差异的原因在于公司和信托在资本市场上的地位不同——公司和信托分列资本市场的两端。具体而言,公众公司的设立一般是为了筹集资本,而现代赠与型信托的设立是为了出售资本。于是,当公众公司在资本市场上是作为买家存在时,现代赠与型信托则扮演着卖家的角色。由于公开交易公司是资本市场的买方,因此公司能够借助资本市场的证券定价功能来规制公司管理人员,亦即公司在治理上能够通过资本市场来减少代理成本。如果公司管理人员利用公司内部治理上的不完善实施不法行为或不作为,投资者将只愿意掏更少的钱来购买该公司的股票,该公司的股价将会下跌。"因为越多的投资者相信自己的美元被那些控制公司的人以公司价值最大化之外的方式使用,他们就越不愿意购买公司的股票。"[①]然而,信托却难以采用公司的这种做法。由于赠与型信托中受益人资格的获得来自委托人的指定,因此受益人所享有的受益权在转让上往往受到诸多限制(比如英国法上的保护信托和美国法上的浪费者信托),其结果是无法形成一个活跃的受益权二级市场。并且,信托受益人不能轻易更换受托人。这两项对受益人的限制都是为了实现委托人设立信托的目的,但很明显,代价是牺牲了通过资本市场来抑制管理中的代理成本的机会。司法审查和信义义务就成了受

[①] 伊斯特布鲁克,费希尔.公司法的经济结构[M].张建伟,罗培新,译.北京:北京大学出版社,2005:108.

益人主要的救济手段。① 因此,虽然公司与信托在风险承担和管理相分离上存在着一致性,但两者在资本市场上却是朝着两个相反的方向发展的,由此塑造了两者在资本市场上不一样的地位和角色。

2.公司与信托在信义义务上的规则差异

我们不妨设想一下,存在这样一种组织,其风险承担和管理相分离,但剩余请求权人难以更换管理人员或出售他们手中的权益。如果你是该组织剩余请求权人的其中一员,你是希望适用公司法宽松的信义义务规则还是信托法严格的信义义务规则来约束管理人员的行为?市场效率机制虽然能够通过价格来反映所有可得信息,从而确保了公司背景下股东消极地位的合理性。但在市场效率机制缺位的情况下,信义义务能够发挥替代作用。

(1)注意义务规则的差异

在公司层面,组合投资理论教会了股东可以分散风险且应该分散风险。但是,对于公司的管理人员而言,其通常拥有大量专属于企业的人力资本,并且他们的金融资产也与企业密切结合。因此典型的公司合约应存在于风险中立(能够很好分散风险)的股东与厌恶风险(无法分散风险)的管理人之间的。赠与型信托在资本市场上与公司呈现镜像(mirror-image)效应,因此其对风险的喜恶与公司完全相反。由于缺乏信托剩余请求权市场,受益人无法轻易地分散风险;某人若无法分散其风险,经济学上将假设其是厌恶风险的。厌恶风险之人不喜欢市场波动,他们宁愿选择接受更低的预期收益,这样遭受严重损失的风险会更小,即便严重损失发生的可能性事实上并不大。并且,由于受托人自身的财产并未与信托融为一体,他们通常也不拥有许多特定专属于信托的人力资本,因此受托人更容易分散其风险。基于此种制度设计,若不存在信义义务,受托人的风险厌恶程度不及受益人,亦即,他们没那么惧怕市场波动。

两者的关系人风险偏好相反的假设能部分解释公司法与信托法注意义务之间的区别。在不存在利益冲突或者重大过失的情况下,商业判断规则要求司法上要尊重公司管理人员日常的营业决策,伊斯特布鲁克和费舍尔

---

① SITKOFF R H. Trust Law, Corporate Law, and Capital Market Efficiency[J]. Journal of Corporation Law,2003,28:566.

将之称为"顺从路径"(deferential approach)。他们指出,"法官们还是习惯于在掌握了所有素材后再来断案,但公司管理层却常常必须匆忙地,或者在信息不充分的情况下做出商业决定,因此,法官总是迫不及待地要责备经理们。就此而言,让一些经理们诚实的商业决定免受司法审查,比让他们经受那些从未经历过市场压力的法官和陪审团的裁判,可能会妥当一些"。① 通过规定管理人员在没有极其恶劣行为的情况下不用承担责任,商业判断规则能够抵消他们规避风险的冲动,因为承担过重责任的威胁,使得管理层的经营激励偏离了股东利益最大化的路径。

但是,信托法的信义义务并非遵循着和公司法一样的路径。受托人通常所作的管理决策是采取理性人标准进行审查的,这一标准和侵权法的要求是一样的。受托人应当"像一个普通谨慎的人处理自己的财产那样履行相应的注意和技能"。② 这样的规定有助于弥补信托受益人比受托人更厌恶风险的结构设计。信托法上,谨慎义务提倡小心行事,这正是无法分散风险同时又厌恶风险的受益人所希望看到的。因此,可以发现,实践中受托人过于谨慎其实是注意义务的威慑力以及委托人最初选择受托人时的选择效应共同作用的结果。

上述的分析同样有助于理解受托人负有根据受益人的"风险承受能力"来设计信托投资组合的义务。考虑到信托受益人之间的情况各不相同,该规则要求受托人根据受益人对于风险的态度来制定投资策略。比如,富裕的年轻人要比中等收入的大龄寡妇更能容忍市场的波动。与此相反,公司法上的投资组合理论塑造了能够完全分散风险的典型股东形象。总之,公开交易公司有着数量众多的剩余请求权人,要考虑每个人的风险容忍程度来作出投资决策显然并不现实。

(2)忠实义务规则的差异

忠实义务主要针对的是受托人的自我交易行为,因为自我交易行为是委托—代理问题严重性的一个突出表现。自我交易行为通常难以察觉,特

---

① 伊斯特布鲁克,费希尔.公司法的经济结构[M].张建伟,罗培新,译.北京:北京大学出版社,2005:113.

② Restatement (Second) of Trusts § 174 (1959).

别是参与自我交易行为的受托人会主动掩盖他们的行动踪迹。因此,人们发现,如果没有一个有效的资本市场来支撑人们积极监管自我交易行为所做出的努力,那么合理的做法就应该是禁止所有的自我交易行为,因为这样要比逐个进行处理显得更为方便。很显然,这就是信托法对于自我交易行为的处理办法。依据无须询问规则,受益人要做的只是证明受托人的行为实际上是存在个人利益的。一旦受益人能够证明自我交易的事实确实存在,他"无须询问"即可认定该交易无效,交易是否公平不影响他行使追偿的救济措施。所以,无须询问规则有力地迫使受托人避免从事自我交易行为或至少事前要获得所有受益人的同意。其基本假设在于,在信托法背景下,这些交易通常都是不合要求的,因此杜绝整个这一类的交易的成本要小于逐一进行处理的成本。"这些更为严厉的规则就替代了那些作用较弱的私人间的限制和市场模式的约束。"[1]

最初,公司法与信托法一样,采用唯一利益规则来处理董事与公司间的交易,公司有权认定该交易是无效的。但是,到了19世纪末20世纪初,公司法改弦更张,摒弃了信托法的处理方法,形成了一套解决公司利益冲突交易的制度,体现为以下三个原则:信息披露原则、授权原则、公平原则。以美国《示范商业公司法》(Model Business Corporation Act)为例,具体内容包括:①有利益冲突的董事必须披露该利益冲突的内容,以及其他董事的所有重要情况。[2] ②是否批准利益冲突交易的决策权赋予那些不存在利益冲突的董事。[3] ③在进行决策的过程中,参与决策的董事们必须审查该交易对公司是否是公平的。[4] 此外,美国某些州还规定,如果不遵守上述程序,有利益冲突的董事在因此而产生的所有诉讼中都承担举证证明交易公平的责任。

可以看出,公司法对于利益冲突行为选择的是监管策略来取代先前的禁止措施。立法态度的转变源于对公司自身独特性的深入认识:①利益冲

---

[1] FISCHEL D, LANGBEIN J H. ERISA's Fundamental Contradiction: The Exclusive Benefit Rule[J]. University of Chicago Law Review, 1988, 55: 1116.

[2] Model Bus. Corp. Act § 8.60(4)(2002).

[3] Model Bus. Corp. Act § 8.61(b)(1)(2002), Model Bus. Corp. Act § 8.62(a)(2002), Model Bus. Corp. Act § 8.62(d)(2002).

[4] Model Bus. Corp. Act § 8.61(b)(3)(2002).

突和利益重叠是公司活动的特征,一项禁止公司进行利益冲突交易的规则同时也将许多能为公司带来利益的交易机会拒之门外。在此情况下,允许这种具有互利优势的交易存在要比一味地加以禁止更符合公司的利益。②公司制度处理利益冲突交易的核心程序是赋予非利益冲突董事批准权。公司董事会通常有数个成员,因此会存在一个相对公正的决策者来认定一项利益冲突交易是否有利于公司。③公司法的退出机制较之于信托法要方便。公众公司的股东可以通过出售其股份离开一个经营管理不善的公司。公司法上有公司控制市场、收购竞价等规则,但信托受托管理层面上都缺乏这些相对应的规则。因此,有学者认为,公司法上唯一利益规则的废除为信托法提供了一个重要参照。认识到某些利益冲突交易也能使公司受益,公司法用监管措施替代一律禁止。虽然公司与信托有着不少差异,公司的成功经验不意味着信托也必须同样跟进。但是,信托与公司历史上关系密切,两者都形成了在所有者与他们所有的财产中间嵌入管理者进行管理的相关制度,两者都属于信义义务的范畴,两者在某些领域中构成竞争关系。因此,公司法摒弃唯一利益规则的成功经验对信托法有着很好的启发意义。①

(二)美国商业信托受托人的信义义务规则

在现代市场中,商业信托与公司这两种组织形式走向趋同,其中一个重要体现就是商业信托受托人与公司董事所负信义义务的标准走向趋同。美国是一个普通法系国家,判例法和制定法是其最主要的两个法源,美国法律制度很大程度上是两者相互作用的产物。判例法是对法官在司法判决中确认的法律规则或原则进行提炼融合的基础上形成的。传统学说认为,判例法是作为具有普通性质的法律存在的,制定法只有在判例法体系的某些部分上得以追加,具有特别法的性质。商业信托受托人与公司董事适用相似的信义义务规则最初就是通过判例得以确认的,而法院判例形成的处理规则不仅对以后相似案件的审理产生了约束力,也为制定法承认商业信托不同于普通信托,商业信托受托人不同于普通信托受托人奠定了基础。

---

① LANGBEIN J H. Questioning The Trust Law Duty of Loyalty: Sole Interest or Best Interest[J]. Yale Law Journal,2005,114:962.

1.判例法对商业信托受托人信义义务规则的确认

美国联邦法院1984年审理的Terrydale Liquidatiing Trust v. Barness案是讨论商业信托受托人信义义务规则的经典案例,法官Sand在判决中确认了商业信托受托人适用公司董事的信义义务规则。该案的基本案情是:原告Terrydale Liquidatiing Trust(以下简称TLT)是纽约州的一个商业信托,是Terrydale Realty Trust(以下简称TRT)的利益承受人。被告SFREI是加利福尼亚州的一个不动产投资信托。1981年1月9日,纽约州一家名为"BCG Associates"的有限合伙企业(以下简称BCG)向TRT发出收购要约,想收购其约35%的股份。在要约期间,TRT的受托人会议作出决议,一致同意将TRT位于丹佛市的资产出售给SFREI,同时受托人会议还通过了一项信托清算计划,向股东分配对SFREI销售的收入和其他剩余财产。1981年间,BCG通过公开市场持续购买TRT的股份。1982年1月28日,TRT的股东批准设立继受TRT剩余未分配财产的TLT,并选举BCG的提名人担任TLT的受托人。TLT的受托人随即提起本案诉讼,认为TRT的受托人出售信托财产的行为和清算行为违反了信义义务和信托文件的规定,SFREI作为协助人和教唆人应承担责任。

法官Sand在判决中针对信义义务的违反问题进行了详细的论述。他首先指出,为了确定是否存在违背信义义务的行为,本法庭首先必须确定TRT受托人行为的判定标准。特别是,我们必须确定商业判断规则——一种经常用来判定在公司面临主动的要约收购和接管收购的情况时公司董事行为的评判标准——能否适用于不动产投资信托的受托人。紧接着,他认为,基于以下几个方面的原因,本案中商业判断规则是能够适用的。第一,先前判例的约束。有些法院已经采用商业判断规则来认定不动产投资信托受托人的行为。比如,1982年的San Francisco Real Estate Investors v. REIT of America案,1981年的Unicorp Financial Corp. v. First Union Real Estate Equity and Mortgage Investments案等。第二,相似性。不动产投资信托的受托人在功能上更类似于公司董事,而非普通的信托受托人。实际上,与普通信托的受托人负有保管信托财产和保守投资信托财产的义务不同,营利责任致使商业信托受托人不可避免地需要进行如同公司董事的商业判断。1934年的Morrissey v. Commissioner案和State Street

Trust Co. v. Hall 案已经认识到了商业信托与公司具有一系列相似特征，如集中管理、以份额为形式的可转让权利、永久存续、法律上独立存在、像公司章程那样的规定权利义务的信托文件以及营利目的等。具体针对不动产投资信托而言，其除了具备避税待遇外，功能上与公司并无差别。因此，将通常适用于公司受信任人的行为标准用于判定不动产投资信托受托人的行为是合理的。第三，信托文件的规定。适用商业判断规则与 TRT 信托文件的规定并无冲突。信托文件第 3 章第 1 条赋予了受托人如同公司董事那样的自由裁量权。此外，关于信托责任的信托条款也和密苏里州的商业判断规则相似。比如，信托文件第 3 章第 15 条就规定受托人对其符合善意标准的任一作为或不作为对受益人不承担个人责任。虽然信托文件和密苏里州的法律都表明商业信托不是公司，但这些规定并不意味着不动产投资信托受托人的行为标准与一般商业信托有区别。第四，本案的特殊性。本案中受到质疑的行为更像是公司董事在面对主动的要约收购时的行为，与那种受托人实施不法行为的传统案件不一样，比如受托人基于不公平的条款或自利动机与信托进行交易。第五，标准的相似性。1981 年的 Morrissey v. Curran 案和 1974 年的 McDaniel v. Frisco Employees' Hospital Association 案表明，公司董事和受托人的治理标准的实际相似性已经得到了承认。因此，不管是董事还是受托人，当他们从事自利或有着利益冲突的交易时，除非他们能证明该交易是公平且合理的，否则该交易不被法律所认可。我们相信这样的观点完全可以吸收进商业判断规则当中，所以我们要仔细审查受托人与交易是否无利害关系以及是否绝对善意，如果不是，就要看该交易对信托和股东是否公平和合理。①

2. 制定法对商业信托受托人信义义务的确认

截至 2009 年，美国有 30 个州制定了统一的商业信托立法。美国各州的商业信托制定法依其默示规范的不同可分为信托法默示规范主义和公司法默示规范主义。以信托法为默示规范的州，在商业信托制定法未有其他另行规定的情况下，适用普通信托法的信义义务标准。比如特拉华州就规

---

① Terrydale Liquidating Trust v. Barness, 611 F. Supp. 1006(D. C. N. Y., 1984).

定,除非信托文件另有规定,否则适用普通信托法的信义义务标准。① 但是,由于普通信托法上的信义义务是默示规则,仅在信托文件未有特殊规定时才适用,所以实践中特拉华州法定信托往往会在信托文件中选择适用公司法的信义义务,从而使信托法的信义义务规则无用武之地。以公司法为默示规范的州,法定商业信托受托人的信义义务在制定法未有其他规定时自然适用公司董事的信义义务规则。比如 2002 年制定的《弗吉尼亚商业信托法》(Virginia Business Trust Act)第 13.1－1229 条 A 款规定:"受托人应按第 13.1－690 和第 13.1－691 条规定的弗吉尼亚公司董事的行为标准履行义务。"

美国《统一法定信托实体法》第 505 条对法定信托的信义义务作了明确规定:"(a)符合本法第 403 条要求之下,在行使权力过程中,受托人应善意以及以受托人合理相信是符合法定信托最佳利益的方式来行使权力。(b)受托人应履行其注意义务,该注意义务应是一个相似地位的人在相似条件下合理相信是正确的。"可以看出,统一州法委员会在总结了各州商业信托的具体运作和立法实践经验的基础上,选择了公司法的信义义务而不是更为严格的信托法的信义义务作为标准来塑造法定信托受托人的信义义务。统一州法委员会认为,相较于在赠与型信托背景下发展形成的信托法信义义务规则,公司法上的信义义务规则主要是为了满足商业活动参与者的需要,而法定信托主要是作为一种商事组织模式来运作的。② 此外,第 505 条(a)款关于忠实义务的规定用"最佳利益"的表述替代了普通信托法上的"唯一利益"的表述,也显示出统一州法委员会对信托商业化发展趋势的积极回应。美国学者 Langbein 对商业化背景下信托的专业管理曾有过精辟的论述:"在金融服务行业,典型的如银行信托部门,专业化已经将受托关系转变为一种商业关系。与其他提供专业服务的行业一样,信托业是建立在互惠互利模式的基础之上的,而唯一利益的范式难以适应这种关系。专业受托人并非为了荣誉而工作,他们是受雇而开展工作。因此,他们不会仅仅为了

---

① 12 Del. C. § 3809.
② Uniform Statutory Trust Entity Act § 505cmt(2009).

受益人的利益而工作,他们还需要为他们自身和他们的股东谋取利益。"①Langbein 教授认为,应该用"询问"规则替代"无须询问"原则,应该允许被诉违反忠实义务的受托人能够将他是为了受益人的最佳利益而谨慎地从事利益冲突交易作为抗辩理由,亦即用最佳利益规则替代唯一利益规则。以此为基础,《统一法定信托实体法》第 507 条对影响受托人忠实义务的有利害关系的交易作出了界定:"(a)本条所称的'利益方'是指受托人、主管、雇员,或法定信托的管理者,或受托人、主管、雇员、管理者的关联方,或本法第 103 条(e)款(8)项指定的其他人。(b)符合本条(c)款要求的条件下,利益方可以将资金借贷给法定信托,也可向法定信托借贷,担任法定信托的抵押人、保证人、或背书人,或担保法定信托的一项或多项债务,为法定信托提供担保物,和法定信托进行其他交易,在这些交易关系中,利益方享有如同非利益方那样的权利和义务。(c)除非利益方能证明交易对信托是公平的,否则(b)款规定的交易可由法定信托撤销。"另外,需注意的是,《统一法定信托实体法》不允许当事人通过治理文件推翻第 505 条对受托人信义义务的规定,但是治理文件可以对善意的标准、法定信托最佳利益的标准、注意义务的标准作出规定,只要其规定的标准没有明显不合理。

(三)加拿大和新加坡商业信托受托人的信义义务规则

在加拿大,理论上也同样认为普通信托受托人的信义义务的程度要高于公司的董事和管理人员。但是,实际当中信托文件通常约定采用《加拿大商业公司法》(Canada Business Corporations Act)上的信义义务标准,而不是普通法所规定的信义义务标准。起草委员会认为,收益信托的受托人应像公司那样承担一定的商业风险,而非仅仅是保存信托的本金。所以,《统一收益信托法》第 34 条仿效公司法的信义义务规则来构建收益信托受托人的信义义务体系:"信托的每一受托人,在行使权力和对全体信托份额持有人履行义务时,应该:(a)诚实、善意且为了全体信托份额持有人的利益行事;并且(b)行使一个合理谨慎之人在相应情况下会行使的注意、谨慎和技

---

① LANGBEIN J H. Questioning The Trust Law Duty of Loyalty: Sole Interest or Best Interest[J]. Yale Law Journal, 2005, 114: 988－989.

能。"同时第35条还规定了受托人的这些义务是强制性规定,不得通过信托文件加以减轻或免除。另外,需注意的是,加拿大最高法院在2004年的Peoples Department Stores Inc. v. Wise案中认定,公司董事只对公司负有忠诚义务,但董事要对公司和其他利益相关人——比如股东和债权人——承担注意义务。与公司享有独立法人地位不同,收益信托不是法人,所以收益信托的受托人仅对作为一个整体的全部信托份额持有人承担注意义务和忠诚义务。

亚洲国家新加坡的《商业信托法》对受托人义务的规定和美、加两国相似,同样体现出浓厚的公司信义义务色彩。新加坡《商业信托法》第10条第(1)款规定:"经登记注册的商业信托的受托管理人在依据本法以及该商业信托的信托契约履行义务的任何时候都应诚实守信以及履行合理的注意。"第(2)款规定:"经注册登记的商业信托的受托管理人应当(a)以作为一个整体的全体信托单位持有人的最佳利益行事;及(b)当作为一个整体的全体信托单位持有人的利益与其自身利益存在冲突时,应优先考虑作为一个整体的全体信托单位持有人的利益。"

四、商业信托受托人的责任规则

(一)普通信托受托人的责任规则

普通信托受托人承担的责任,可以分为内部责任和外部责任。受托人的内部责任是指受托人基于信托关系因违反信托义务而向委托人或受益人所承担的法律责任,受托人的外部责任是指受托人在管理或处分信托财产过程中与信托当事人之外的第三人交易所产生的法律责任。

1.普通信托受托人的内部责任规则

受托人内部责任的承担以其违反信托义务为前提。美国《信托法重述》(第2版)第201条规定:"违反信托是指受托人违反了他作为受托人应当对受益人承担的义务的行为。"美国统一州法委员会在《统一信托法典》第10章"受托人责任和与受托人进行交易的人的权利"的注释中指出,违反信托就是指受托人违反本法第8章或本章其他部分所规定的义务的行为。受托人违反信托义务的责任形式主要表现为赔偿信托财产遭受的损失。在信托财产损失赔偿的范围上,直接损失通常得到了各国或地区的信托法的一致承认,间接损失则往往仅在英美信托法上得到认可。比如美国《信托法重述》(第2版)第205条规定的损失赔偿范围就涵盖直接损失和间接损失。此外,美国的《统一信托法典》还确认了以信托所受实际损害为依据来确定受托人的赔偿范围。该法第1002条(a)款规定:"违反信托的受托人对利益受影响的受益人所承担的责任为下列金额中的较大者:(1)恢复信托财产以及未发生违反信托的行为时受益人应得的分配收益;或者(2)受托人因违反信托所得的利润。"

受托人违反信托义务并非必然会受到赔偿责任的惩罚,当满足责任豁免的条件时,受托人无需承担赔偿责任。比如,美国《信托法重述》(第2版)第216—222条规定了受托人违反信托的赔偿责任的7种免责事由:受益人同意;受益人放弃请求权;受益人事后追认;受益人怠于提起诉讼;法院的判决;受托人破产;信托条款有规定且受托人违反信托并非出于恶意、故意或重大过失。美国《统一信托法典》规定受托人的免责有两种情形:一是受托人对信托文件的信赖,如第1006条规定"受托人合理遵照信托文件明确规定的信托条款行事的,受托人不因由此产生的违反信托的行为对受益人承担责任"。二是受益人的同意、免除或批准,如第1009条规定"如果受益人同意了受托人违反信托的行为,免除了受托人违反的责任,批准了构成违反信托的交易,受托人不对受益人承担违反信托的责任"。

2. 普通信托受托人的外部责任规则

英美信托法上,受托人作为信托财产的普通所有权人,其与第三人进行交易时事实上扮演着财产所有者的角色,因此需以信托财产和固有财产对第三人承担责任。亦即,英美信托法的基本原则是,受托人对第三人的责任是无限的。大陆法系虽不承认信托财产法定所有权和衡平所有权的分离,但信托法多明确要求委托人将财产权移转给受托人,受托人得以以所有权人的身份对信托财产进行管理处分,因此受托人对第三人承担与英美法相同的责任。①

在某些情形下,受托人对第三人的责任可以减轻或免除。比如,大陆法系和英美法系都允许受托人直接用信托财产支付与第三人交易所发生的支出和费用、对第三人的债务等,受托人也可以先用其固有财产支付,再以信托财产予以补偿。另外,在美国,由于信托制定法的日益兴盛,普通信托受托人对外责任规则也发生了较大的变革。就受托人的合同责任而言,《统一信托法典》对信托法重述要求的严格合同责任规则进行了较大改革,受托人仅需披露其受信任人身份或其管理的信托即可免除其个人责任。《统一信托法典》第1010条(a)款规定:"除非合同另有规定,受托人对其在信托管理过程中以受信任人身份合理缔结的合同,受托人如果披露了自己的受信任人身份,受托人对该合同不承担个人责任。"至于受托人的对外侵权责任,《信托法重述》(第2版)对受托人实施的侵权行为和信托财产的侵权行为进行了区分,对受托人实施的侵权行为适用无过错责任原则,对信托财产的侵权行为则适用过错责任原则。但是,《统一信托法典》对此进行了改革,不再将两种侵权行为区别对待,而是统一适用过错责任原则。《统一信托法典》第1010条(b)款规定:"对于在信托管理过程中发生的侵权行为,或者因所有或控制信托财产而产生的责任,包括违反环境法的责任,受托人个人如果存在过错,须对该等义务承担个人责任。"

(二)商业信托受托人的责任规则

1.商业信托受托人的内部责任规则

商业信托受托人内部责任的承担同样是以其违反与管理信托财产有关的义务为前提的,责任形式同样表现为对信托财产遭受的损失作出赔偿。新加坡《商业信托法》第10条第(1)、(2)、(3)、(4)项分别规定了受托人的注意义务、忠实义务、不得不当使用资讯的义务和为所有信托单位所有权人持有信托财产的义务,第(5)项则对受托人违反上述义务的责任作出了规定:"(a)对于其或与其相关的公司因实施了违反义务的行为直接或间接获得的

---

① 何宝玉.英国信托法原理与判例[M].北京:法律出版社,2001:247.

任何收益或经济利益,或因实施了违反义务的行为而对作为一个整体的经登记注册的商业信托的全体信托单位持有人造成损害时,应对作为一个整体的经登记注册的商业信托的全体信托单位持有人承担责任;及(b)会被视为一种犯罪行为,并且在定罪时会被处以不超过 100000 元的罚款。"在美国,各州的商业信托制定法以及《统一法定信托实体法》都没有对商业信托受托人违反信托义务应承担的赔偿责任作出专门规定,因此商业信托受托人内部责任的认定主要依据信托文件的约定,或者公司法上的规定,或者普通信托法的规定。但是,对于商业信托受托人违反信托的赔偿责任的豁免,美国商业信托制定法作出了明确要求,且其处理方式和公司法非常相似。美国《示范商业公司法》规定公司内部章程可以规定免除或限制董事对公司或公司的股东承担的赔偿责任,但是未获授权的董事收取了财政收益的金额、董事对公司或公司的股东故意实施的加害行为、董事故意犯罪等情形除外。① 以此为参照,《特拉华州法定信托法》第 3806 条(e)款规定:"治理文件可以限制或免除受托人违反合同和违反义务(包括信义义务)的所有责任……只要治理文件限制或免除的责任不是恶意违反善意和公平交易的默示契约条款的行为引起的。"《统一法定信托实体法》第 509 条(c)款规定:"治理文件的条款如果减轻或免除受托人恶意、故意违法、疏忽大意等行为引起的责任,该条款不具有强制执行力。"并且,该规定在《统一法定信托实体法》是强制性规范,当事人不得通过信托文件加以更改或免除。

2. 商业信托受托人的外部责任规则

商业信托受托人的对外责任是指商业信托受托人对其在管理商业信托财产过程中所形成的债务向第三人承担的个人责任,包括对外合同责任和对外侵权责任。与普通信托法中信托受托人对外承担无限责任不同,商业信托制定法赋予了商业信托受托人如同公司董事的对外责任规则,即除非商业信托的设立文件另行规定,受托人对商业信托的对外债务仅承担有限责任而不是无限责任。比如《特拉华州法定信托法》第 3803 条"受益人与受托人的责任"规定:"(b)除非法定信托的管理文件另有规定,受托人对其以

---

① Model Bus. Corp. Act § 2.02(b)(4)(2002).

受信任人身份行事的任何作为,不作为,或法定信托或受托人的任何债务不负个人责任。(c)除非法定信托的管理文件另有规定,法定信托的官员、雇员、经理或其他人对其以该身份行事的任何作为,不作为,或法定信托或受托人的任何债务不负个人责任。"《统一法定信托实体法》第304条(a)款规定法定信托独自对其自身的债务承担责任。由于法定信托是一个独立于受托人和受益人的法律实体,具有法人地位,因此受托人不需要对法定信托的债务承担个人责任,从而推翻了普通信托法信托受托人对信托债务承担个人责任和受托人有权从信托基金中获得补偿的处理规则。加拿大的《统一收益信托法》虽然没有赋予商业信托独立的法人地位,但该法认为,公司董事通常并不需要对公司债务承担个人责任,而受托人与公司董事的地位相似,所以该法明确规定受托人对外承担的合同责任和非合同责任(如侵权责任)都仅以信托财产为限。《统一收益信托法》第37条第2款规定:"如果受托人的债务产生自受托人依照合同或其承担的任何债务履行受托人义务或与其相关,受托人对信托的负债总额超出信托财产可变现价值的部分不承担责任。"第38条第2款规定:"如果信托受托人依据本法负有清偿义务,或产生自受托人履行其受托人义务的任何债务或与其相关的任何债务,受托人对信托的负债总额超出信托财产可变现价值的部分不承担责任。"但是,需注意的是,受托人承担有限责任并非绝对的,在法定或当事人约定的情况下受托人需要对信托的债务承担个人责任。比如,若合同或信托文件中明确规定受托人承担个人责任,则受托人的对外合同责任不再是有限责任。[①]若受托人违反了谨慎义务、忠实义务、信息披露义务,或受托人未按照证券法的要求披露相关信息,受托人就需要对信托的债务承担个人责任。[②]

第三节 商业信托受益人权益的保障

所谓信托受益人,依美国《信托法重述》(第2版)的定义,是指"财产纳

---

① Uniform Income Trust §37(1)(b)(2008).
② Uniform Income Trust §38(1)(2008).

入信托使之享受利益的人"。① 我国《信托法》第 43 条规定,受益人是在信托中享有信托受益权的人。受益人利益的实现是信托制度的重要内容。传统背景下的普通信托通过一系列基础性制度来完成对受益人权利的保护,比如明确信托财产的独立性、完善受托人的信义义务以及在受托人违反信托造成信托财产减损时赋予受益人追踪权或撤销权等救济权利。传统的信托制度在向作为现代投资工具的商业信托演变的过程中,信托的运作方式、设立目的等都发生了重大变革,但是,与传统的信托制度关注受益人的利益实现一样,商业信托同样注重受益人权益的保障。然而,商业信托类似于公司的管理专业化和所有权分散化的运作模式,不可避免会带来委托代理问题,造成了受托人与受益人之间的信息不对称。因此,在商业信托背景下,一方面,传统信托中的基础性制度对于受益人利益的保障仍然不可或缺;另一方面,在此基础上针对商业信托的特殊性构建受益人权益保障机制。

一、信托受益权的内容和特性

(一)信托受益权的内容

信托受益权是指受益人因信托有效成立而享有的权利。受益权是信托受益人的一项基本权利,是受益人的专属权,受益人以其受益权而区别于其他信托关系人。在信托存续过程当中,受益人还可以行使除受益权外的其他权利,这些其他权利全部都派生于这项基本权利。信托受益权的具体内容包括:1.信托利益享有权。即受益人依照信托文件取得信托利益的权利。信托利益享有权可谓受益权的核心内容,整个信托制度均围绕受益人信托利益的实现而构建。英美信托法下,受益人的信托利益享有权被认为是植根于受益人对信托财产的"实质所有权"之上的。而在大陆法系,受益人对信托利益的享有一般理解为信托财产各项权能中的一项。2.对受托人的监督权。受益人对受托人管理信托事务的监督权主要体现在以下几个方面:(1)知情权,即受益人有权了解信托财产的管理运用情况和查阅与信托财产

---

① Restatement (Second) of Trusts § 3 (1959).

相关的资料的权利,如美国《信托法重述》(第2版)第173条的规定。(2)调整权,即要求受托人调整信托财产管理运用方法的权利,如我国《信托法》第21条的规定。(3)解任权和选任权,是指在信托存续期间,当出现法定或约定情形时受益人有权解任现任受托人,而另行选择其他新的受托人。我国《信托法》第49条赋予了受益人解任受托人或申请人民法院解任受托人的权利,第13条和第40条赋予了受托人选任受托人的权利。(4)信托终止权,即受益人有权随时终止信托,并使信托财产转归自身名下。这一权利主要在英美法上得到确认。如美国《统一信托法典》第411条(b)款就规定,在所有受益人一致同意的情况下,如果法院认为信托的存续对于实现信托的任何重要目的而言并非必要,那么受益人可以终止一项非慈善的不可撤销信托。3.信托利益不能实现时的救济权。亦即,当受托人或第三人造成信托财产毁损灭失时,受益人有权要求受托人或第三人赔偿损失或恢复原状的权利。在英美法系,对受益人的这种救济,根据行使对象的不同,通常区分为针对受托人所提起的诉讼、针对信托财产的救济方式以及向第三人提起的诉讼,统一称为信托的执行。在大陆法系,则主要借助对信托财产的保护措施来实施对受益人的救济,比如规定受益人有权撤销受托人违反信托宗旨处分信托财产的行为。①

(二)信托受益权的局限性

虽然信托法制的设计重心在于受益人利益的实现,但是信托受益权从实现方式和具体内容而言均存在相当的局限性,明显地体现为其所具有的被动性和静态性。具体而言:第一,受益权的被动性和静态性源于信托所有与利益相分离的制度设计。信托从早期传承财富或规避法律的应用发展到如今的投资理财工具,充分展示了其灵活性的制度优势,而信托制度灵活性

---

① 比如,日本《信托法》第27条第1款规定:"当受托人为信托财产所实施之行为不在其权限范围之内时,若属下列之情形者,受益人均可撤销该行为。一、该行为的对方,在该行为发生时,知道该行为系因信托财产而起;二、该行为的对方,在该行为发生时,知道该行为不在受托人权限范围之内,或因重大过失而不知道。"我国台湾地区的《信托法》第18条亦有相似的规定:"受托人违反信托本旨处分信托财产时,受益人得声请法院撤销其处分。"

优势的发挥离不开其所有与利益相分离的机制,亦即受托人持有并管理和处分信托财产,利益却归受益人所有。"最简单地讲,伴随所有权而生之负担责任与风险均归属于名义上之所有权人;而美好享受之部分则归属于受益人。"虽然受益人在纯享信托利益的同时还省却了管理信托的种种负担与责任,但此种负担与责任的免除意味着相应控制权的丧失。在现代商业社会,资产管理以及投资事务日益专业化,信托受益人此种消极、被动的特征顺应了现代投资事业对于效率、专业性的要求。而现代商业信托受益权大众化的制度设计,使得受益人要监督约束受托人的管理活动更为困难,受益权的实现更加依赖于受托人的行为,这进一步加剧了受益权的被动性和静态性特征。第二,从受益人权利的内容来看,并无对信托财产及其收益直接支配的权利,受益人享有的权利大多为辅助性的、制约性的、第二顺位的,亦即,在受托人按照信托本旨管理信托事务,分配信托利益的情形之下,受益人无需行使其监督权,而信托法制的救济机制也无需启动。[①]

二、商业信托受益人的管理参与权

普通信托受益人不享有参与信托管理的法定默示权力,但享有信托文件授予的信托管理参与权。亦即,如果信托文件未授予受益人信托管理参与权,受益人则不得参与信托的管理。这是普通信托受益人的信托参与权规则。较之于普通信托,商业信托的商业性特征使其与公司同属商事主体范畴。英美法遵循"相似关系相同处理"的社会公平正义原则,商事组织法的相关法律规制因此亦适用于商业信托,这就决定了商业信托受益人的权利与普通受益人的权利之间存在一定的差异。

(一)美国商业信托受益人的管理参与权

1. 商业信托受益人的自治性管理参与权

商业信托受益人可以依照商业信托制定法享有信托文件授予的信托管

---

① 彭插三.信托受托人法律地位比较研究——商业信托的发展及其在大陆法系的应用[M].北京:北京大学出版社,2008:205.

理参与权,受益人不因信托管理参与权的享有和行使而对商业信托的债务承担个人责任。《特拉华州法定信托法》第3806条(a)款规定:"除非法定信托的治理文件另有规定,法定信托的营业或事务应由受托人或按照受托人的指示进行管理。在法定信托治理文件规定的范围内,任何人(包括受益人)均有权就法定信托的管理向受托人或其他人发出指示。除非法定信托的治理文件另有规定,任何人(包括受益人)对受托人或其他人享有的指示权力和该指示权的行使不得使其成为受托人。在法定信托治理文件规定的范围内,任何人(包括受益人)对受托人或其他人享有的指示权力和该指示权的行使不得使其对法定信托或法定信托的受益人承担义务(包括信义义务)或责任。"第3806条(b)款(4)则规定信托治理文件可以授权受益人对信托的任何事务享有表决权,该表决权的行使可以按照人数、数量、投资利益、类别、组别、顺序等为依据。《弗吉尼亚州商业信托法》第1219条也对受益人可以享有的信托管理权作了类似于《特拉华州法定信托法》第3806条的规定。此外,《统一法定信托实体法》在参照《特拉华州法定信托法》第3806条的基础上,于第602条规定了受益人可采取表决同意的方式行使信托管理参与权。《统一法定信托实体法》第602条的注释中指出,本法仅规定受益人在法定信托组织形式转换、合并、分立、解散以及信托文件的修改等情况下才享有信托管理参与权,但信托文件可以规定受益人在其他情形下仍可参与信托的管理。若此时受益人采取表决方式来行使管理参与权,第602条在信托文件没有另行规定的情况下可以作为默示规则适用。但是,信托治理文件有权通过特殊规定推翻第602条确立的规则。换言之,依《统一法定信托实体法》的规定,受益人在一般情况下并不享有信托管理参与权,也无法通过表决权的行使等形式参与信托的管理,除非信托文件明确赋予他们相关的权利。

2.商业信托受益人的法定管理参与权

一般而言,在信托文件未作规定的情况下,制定法只有在商业信托发生重大的情势变更时才赋予商业信托受益人参与信托管理的权利,如商业信托组织形式发生转换、商业信托发生合并或分立等事由。由于这些事由属于商业信托的重大变更事项,关涉投资人的投资安全及责任,因此商业信托受益人应对此等重大变更事项有决策参与权,该等重大事项决策权成了商业信托受益人的法定权利。换言之,影响到商业信托重大变化的事项必须得到受益人的认可后才能有效,未经商业信托受益人的同意,该事项不能对商业信托发生效力。以特拉华州对商业信托组织形式的转换为例,《特拉华州法定信托法》第3821条(b)款规定:"如果治理文件对法定信托形式的转换的方法作出了专门的规定,那么法定信托形式的转换就按照治理文件专门规定的方法为之。如果治理文件没有规定法定信托形式的转换的方法,也没有禁止法定信托形式的转换,法定信托形式的转换就按照治理文件专门规定的将法定信托兼并或合并为一个组成部分的兼并或合并方法同样的方法为之。如果治理文件没有规定法定信托形式的转换的方法,也没有禁止法定信托的转换,法定信托的转换应该得到所有受益人和受托人的同意。"

《统一法定信托实体法》也仅赋予受益人在法定信托的组织形式转换、合并、分立、解散以及信托文件修改等情形下才享有信托管理参与权。此外,需注意的是,《统一法定信托实体法》第608条还赋予受益人以知情权:"受益人有权从法定信托或受托人处获得与法定信托事务有关的且与受益人利益有合理的联系的信息。受益人可在合适的法院通过简易程序行使该权利。"统一州法委员会在注释中指出,该条规定属于强制性规定,当事人不能通过治理文件排除适用,但是受益人的知情权要受到"与受益人利益有合理的联系"这一条件的限制。而之所以没有将相关的信息以列表的形式详细规定而代之以"合理的联系"这样抽象的表述,统一州法委员会认为,以列举的方式作出规定容易造成要么定义过宽要么定义过窄。相反,采用"合理的联系"的表述对于知情权的保护更为合适,因为受益人可以在简易程序中向法院申请强制令以披露任何影响到受益人利益的信息。[①]

(二)加拿大商业信托受益人的管理参与权

从上述对美国商业信托受益人的管理参与权的考察可以看出,美国将商业信托作为商事组织类型创新的一块"试验田",赋予其结构上高度的灵

---

① Uniform Statutory Trust Entity Act § 608cmt. (2009).

活性,因此商业信托制定法较少将受益人的管理参与权作为强制性规则加以规定。与此不同的是,加拿大的商业信托立法更注重对公司治理结构的借鉴,吸收了公司股东的诸多权利并将其作为强制性规则加以规定。因此,加拿大商业信托的受益人如同公司股东那样,通过行使法律赋予的权利参与到对信托的管理活动中。具体而言,加拿大商业信托受益人的管理参与权包括如下权利:

1. 投票权。加拿大《统一收益信托法》第10条(1)款规定:"即便信托文件有作出了相反的规定,如果收益信托中只有一类受益权份额,份额持有人的权利在所有方面都是平等的,并且享有以下权利:(a)在份额持有人会议上投票;(b)取得信托作出的分配;(c)在信托解散时取得剩余信托财产。"并且,与公司股东一样,收益信托的受益人在受托人的选任和辞退、自我交易行为的批准、信托文件的修改等问题上都有投票表决的权利。

2. 提案权。受益人的提案权是在收益信托的管理人员和受益人之间展开对话的一个重要措施。《统一收益信托法》对收益信托受益人提案权的规定基本上仿效了《加拿大商业公司法》对股东提案权的相关规定。《统一收益信托法》第13条(1)款规定:"在本条(2)、(3)款的限制下,在份额持有人年会上有投票权的收益信托份额持有人可以:(a)在通知了受托人的前提下向会议提交议案;(b)在会议上参与讨论与其有权提交的议案有关的任何问题。"此外,为防止份额持有人滥用提案权,《统一收益信托法》还规定了相应的"反干扰"措施(anti-harassment devices)。比如,受托人有权拒绝接收未在上次年会的通知届满一年之前的至少90天提交的议案;如果提案的主要内容是为了满足个人的请求或使个人的损失得到救济,受托人也有权拒绝接收。

3. 请求召开会议的权利。在公司法上,赋予股东请求召开股东会的权利是检验管理人水平的重要手段,股东从而能够在股东年会之间的任何时间辞退那些靠不住的或者表现不佳的管理人员。[①] 因此,赋予收益信托份额持有人请求召开份额持有人会议的权利,有助于督促受托人提高管理水平。

---

① Uniform Income Trust Act §14cmt. (2008).

《统一收益信托法》第 14 条(1)款规定:"持有一个收益信托发行的份额不低于 5％且在会议中有投票权的份额持有人,为了其请求的目的可向受托人请求召开份额持有人会议。"

三、商业信托受益人的救济权

信托事务通常由受托人管理和控制,信托可能会受到来自两个方面的侵害:一是受托人违反信托义务的行为,二是第三人故意或非故意干涉信托事务或侵害信托财产的行为。此时受益人可启动相应的救济措施,以恢复信托之损失。受益人的救济权可通过对人的救济即起诉受托人或第三人承担责任来实现,或通过对财产的救济即行使追踪权以恢复特定的信托财产。较之于普通信托,商业信托属于商事组织范畴,商事组织法保护商事组织成员投资利益安全的法律规则亦可适用于商业信托,因此商业信托受益人的救济权有其独特之处。

(一)美国商业信托受益人的救济权

1.商业信托僵局的司法救济

商业信托僵局是指商业信托受益人在参与商业信托管理的过程中,有可能因彼此之间存在利益冲突或由于其他矛盾的激化而导致受益人会议不能按照法定程序作出决策,从而使商业信托陷入如同公司僵局的无法正常运转,甚至瘫痪的状况。[①] 与公司陷入僵局一样,商业信托僵局会导致信托的经营管理发生严重困难,最终导致商业信托预期的投资目的难以实现,投资者利益面临重大损失。在美国,当信托管理因享有信托管理参与权的受益人之间的意见冲突陷入僵局时,受益人可诉请法院解散陷入僵局的商业信托。这方面的权威判例有伊利诺伊州 1891 年的 Eury v. Merill 案和德克萨斯州 1919 年的 Wiess v. McFadinn 案。在 1891 年的 Eury v. Merill 案中,作为商业信托的 Lafayette 钓鱼俱乐部因作为受益人的俱乐部成员间严

---

① 刘正峰.美国商业信托法研究[M].北京:中国政法大学出版社,2009:309-310.

重的意见分歧而陷入僵局,法官Lacey在判决中指出:"我们同样认为,考虑到俱乐部成员间意见有分歧且彼此并无好感,俱乐部的经营目的已无法实现,俱乐部没有理由继续存续……由于成员间的意见分歧,俱乐部实质上已经解散,成立俱乐部的目标已不可能进一步实现。"①据此,法院判令俱乐部解散并出售财产。而在1919年的Wiess v. McFadinn案中,德克萨斯州上诉法院法官Brooke肯定了初审法院判令解散一家名为"McFaddin, Wiess & Kyle Land Company"的商业信托的理由,他指出:"很显然,对于股东而言没有任何办法能使该公司继续经营下去。事实上,大量的财产,相当于一笔财富,正遭受减损或贬值的威胁。我们认定,此种减损或贬值的威胁无法救济。法院判令解散该组织以及分割财产是唯一公平且恰当的救济方式。"②判例法商业信托司法解散规则的确立为商业信托制定法提供了制度渊源。《弗吉尼亚州商业信托法》对商业信托的司法解散作出了明确的认定,该法第13.1—1235条(A)款规定:"基于受益人的申请,如果商业信托不能依照信托章程或治理文件切实可行地从事商业经营,商业信托注册地的巡回法院可以判令商业信托解散。"

2.商业信托受益人的诉权

美国《统一法定信托实体法》赋予了受益人提起诉讼的权利。一方面,与普通信托一样,受益人有权直接起诉违反信托损害受益人利益的行为。另一方面,与普通信托不同的是,受益人还有权针对法定信托所遭受的不法行为提起代表诉讼。《统一法定信托实体法》第609条对受益人的诉讼权利尤其是提起派生诉讼的权利作了详细的规定:"(a)受益人可以对法定信托直接提起诉讼以救济自身遭受的损害或强制实施对对受益人应尽的义务,只要受益人能够证明没有对信托造成损害或违反对信托的义务。(b)受益人可以提起派生诉讼以救济法定信托所遭受的损害或强制实施对法定信托应尽的义务,如果:(1)受益人首先向受托人发出请求,要求受托人以信托的名义提起诉讼以救济自身遭受的损害或行使自身的权利,受托人没有在合理的时间内提起诉讼;或者(2)受益人的请求未起作用。(c)为了法定信托

---

① Eury v. Merrill, 42 Ill. App. 193, 1891 WL 2127 (Ill. App. 2 Dist. 1891).
② Wiess v. McFaddin, 211 S. W. 337(Tex. Civ. App. 1919).

的利益提起的派生诉讼仅能由诉讼启动之时享有受益人身份的人提起,并且:(1)该人在导致诉讼发生的行为出现之时是受益人;或者(2)根据法律的规定或信托文件的约定再在行为发生之时从受益人处获得受益人身份。(d)为了法定信托的利益提起派生诉讼时,起诉书须详细说明:(1)原告提出请求和被告对请求的答复的日期和内容;或者(2)请求不应被视作无效的原因。(e)除非符合(f)款的规定,否则(1)为了法定信托的利益提起的派生诉讼的任何利益或好处,不管是通过法院判决还是当事人和解,归属于信托财产而非原告财产;并且(2)如果原告获得任何利益或好处,应立即转归信托。(f)如果为了法定信托的利益提起的派生诉讼全面胜诉或部分胜诉,法院可裁定原告合理的律师费、支出和其他费用由信托承担。(g)为了法定信托的利益提起的派生诉讼未经法院准许不得自行撤回或自行和解。"《统一法定信托实体法》确立的受益人诉权属于强制性规则,当事人不得通过信托文件加以推翻,但当事人可在信托文件中对受益人诉权的行使规定其他的额外标准和限制条件,只要这些额外标准和限制条件并非明显不合理。[①]

(二)加拿大商业信托受益人的救济权

美国《统一法定信托实体法》仅赋予了受益人诉讼权利作为强制性的救济措施,除此之外没有其他法定的救济手段。原则上,委托人可以在信托文件中对救济方式作出任意的规定,但有可能面临着高昂的交易成本的掣肘。与此不同,加拿大商业信托制定法为委托人提供了源于公司法的多种救济手段以供选择,这些救济措施在信托文件作出选择适用时就能发挥其效用。具体包括:(1)压迫救济(oppression remedy)。在公司法上,压迫救济有着重要价值——提醒管理人员和控股股东,使他们认识到所有的公司行为可由法院依据一个宽泛的公平标准来实施审查和进行救济。以此为参照,《统一收益信托法》赋予了单位持有人向法院申请压迫救济的权利,"只要受托人任何作为或不作为造成的后果,过去或现在信托财产的管理和信托事务的处理的方式或过去或现在受托人行使权力的方式,对受益人的利益造成

---

① Uniform Statutory Trust Entity Act §609cmt. (2009).

压迫或不公平地损害了或不公平地忽视了受益人的利益,法院可发出强制令以矫正受益人所诉称的问题"。① (2)代表诉讼。公司法上,股东代表诉讼制度"被认为是弥补公司治理结构缺陷及其他救济方法不足的必要手段,在保护中小股东权益等方面发挥着重要作用"。② 赋予股东提起代表诉讼权利,可以缓解公司人格化造成的不利后果,即一个法律实体受到其代理人不法行为的侵害,而该代理人有权决定该实体是否寻求救济。③ 虽然《统一收益信托法》不承认收益信托的法人人格,普通法也赋予了受益人对受托人违反信托的行为和第三人侵害信托财产的行为直接对受托人提起诉讼的权利,制定法赋予受益人提起代表诉讼的权利看似是多余的。但起草委员会认为,法定的代表诉讼对收益信托的投资人而言是有益的。它为单位持有人提供了一个简单易行且普遍公认的方法来行使收益信托的权利。④ 因此,《统一收益信托法》第24条(a)款规定原告可以为了单位持有人的利益向法院提起诉讼或参与到诉讼活动中。同时,第24条(b)款规定代表诉讼的提起需满足以下条件:"(a)在信托受托人没有提出申请、勤勉地起诉、应诉或终止诉讼的情况下,原告在提出申请前不少于14天或依照法院作出的其他命令,告知了受托人其意图提起代表诉讼;(b)原告的行为是善意的;(c)起诉、应诉、终止诉讼是符合单位持有人利益的。"(3)异议收购请求权。在公司法上,对股东会的某些决议持有异议的股东享有股份收买请求权,即当股东会作出对股东利害关系产生实质影响的决定时,对该决定持有异议的股东有权要求公司以公平的价格收购他们手中的股份,从而退出公司的权利。收益信托中单位持有人享有的异议权即类似于异议股东的股份收买请求权,单位持有人可以对需要经单位持有人批准的事项提出异议。如果该事项被单位持有人批准,提出异议的单位持有人可以要求信托以公开的市场价格购买他们手中的信托单位。一方面,异议权的赋予能够约束信托在那

---

① Uniform Income Trust Act §23(2) (2008).
② 赵旭东.公司法学[M].北京:高等教育出版社,2006:310.
③ MILLER P B. The Future for Business Trusts:A Comparative Analysis of Canadian and American Uniform Legislation[J]. Queen's Law Journal,2011,36:453.
④ Uniform Income Trust Act §24 cmt.(2008),Uniform Income Trust Ac§25 cmt.(2008).

些对单位持有人利益有着重大影响的根本问题上随意变动,比如信托的存续、合并、资本结构的调整等。另一方面,与受益人的压迫救济、代表诉讼等救济措施一样,《统一收益信托法》并未将异议权规定为一项普遍适用的强制性的救济规则。原因在于,相对于其他救济措施而言,采取异议权方式进行救济的代价较为高昂。在有其他可替代的救济措施进行选择的时候,比如通过资本市场来退出,异议权的救济方式并非必然选择。

四、商业信托受益人的对外责任规则

信托法律关系有内部关系和外部关系之分。委托人、受托人与受益人之间的关系属于信托的内部关系,信托内部关系可由信托文件进行规制。受托人、受益人与信托的交易相对人或其他第三人之间的关系属于信托的外部关系,基于降低交易成本的考虑,信托外部关系由信托法进行确定。商业信托同样具有内部关系和外部关系。商业信托受益人的对外责任,是指在商业信托外部关系中,受益人对商业信托的交易相对人和商业信托侵权行为的受害人所应承担的民事责任。

(一)普通信托受益人的对外责任规则

普通信托的对外责任可分为合同责任和侵权责任。在普通信托中,信托财产由受托人持有并进行管理处分,受托人对外的交易活动是以自己的名义而非受益人的名义进行的,受益人并未直接参加有关信托财产的各类交易活动。基于债的相对性规则,与受益人缔结合同的信托交易相对人只能向作为合同相对人的受托人主张合同权利,而不能要求受益人承担责任。美国《信托法重述》(第2版)第275条规定:"受益人本身对于受托人管理信托事务的过程中签订的合同,不承担个人责任。"

普通信托的对外侵权责任可分为"人"的侵权责任和"物"的侵权责任,前者指受托人在管理信托事务过程中实施侵权行为应承担的责任,后者指受托人在管理信托事务过程中因信托财产自身原因致他人利益受损应承担的责任。普通信托的"人"的侵权责任与普通信托的对外合同责任一样,遵循债的相对性规则,受托人在信托管理过程中对第三人实施了侵权行为,由

此产生的责任仅由受托人承担,与受益人无关。美国《信托法重述》(第2版)第264条规定:"受托人在管理信托事务的过程中实施的侵权行为,应当与他不以信托方式持有该财产将承担的责任,负相同的个人责任。"第276条规定:"受益人本身对于受托人管理信托事务的过程中实施的侵权行为,不承担个人责任。"对于"物"的侵权责任,侵权法的一般规则是由物的管理者承担。由于信托财产由受托人持有和管理,信托财产的侵权责任应由受托人承担。美国《统一信托法典》第1010条(b)款规定:"只有在受托人自身有过错时,受托人对在管理信托过程中实施的侵权行为,或持有或控制信托财产而产生的责任包括违反信托法的责任承担个人责任。"总而言之,普通信托受益人对信托管理过程中发生的对外责任,不管合同责任抑或侵权责任,都不承担个人责任。

(二)商业信托受益人的对外责任规则

1.判例法确立的商业信托受益人对外责任规则

在商业信托制定法兴起之前,商业信托受益人的对外责任适用判例法确立的规则,主要是1913年Williams v. Inhabitants of Milton一案确立的"实质性控制标准":商业信托实行严格的外部管理,受益人保留的信托管理参与权如果构成对受托人的实质控制,法院将"刺破"商业信托的面纱,要求受益人对商业信托的债务承担责任。这一规则得到了后续的判例的支持,比如1914年Frost v. Thompson一案中,马萨诸塞州最高法院法官Rugg认定,如果受益人构成对受托人的实质控制,则当事人创设的并非商业信托而是合伙组织,受益人应像普通合伙人那样对合伙组织的债务承担个人责任。[①] 1950年Piff v. Berresheim一案,伊利诺伊州最高法院法官Gunn认定,对于经营商业的现代商业信托,受益凭证持有人可能会对其指示受托人实施的侵权或欺诈行为承担个人责任。[②] 受益人潜在的个人责任的承担一直是商业信托的代理律师必须重视的一大问题,而商业信托的代理律师则逐渐形成三种制度设计来规避受益人责任的承担:其一,在商业信托的公开

---

① Frost v. Thompson, 219 Mass. 360, 106 N. E. 1009(Mass. 1914).
② Piff v. Berresheim, 405 Ill. 617, 92 N. E. 2d 113(Ill. 1950).

文件公示商业信托受益人的个人责任限制,以受益人个人责任保险防范受益人个人责任的承担;其二,受托人在代表商业信托与第三人交易时以各种形式明确规定受益人的个人责任严格限定在信托资产的范围;其三,商业信托实行完全而又严格的外部管理,受益人不保留任何信托管理参与权,包括不保留股东会与受托人选举权。[①]

2.制定法确立的商业信托受益人对外责任规则

商业信托制定法突破了相关判例法规则的约束,明确承认商业信托适用有限责任规则,即受益人仅以其投入或承诺投入商业信托的资产对商业信托的债务承担责任。《特拉华州法定信托法》第3803条(a)款规定:"除非法定信托的治理文件另有规定,受益人如同依照州普通公司法组建的以营利为目的的私人公司的股东那样承担有限责任。"《统一法定信托实体法》明确承认法定信托是一个有着法人人格的独立于受托人和受益人的实体,因此,法定信托的债务和其他责任由其独立承担,受益人不因直接或间接的出资或其他方式而对法定信托的债务和其他责任承担个人责任。[②] 因此,对于法定信托而言,受益人即便参与到法定信托的管理活动中,也可享受有限责任的保护。

与美国立法不同,加拿大和新加坡两国的商业信托制定法切断了法律人格和有限责任之间的联系。两者出于税收优惠政策的考虑都没有赋予商业信托以法人地位,但两者都明确肯定了商业信托受益人受到有限责任的保护。加拿大《统一收益信托法》第8条规定:"对于信托财产的经营或管理所产生的义务或责任,或者信托受托人、经营者或管理者的行为所产生的义务或责任,信托单位持有人的责任以单位持有人在收益信托单位中的利益为限。"新加坡《商业信托法》第32条规定:"(1)为避免争议,经注册登记的商业信托的信托单位持有人,不负有将财产移转给经注册登记的商业信托的责任,或对作为经注册登记的商业信托的受托管理人其在行使职权时引起的任何债务、责任或义务负有责任。除非这部分财产属于信托单位持有人明确同意移转给经注册登记的商业信托。(2)尽管有下列情形,本条第

---

① 刘正峰.美国商业信托法研究[M].北京:中国政法大学出版社,2009:325-326.
② Uniform Statutory Trust Entity Act §304(a)(2009).

(1)项涉及的经注册登记的商业信托的信托单位持有人责任限制仍应适用——(a)经注册登记的商业信托的信托契约中作出了任何相反的规定;或(b)清算经注册登记的商业信托。"

第四节 商业信托的设立、变更与终止

一、商业信托的设立

(一)设立条件

一般而言,信托的有效设立包括三个方面,即信托当事人是否合格、信托财产是否合法、信托目的是否正确。第一,就信托当事人的资格而言,由于信托行为发生在委托人和受托人之间,因此,要求委托人与受托人不仅应当具有民事权利能力,还要有民事行为能力。第二,关于信托财产的合法性,英美信托法的基本原则是,凡是存在的、确定或可得确定、并且所有权人能够自由转让的任何财产利益均可以作为信托标的。第三,所谓信托目的的正确,即要求信托目的必须确定、可能并且适法。在美国,商业信托依设立依据的不同可分为普通法商业信托和法定商业信托。对于普通法商业信托,其设立条件适用普通法中普通信托的设立规则。对于法定商业信托,除了要满足普通信托的设立条件外,美国各州制定法对其设立条件进行了专门的规定以进行管制,原因在于,制定法赋予了法定商业信托法定实体条件,法定商业信托属于商事主体范畴,其商事交易能力关涉交易相对人的交易安全与行政管理程序的实现,以及社会公共利益。因此,法定商业信托的设立必须符合法定的设立条件,否则其设立申请将被驳回而无法成立。具体而言,法定商业信托的设立条件包括:(1)有书面的信托条款。信托条款是表达信托设立人设立信托关系意思的载体。对普通信托而言,除非制定法另有规定,否则其成立无书面形式要求,如《信托法重述》(第2版)第39条规定:"除非制定法另有规定,设立一项可以强制实施的信托,无需采取书面形式。"与普通信托不同,法定商业信托的信托条款必须采取书面形式,这

是美国各州商业信托立法的共同要求。商业信托信托条款的记载事项可分为法定记载事项和任意记载事项。《统一法定信托实体法》第 201 条规定信托证书的法定记载事项包括四项内容：法定信托符合该法第 207 条规定的名称；法定信托注册住所的街道与通讯地址；信托程序送达初始注册代理人的名称、街道与通讯地址；信托是否有第 401 条规定的系列受益证券的告知。任意记载事项则主要是由设立申请人自主决定记录于信托证书的内容。(2) 有必要的信托财产。普通信托法规定必要的信托财产是信托得以成立的必要条件，商业信托属于以营利为目的的商业实体范畴，商业实体经营活动的开展更需要一定数额的初始财产，另外，商业信托的设立登记须交纳一定的费用，[①]因此一定数额的信托财产是商业信托得以设立的基本条件。(3) 有同意接受受托人职位的受托人。普通信托的设立行为既可以是单方法律行为，也可以是双方法律行为，若通过单方法律行为设立，没有受托人对受托人职位的接受承诺信托依然成立。商业信托无法以单方法律行为的形式设立，而只能通过双方法律行为的方式，因此各州的商业信托立法都要求商业信托提交的申请文件须记载受托人的名称、通讯地址，没有同意接受受托人职位的受托人，商业信托将无法满足信托证书的归档要求而不能成立。《统一法定信托实体法》亦规定有同意接受受托人职位的受托人是法定信托的成立要件之一，第 203 条规定："法定信托依照本法提交给州务卿归档的记录至少必须由一个受托人签署。"(4) 有符合法律规定的商业信托名称。在美国，虽然不同的州在商业信托法人地位的承认上态度不同，但各州均认可商业信托是独立的诉讼主体和商事交易主体，因此商业信托需要有自己的名称，以使其与包括受托人在内的其他交易主体相区分。《统一法定信托实体法》第 201 条规定法定信托申请州务卿注册的信托证书必须包括"符合第 207 条规定的法定信托名称"。(5) 有确定的注册住所和程序注册代理人。由于商业信托具有商事交易主体地位和诉讼主体地位，为了交易相对人的交易安全和行政管理的效率，商业信托制定法要求商业信托有如同公司那样的注册场所和注册代理人。《法定商业信托实体法》第 201

---

① 12 Del. C. § 3813(2012).

条就要求信托证书中必须记载法定信托的注册场所、通讯地址以及初始注册代理人的名称、街道和通讯地址。

(二)设立登记

商事登记是有限责任实体的设立程序要件,因为有限责任实体具有责任隔离功能,交易相对人无从知悉有限责任实体与交易安全相关的信息,信息不对称使得交易相对人的交易安全无法得到保障。而设立登记则能够将责任隔离的信息公之于众,保障利害关系第三人的交易安全。商业信托的信托财产具有独立性,商业信托立法在资产隔离的基础上赋予商业信托责任隔离的功能,因此商业信托如同公司一样实行设立登记制度。

1.设立登记的原则

商业信托的设立原则是指一个司法辖区在法律上对商业信托的设立所采取的基本态度,亦即以怎样的程序设置来规范商业信托的设立。商业信托的设立原则大致有三种:自由设立主义、核准主义、准则主义。无论美国还是新加坡,商业信托立法均采取准则主义的态度,即商业信托的设立只要具备法律规定的条件并提出申请即可获得政府的承认,政府对符合法律规定条件的申请予以登记,对不符合法律规定的条件的申请不予以登记。如《特拉华州法定信托法》第3812条(a)款规定:"本法规定须向州务卿办公室归档的证书须提交给州务卿办公室以供归档。除非州务卿认为证书不符合本法规定的要求,在本法规定的归档费用已经缴纳的前提下,州务卿应当在申请归档的证书上背书'归档'和归档日期和时间以加以证实。如不存在欺诈,该背书是归档日期和时间的确凿证据。"新加坡《商业信托法》第4条第1款规定:"主管机关对于商业信托受托人依本法第3条规定所为之申请,得对该商业信托为登记。"

2.设立登记的管辖

商业信托的设立登记与公司登记的性质相同,都属于商事主体登记的范畴,因此美国各州规定的商业信托登记主管机构与公司等商事主体的登记主管机关相同,如特拉华州法定信托是以同为公司与合伙登记主管机构的州务卿办公室作为登记主管机构,《弗吉尼亚州商业信托法》则明确规定以委员会办公室作为登记主管机构。新加坡《商业信托法》则明确规定商业信托的登记主管机关是新加坡金融管理局。

3.设立登记的程序

一般而言,商业信托的设立包括三个程序:第一,提出设立申请,即设立申请人向登记主管机构提交记载事项符合法律规定的申请文件并交纳一定的登记费用。《特拉华州法定信托法》第3810条(a)款规定:"(1)每个法定信托必须向州务卿归档信托证书,信托证书应该载明下列事项:①法定信托的名称;②至少有一个满足本章第7条规定的受托人的商业地址与名称;③信托证书的未来生效日期或时间,如果它不是自归档之时生效;并且④受托人决定包括的其他信息。"新加坡《商业信托法》第3条规定:"(1)被提议担任受托人的商业信托的受托管理人可以金融管理局规定的形式和方式,通过向金融管理局提交申请书申请商业信托的登记。(2)依本条第(1)款提交的申请书应连同(a)金融管理局要求的资料和记录;以及(b)按照金融管理局规定的方式缴纳规定的申请费,该费用缴纳后不予退还。"第二,进行设立审查,即登记主管机构有权依照法律规定的标准对商业信托的设立申请进行审查,审查申请登记的商业信托是否符合法律规定的设立条件。如《弗吉尼亚州商业信托法》第1202条(a)款规定:"商业信托设立申请文件满足本条款规定的要件以及其他条款对要件的补充规定或变更规定的,有权向委员会提交。"第1203条(a)款规定:"无论本章对委员会据以签发证书的申请文件的有效性要件的规定如何,只要申请文件满足了本章的规定且所有规定的费用已经支付,委员会应当以命令的形式签发证书。委员会应当承认任何此类证书并记录于其办公场所当中。"新加坡《商业信托法》第4条第2款罗列了主管机关可拒绝商业信托设立登记申请的十种情形,此外,第4条第5款规定商业信托受托人若认为主管机关拒绝登记的行为有损其权利的,可于接到拒绝通知之日起30日内上诉至部长,部长的决定将为最终之决定。第三,予以核准登记,即商业信托登记主管机构认为商业信托的设立申请符合法定条件的,给予其核准登记,商业信托成立于其核准登记之日。如《弗吉尼亚州商业信托法》第1203条(b)款规定:"委员会签发信托证书之时商业信托成立,除非本条(d)款规定了更晚的成立时间和日期。信托证书是唯一证据用以证明商业信托组建人已经遵循了所有先决条件以及商业信托已经依照本章的规定成立。"新加坡《商业信托法》第4条第1款规定:"主管机关对于商业信托受托人依本法第3条规定所为之申请,得对该商业信托为登记。"

二、商业信托的变更

(一)商业信托的变更登记

商业信托的存续期限不同于普通信托,商业信托可以永久存续。在存续期限内,商业信托因商业经营的需要可能会使原先的登记事项发生变化。为保障商业信托登记制度价值的持续实现,维护交易相对人的交易安全,美国和新加坡的商业信托立法均对商业信托的变更登记作出了明确的要求。美国《统一法定信托实体法》第202条规定:"(a)变更信托证书,法定信托应当向州务卿提交记载下列内容的变更条款或转换条款:(1)法定信托的名称;(2)初始信托证书的提交日期;(3)信托证书的修改之处。(b)当信托证书已经提交或者已经变得不正确,知道或应当知道已提交的信托证书上的记载不正确的受托人,应立即(1)启动信托证书的修改;或(2)向州务卿递交一份修改声明。(c)信托证书重述应当以提交修正条款相同的方式向州务卿提交。"新加坡《商业信托法》第5条第3款规定:"当与经注册登记的商业信托有关的任何事项发生变更时,对于依照本条第(1)款规定应该在经注册登记的商业信托注册时予以记录的特定事项,经注册登记的商业信托的受托管理人应在变更发生之日起14日内,按照规定的形式和方式将发生变更的特定事项提供给金融管理局。"

(二)商业信托的变更内容

商业信托的变更内容包括商业信托的合并、商业信托与其他组织形式的转换、商业信托受托人的变更、商业信托信托财产管理方式的变更以及商业信托信托财产的增加与减少等。以美国商业信托制定法上商业信托的合并与转换为例。美国商业信托制定法将商业信托认定为一种法定的独立商事主体,商事主体一般存在合并规则与转换规则,因此商业信托制定法对商业信托的合并与转换作出了明确的规制。对于商业信托的合并,美国商业信托制定法要求履行两个必不可少的程序:一是须经所有受托人和所有受益人的一致同意;二是由存续或新设的商业信托或其他商业实体依法办理商业信托的合并登记手续。《统一法定信托实体法》第706条(a)款规定:"依照本条和第707至第709条以及合并方案的规定,一个法定信托可与一个或多个拟合并的其他组织合并,只要该合并并未被拟合并的其他组织的规制法所禁止以及拟合并的每个组织均遵守规制法关于合并效力的相关规定。"第707条(a)款规定:"法定信托的合并方案应当得到拟合并的法定信托的所有受托人和所有受益人的同意。"第708条(c)款规定:"法定信托的合并条款应当向州务卿办公室提交以办理注册登记手续。"需注意的是,《统一法定信托实体法》第707条(a)款要求的一致同意规则是一项默示规则,因此法定信托的治理文件可加以推翻,治理文件可以规定一个不一样的同意比例或规定一个完全不一样的表决机制。对于商业信托的转换,《统一法定信托实体法》第702条(a)款规定:"依照本条和第703至705条以及转换方案的规定,一个非法定信托的组织可转换为法定信托,法定信托可转换为其他组织,只要该转换并未受到其他组织的规制法所禁止以及其他组织遵守规制法关于转换效力的相关规定。"与商业信托的合并一样,商业信托的转换方案应当经所有受托人和受益人的一致同意,但该规则在《统一法定信托实体法》中并非强制性规则,当事人可通过治理文件另行作出规定。因此,对于商业信托的转换,治理文件对之有规定的,从其规定;治理文件对之未作规定的,适用制定法的相关规定。

三、商业信托的终止

(一)商业信托的终止事由

在美国,制定法上商业信托的终止事由大致包括五种情形:第一,商业信托因治理文件规定的终止事由出现或存续期限届满而终止,如《统一法定信托实体法》第801条规定法定信托在治理文件规定的解散事由出现时解散。第二,商业信托因受益人决议解散而终止,如《统一法定信托实体法》第801条规定在商业信托所有受益人一致同意的情况下商业信托解散。第三,法院判令解散,即司法解散,《统一法定信托实体法》对此并未涉及,《弗吉尼亚州商业信托法》第1235条规定:"如果商业信托不能在切实可行的范围内根据治理文件或信托条款从事商业经营,基于受益人的申请,商业信托注册办公所在地的市或郡的巡回法院可以判令商业信托解散。"第四,商业信托登记主管机构依法解散商业信托,即行政解散,如《统一法定信托实体法》第806条(a)款规定:"法定信托出现下列情形时,州务卿可以解散法定信托:(1)欠缺一个诉讼书状送达代理人的状态持续30天;(2)没有提交每年/每两年的年度报告逾期达60日;(3)未向州务卿缴纳应当缴纳的费用、税金或罚款,逾期达60日。"第五,商业信托因合并或转换不再存续,如《特拉华州法定信托法》第3810条(d)款规定法定信托或因解散和清算的完成,或因合并,或因转换,或因转让而不再存续时,信托证书应当办理注销登记。另外,在新加坡,依据《商业信托法》第44条至第46条的规定,商业信托在满足信托契约规定的特定情形、信托单位持有人在会议中作出决议、法院在法定条件下作出命令等情况下终止。

(二)商业信托的清算

商业信托终止后,应当进行清算。清算期间,该信托仍视为存续。对于商业信托的清算,美国《统一法定信托实体法》第803条作出了详细的规定,且该规定是强制性规定,信托治理文件不得另作规定:"(a)法定信托解散后应当对其经营活动进行清算,信托在解散后只得为了清算目的而存续。(b)在对其经营活动进行清算的过程中,法定信托应当:(1)处理信托的债务、义务和其他责任,解决和停止信托的经营活动,以及整理和分配信托财产;并且(2)在遵守上述要求的前提下将多余的财产按受益人受益权所占比例分配给受益人。(c)在对其经营活动进行清算的过程中,法定信托可以:(1)在合理的时间内维持信托的经营活动和信托财产作为持续经营;(2)提起诉讼、维持诉讼、进行答辩,不管该诉讼是民事、刑事还是行政诉讼;(3)转让信托财产;(4)解决纠纷;并且(5)实施对于清算而言必要的或合适的其他行为。(d)解散后的法定信托的受托人依照本法第 804 条或第 805 条的规定对相关请求进行了处理的,无需承担义务违反的责任。(e)法定信托的解散并没有终止诉讼书状送达代理人的权力。(f)基于善意第三人的申请,有管辖权的法院可任命一人作为解散后的法定信托的涉诉财产管理人,其有权在信托清算期间开展本应由信托来完成的任何活动,只要该活动对于信托债务的最终解决是必要的。"

第四章

我国商业信托制度的实践与困境

信托制度是英美法系的产物，大陆法系对信托制度的移植和引进多出于商业投资的目的，普通民事领域较少出现信托的身影。我国引入信托制度同样是以繁荣商业投资、增强经济活力为主要目的，在实践中，我国已经初步构建起了相关的具体制度以及法律规范体系。然而，引入商业信托的大陆法系国家和地区大多没有在立法上明确商业信托的组织地位，并且法律上没有针对商业信托作出严格界定，往往仅将商业信托的功能与架构应用于本国的商业活动中。商业信托法理研究与法制建设的缺失，实有碍于商业信托制度的长远发展。同样，我国在实践商业信托制度的同时，并未有立法对商业信托进行相应的界定，更遑论从组织形态的角度对商业信托的实践作出规制。

第一节 我国商业信托制度的实践考察

在我国，商业信托制度的实践主要包括信托公司发行的集合资金信托计划、基金公司发行的证券投资基金以及在信贷资产证券化中作为特殊目的载体的特定目的信托。三者都建立在信托法律关系的基础上，都具有商业性、商品性、集团性的特征。不同的是，集合资金信托计划和证券投资基金属于投资型信托，即投资人是信托的委托人和受益人，设立资金信托，通过信托贷款或投资完成资金向融资人的转移。而特定目的信托是融资型信托，即融资人一度取得信托的委托人和受益人地位，设立财产信托，并以转让信托受益权的方式获得现金。①

一、集合资金信托计划的内在机理

集合资金信托计划是相对于单一资金信托而言的,是信托公司开展的主要信托业务品种。早期对集合资金信托计划进行规制的是中国人民银行2002年出台的《信托投资公司资金信托管理暂行办法》,如今该规章已被中国银监会2007年颁布、2009年进行了修订的《信托公司集合资金信托计划管理办法》所取代。

(一)集合资金信托计划的立法界定和法律性质

依据《信托公司集合资金信托计划管理办法》第2条的规定,集合投资信托计划是指由信托公司担任受托人,按照委托人意愿,为受益人的利益,将两个或两个以上委托人交付的资金进行集中管理、运用或处分的资金信托业务活动。② 集合资金信托计划的法律结构中,购买信托单位的投资者为信托关系的委托人和受益人,在信托计划存续期间,投资者可以按照规定转让其受益权。相较于单一信托,集合资金信托计划具有如下特征:(1)属于资金信托。集合资金信托计划设立时,委托人必须以资金的形式认购信托单位;单一信托设立时,委托人交付的财产形态不限于资金,可以是法律许可设立信托的所有形态的财产。(2)属于自益信托。集合资金信托计划设立时,参与信托计划的委托人应当是唯一受益人,因此,信托计划属于私益信托中的自益信托;单一信托既可以是私益信托,也可以是公益信托,还可以是既非私益也非公益的"目的信托"。(3)属于集团信托。集合资金信托计划须有两个以上独立的委托人和受益人,因此属于集团信托。单一资金信托的委托人和受益人通常只有一人,不具有集团性。(4)属于合同信托。

---

① 楼建波,刘燕.论信托型资产证券化的基本法律逻辑[J].北京大学学报(哲学社会科学版),2006(4):124.

② 此外,依照《信托公司集合资金信托计划管理办法》第52条的规定,两个以上(含两个)单一资金信托用于同一项目的也属于"集合资金信托计划"。

集合资金信托计划只能以合同的方式设立,即委托人和信托公司通过签订信托合同的方式设立;而单一信托中,委托人既可以采取信托合同的方式设立,也可以采取遗嘱的方式设立。(5)特殊的当事人资格。集合资金信托计划的委托人和受益人必须是具有法定资格的合格投资者,受托人必须是信托公司;而单一信托并无相关的要求。(6)特殊的运作方式。集合资金信托计划除了须符合信托的一般运作方式外,还有特殊的要求,主要表现为:一是必须聘请商业银行担任保管人,负责信托计划中信托财产的保管;二是必须设立受益人大会,决定重大事项;三是存续期限必须在1年以上。单一信托的运作方式则没有上述法定要求,可以自行在信托文件中约定特殊的交易结构,也可以不作约定。[①]

从财产角度看,集合资金信托计划性质上属于契约型私募基金。基金是指为了特定目的而设立的一定数量的金钱或其他流动性资产的集合。第一,基金因组织形式的不同有公司型基金和契约型基金之分:公司型基金,是指具有共同投资目标的投资者组成的以盈利为目的股份投资公司,并将资产投资于特定对象的基金。契约型基金,是指依照信托原理通过基金管理人和基金托管人与基金份额持有人共同签订基金合同设立的基金。集合资金信托计划是通过信托契约设立的,其业务内容是将多数人的资金集合起来进行管理、运用或处分,因此其具有契约型基金的性质。第二,基金因募集方式不同则可分为公募基金和私募基金。公募基金,是指通过公开发售基金份额向不特定对象募集资金设立的基金。按照《证券投资基金法》第51条第2款的规定,具体包括向不特定对象募集资金、向特定对象募集资金累计超过二百人或者法律、行政法规规定的其他情形。私募基金,是指向特定对象非公开发售基金份额募集资金设立的基金。私募基金的特征在于募集对象的特定和募集方式的不公开,集合资金信托计划同样具备这两项特征,具体而言:(1)在募集对象上,《信托公司集合资金信托计划管理办法》从风险承受能力和人数两个方面对投资者的范围作出限定。在风险承受能力方面,该规定为集合资金信托计划的委托人设置了"合格投资者"的准入门

---

① 周小明.信托制度:法理与实务[M].北京:中国法制出版社,2012:424-425.

槛;第6条将合格投资者界定为"符合下列条件之一,能够识别、判断和承担信托计划相应风险的人:(一)投资一个信托计划的最低金额不少于100万元人民币的自然人、法人或者依法成立的其他组织;(二)个人或家庭金融资产总计在其认购时超过100万元人民币,且能提供相关财产证明的自然人;(三)个人收入在最近三年内每年收入超过20万元人民币或者夫妻双方合计收入在最近三年内每年收入超过30万元人民币,且能提供相关收入证明的自然人"。在人数方面,该规定分别针对自然人投资者和机构投资者作出不同的限制。第5条要求"单个信托计划的自然人人数不得超过50人,但单笔委托金额在300万元以上的自然人投资者和合格的机构投资者数量不受限制"。同时,为了防止信托计划变相突破投资者人数的限制,《信托公司集合资金信托计划管理办法》还在信托受益权受让人方面对信托受益权的转让作出了要求。第29条规定:"信托计划存续期间,受益人可以向合格投资者转让其持有的信托单位。信托公司应为受益人办理受益权转让的有关手续。信托受益权进行拆分转让的,受让人不得为自然人。机构所持有的信托受益权,不得向自然人转让或拆分转让。"(2)在募集方式上,该规章禁止信托公司在推介信托计划时进行公开营销宣传。第8条规定:"信托公司推介信托计划时,不得有以下行为:(一)以任何方式承诺信托资金不受损失,或者以任何方式承诺信托资金的最低收益;(二)进行公开营销宣传;(三)委托非金融机构进行推介;(四)推介材料含有与信托文件不符的内容,或者存在虚假记载、误导性陈述或重大遗漏等情况;(五)对公司过去的经营业绩作夸大介绍,或者恶意贬低同行;(六)中国银行业监督管理委员会禁止的其他行为。"由此可见,集合资金信托计划性质上应属于契约型私募基金。

(二)集合资金信托计划的特殊类型

1. 结构化信托业务

结构化信托是集合资金信托计划的一种特殊形式。结构化信托最早运用于证券投资信托业务,后广泛运用于房地产信托业务、私人股权投资信托业务之中。2010年中国银监会发布了《关于加强信托公司结构化业务监管有关问题的通知》,明确了结构化信托业务的监管规则。

(1)立法界定与特征

依照《关于加强信托公司结构化业务监管有关问题的通知》第1条的规定,结构化信托业务是指信托公司根据投资者不同的风险偏好对信托受益权进行分层配置,按照分层配置中的优先与劣后安排进行收益分配,使具有不同风险承担能力和意愿的投资者通过投资不同层级的受益权来获取不同的收益并承担相应风险的集合资金信托业务。结构化信托业务的特征体现在两个方面:第一,信托受益权的分层设计。与一般信托计划不同的是,结构化信托业务的受益权一般可划分为优先受益权和劣后受益权。两者区分的目的主要是所承担的风险不同,优先受益权的信托利益先于劣后受益权分配,因此其收益和风险低于劣后受益权。第二,结构化信托业务具有高度的灵活性。由于受益权进行了分层设计,同一信托不同层次的受益权体现出不同的收益风险特征,从而灵活地吸纳不同收益风险偏好的投资者投资于同一个信托计划,这是一般信托计划所不具备的。

(2)实践案例

由中融国际信托有限公司发行并担任受托人的"中融－融投7号股权收益权投资集合资金信托计划"于2011年3月开始发行,2011年4月29日正式成立。该信托计划为指定用途的结构化集合资金信托计划,共募集资金5000万元,信托资金将按照信托合同的约定,以9.3元/份的价格购买景隆融尊基金持有的518万股安徽皖维高新材料股份有限公司定向增发股票之股权收益权,以管理、运用或处分信托财产形成的收入作为信托利益的来源,为受益人获取投资收益。该信托计划将信托受益权区分为优先受益权和劣后受益权,两者的比例为3:2。享有优先受益权的优先受益人享有优先分配权;享有劣后受益权的劣后委托人以全部劣后资金为限保证优先受益人的本金和预期收益,并且享有扣除优先本金和收益、相关费用后的全部剩余信托财产的分配权。该信托计划存续期为15个月,预期优先受益人的年投资收益率为8.5%。

2. 银信理财合作业务

商业银行为了拓宽理财资金的运用渠道,借助信托公司能够跨越货币市场、资本市场和实业投资市场进行信托资产配置的制度优势,实现银行"理财业务"与信托公司"信托业务"的成功对接,与信托公司携手开发了"银信理财合作业务"。自 2008 年以来,银监会先后下发了《银行和信托公司业务合作指引》、《关于进一步规范银信合作有关事项的通知》、《关于规范银信理财合作业务有关事项的通知》、《关于进一步规范银信理财合作业务的通知》等多项监管规定,对银信合作业务进行指导和规范。

(1)立法界定与特征

依据银监会 2010 年发布的《关于规范银信理财合作业务有关事项的通知》第 1 条的规定,银信理财合作业务是指商业银行将客户理财资金委托给信托公司,由信托公司担任受托人并按照信托文件的约定进行管理、运用和处分的行为。银信理财合作业务具有以下特征:第一,形式上是单一资金信托,实质上是集合资金信托。从法律关系上看,银信理财合作业务包含了三个层次的法律关系:银行与客户的法律关系、银行与信托公司的法律关系、客户与信托公司的法律关系。首先,对于理财计划,监管规则只简单规定银行与客户是"委托"或"授权"关系,但没有明确该"委托"或"授权"关系产生的具体法律关系的性质。由于我国《商业银行法》禁止商业银行经营信托业务,[①]据此可认定理财计划中银行与客户是委托代理法律关系。其次,依照监管规定,银行与信托公司之间形成的是信托法律关系。最后,由于银行与客户之间存在委托代理关系,根据《合同法》第 402 条规定,[②]因为银行与信托公司合作推出银信理财合作产品时,信托公司显然知晓银行是客户的代理人,以客户资金设立信托,在银行推荐理财产品时,银行也必须向客户披露其选定合作的信托公司以及以理财资金设立信托的事实,因此,银行与信托公司之间的信托关系可以直接约束客户与信托公司;换言之,银行与信托公司之间形成的信托关系可以直接等同于客户与信托公司之间形成的信托关系。因此,在银信理财合作业务形成的信托关系中,形式上银行是唯一的委托人和受益人,属于单一信托;但实质上的委托人和受益人是众多购买了

[①] 《商业银行法》第 43 条规定:"商业银行在中华人民共和国境内不得从事信托投资和证券经营业务,不得向非自用不动产投资或者向非银行金融机构和企业投资,但国家另有规定的除外。"

[②] 《合同法》第 402 条规定:"受托人以自己的名义,在委托人的授权范围内与第三人订立的合同,第三人在订立合同时知道受托人与委托人之间的代理关系的,该合同直接约束委托人和第三人,但有确切证据证明该合同只约束受托人和第三人的除外。"

银行理财产品的客户,从这个意义上看,又属于集合资金信托。第二,银信理财合作业务的另一特征是监管上的双重性,即受到监管部门的双重监管,在银行理财业务端,银行需要遵守银监会关于理财业务的规定;在信托公司信托业务端,则需要遵守银监会关于信托业务和银信合作业务的一系列监管规定。

(2)实践案例

中国建设银行股份有限公司于2011年9月15日至9月21日向广大个人客户发行"'建行财富'信托贷款类2011年第53期理财产品",投资期限为365天,发售规模为10000万元,产品预期最高收益率为5.40%/年,投资起始金额为10万元。按照约定,中国建设银行作为委托人,将理财产品所有认购资金与江苏国际信托有限责任公司设立"虎都(中国)男装有限公司贷款类资金信托",取得"虎都(中国)男装有限公司贷款资金信托"的信托受益权。投资者按其认购金额占该理财产品项下所有认购资金的比例,承担相应比例的收益和风险。江苏国际信托有限责任公司作为信托计划的受托人,以自身名义向虎都(中国)男装有限公司发放信托贷款,同时承担信托贷款的贷后管理职能,虎都(中国)服饰有限公司为该笔信托贷款提供连带责任保证。理财产品托管人为中国建设银行股份有限公司福建省分行。

3.私人股权投资信托业务

(1)立法界定与特征

私人股权投资又称为私募股权投资(Private Equity,简称PE),是集合资金信托计划的一种特殊类型,是指信托公司将信托计划项下资金投资于拟上市公司股权或者上市公司未公开交易股权的一种投资活动。目前,信托公司的私人股权投资业务主要以银监会2008年发布的《信托公司私人股权投资信托操作指引》为规范依据。较之于其他集合资金信托计划,私人股权投资信托业务具有以下不同之处:第一,特定的投资范围,包括未上市企业股权、上市公司限售流通股或中国银监会批准可以投资的其他股权,具体投资范围由信托文件确定。第二,特定的记载事项,私人股权投资信托业务的信托文件应当特别记载以下事项:股权退出安排、固有资金认购事项、信托报酬事项、投资顾问情况。① 第三,固有资金认购上的特定限制。《信托公司私人股权投资信托业务操作指引》第17条第1款规定:"信托公司以固有资金参与设立私人股权投资信托的,所占份额不得超过该信托计划财产的20%;用于设立私人股权投资信托的固有资金不得超过信托公司净资产的20%。"第四,受益权转让上的特定限制。《信托公司私人股权投资信托业务操作指引》第7条要求:"以固有资金参与私人股权投资信托计划的,应当遵守信托公司净资本管理的有关规定,且在信托存续期间不转让受益权,也不得直接或间接以该受益权为标的进行融资。"

(2)实践案例

交银国际信托有限责任公司于2008年12月22日至2009年1月20日推出"交银国际·颐金成长股权投资集合资金信托计划",该计划于2009年1月24日正式成立,信托计划资金将用于投资节能环保、新材料制造类企业的股权,这些企业均有明确上市计划和安排,已全部进入上市准备阶段,拟在3年内实现上市。信托期限3年,信托计划结束时将采用上市、二级市场择机出售、协议转让、拍卖等多种手段及时变现股权。该信托计划成立时,信托计划募集资金为人民币8110万元,其中优先级信托资金6080万元,次级信托资金2030万元;信托计划受益人共计39人,其中优先级受益人37人,次级受益人2人。上海颐金投资管理有限公司为投资顾问。在收益分配上,优先受益人优先取得固定年收益率7%再加上信托净收益超过7%以上部分的30%的分成,并优先取得信托本金和固定收益,同时中国希格玛有限公司为优先受益人取得信托本金和固定收益部分提供担保。②

---

① 详见《信托公司私人股权投资信托业务操作指引》第7条、第17条、第20条、第21条的具体规定。

② 汤淑梅.信托受益权研究:理论与实践[M].北京:法律出版社,2009:174-175.

二、证券投资基金的内在机理

(一)证券投资基金的立法界定与特征

如今,投资基金已经发展成为一个遍及世界的宏大的产业,基金业已经成为现代金融体系的支柱之一。基于历史和文化的差异,各个国家和地区对投资基金的立法称谓各有不同。美国 1940 年《投资公司法》(Investment Company Act)将投资基金认定为是一种"投资公司"(investment company)。《投资公司法》第 3 条(a)款将"投资公司"定义为:"从事下列业务的发行人:事实上或宣传主要从事或拟主要从事证券投资、再投资或证券交易等业务;从事或拟从事分期支付类面额凭证业务,或已经从事该业务并有此类凭证发行在外;从事或拟从事证券投资、再投资、拥有、持有或交易,且拥有或拟收购投资证券占其非合并总资产价值(不包括政府证券和现金项目)40%以上。"在英国,投资基金被称为"集合投资计划"(collective investment schemes),英国 2000 年《金融服务与市场法》(Financial Services and Markets Act)第 235 条(1)款将"集合投资计划"界定为:"与任何财产(包括金钱)有关的安排,其目的或效果是使参与该等安排的人(以成为该财产或其任何部分所有者的方式或其他方式)参与或接收因收购、持有、管理或处置该等财产的利润或收入,或利用此等利润或收入支付的款项。"我国台湾地区将证券投资基金称为"证券投资信托",台湾地区《证券投资信托及顾问法》第 3 条规定:"本法所称证券投资信托,指向不特定人募集证券投资基金发行受益凭证,或向特定人私募证券投资基金交付受益凭证,从事于有价证券、证券相关商品或其他经营机关核准项目之投资或交易。"从上述定义可以看出,美国是从实体的角度来界定投资基金的,其他国家和地区则是从行为的角度来认识的。

关于基金性质的认识,我国在立法过程中在此问题上的态度摇摆不定,先后形成投资方式说、资本集合说、投资组织说三种不同的观点。投资方式说认为,投资基金是汇集不特定多数且有共同目的的投资者的资金,委托专业的金融机构进行科学性、组合性、流动性投资,借以分散与降低风险,共同受益的一种投资方式。资本集合说则认为,证券投资基金是指由多数投资者缴纳的出资所组成的,由投资者委托他人按照投资组合原理投资于证券,投资收益按投资者出资份额共享,投资风险由投资者共担的资本集合体。投资组织说则主张,投资基金是根据特定投资目的,通过发售基金份额向社会公众或特定对象募集资金形成独立的基金财产,由基金管理人按照资产组合方式管理,由基金托管人托管,基金份额持有人按其所持份额享受收益和承担风险的投资组织。由于对何为投资基金立法机关未能形成统一意见,因此最终出台的《证券投资基金法》对于证券投资基金概念的界定采取了回避态度,只对证券投资基金的主要法律特征予以描述。[1]

一般而言,证券投资基金有四个方面的优点:一是专家理财,基金的资产通常交由具有丰富经验和专业水平的基金管理公司进行投资运作,弥补了普通投资者在时间、知识上的欠缺。二是组合投资,基金管理公司将汇集而成的基金资产按照投资组合理论进行多元化的组合投资以达到分散风险、提高效益的目的。三是流通性强,我国《证券法》将证券投资基金份额认定为是一种证券类型,[2]因此,证券投资基金投资者手中所持有的证券投资基金份额可以在证券市场上公开交易和转让。四是安全性高,证券投资基金由基金管理人履行管理基金的职责,同时基金托管人负责资产的保管业务,两者各自独立、相互监督,可以有效保护投资者的利益和保证基金资产的安全。[3]

---

[1] 2012年《证券投资基金法》的修订并没有在证券投资基金概念的界定上作出重大改变,依然沿袭了之前的立法规定。2012年修订的《证券投资基金法》第2条规定:"在中华人民共和国境内,公开或者非公开募集资金设立证券投资基金(以下简称基金),由基金管理人管理,基金托管人托管,为基金份额持有人的利益,进行证券投资活动,适用本法;本法未规定的,适用《中华人民共和国信托法》、《中华人民共和国证券法》和其他有关法律、行政法规的规定。"

[2] 我国2014年修订的《证券法》第2条规定:"在中华人民共和国境内,股票、公司债券和国务院依法认定的其他证券的发行和交易,适用本法;本法未规定的,适用《中华人民共和国公司法》和其他法律、行政法规的规定。政府债券、证券投资基金份额的上市交易,适用本法;其他法律、行政法规另有规定的,适用其规定。证券衍生品种发行、交易的管理办法,由国务院依照本法的原则规定。"

[3] 王连洲,董华春.《证券投资基金法》条文释义与法理精析[M].北京:中国方正出版社,2004:前言.

(二)证券投资基金的信托原理

《证券投资基金法》第 3 条第 1 款、第 2 款规定:"基金管理人、基金托管人和基金份额持有人的权利、义务,依照本法在基金合同中约定。基金管理人、基金托管人依照本法和基金合同的约定,履行受托职责。"因此,我国证券投资基金主要是以契约型基金为主,基金合同是确定各方主体权利义务的主要依据。契约型基金的法理基础是信托法律关系。在契约型基金的信托关系构造上,基金份额持有人、基金管理人、基金托管人与委托人、受托人、受益人之间的角色对应关系应该如何认定则颇有争议,比较法上形成分离论和非分离论两种模式。分离论模式认为,契约型基金法律关系存在双重信托关系,分别存在于基金份额持有人与基金管理人、基金管理人与基金托管人之间。前一种信托关系通过基金合同而确立,基金份额持有人是委托人兼受益人,基金管理人处于受托人地位。后一种信托关系通过托管协议建立,委托人是基金管理人,受托人是基金托管人,基金托管人受托保管基金财产。德国是分离论的典型践行者,其 1957 年制定的《投资公司法》即采此种立法模式。而非分离论模式则主张,契约型基金的信托法律关系仅通过基金合同而成立,此关系中,委托人是基金管理人,受托人是基金托管人,受益人是基金份额持有人,因此契约型基金只有一层信托法律关系。日本和韩国就是采用非分离论的典型国家。

我国证券投资基金的法律关系采用何种模式,是一个值得研究的问题。在我国证券投资基金的具体运作中,表面上看,基金合同是由基金管理人和基金托管人所拟定,投资者并未参与协商,似乎不具备基金合同当事人的地位。但实际上,投资者有权依据基金合同所记载的具体内容选择是否购买该基金,若选择购买,无异于是通过认购行为来表明对基金合同的认可,因而可认定成为基金合同的当事人。① 基金合同与信托合同一样,只存在于委托人和受托人之间,由于基金份额持有人不可能是受托人,所以其身份只能是委托人,而且其委托人身份的取得并不影响其受益人身份。此外,由于基金管理人和基金托管人是在基金合同有效成立的基础上签订托管协议的,而且托管协议的内容主要是两者对受托人具体职能承担上所作的约定划分,并不存在基金管理人将投资基金信托给基金托管人的意思表示,②因此可将托管协议视为只是对基金合同的补充和细化,并非一个单独的信托协议。

因此,我国证券投资基金的信托法律关系形成的角色对应上,基金份额持有人扮演着委托人和受益人双重角色,受托人角色由基金管理人和基金托管人共同承担。为了投资者的资金安全,立法上对受托人角色进行了分化,受托人角色分化为管理人角色和托管人角色,分别承担管理的职能和保管的职能。具体到基本关系中,则是基金管理人受托管理基金财产,基金托管人受托保管基金财产,两者基于法律的分工形成特殊受托人关系,"两者在各自职责范围内承担责任,因此共同承担起受托人职责,构成一个完整的受托人"。③ 因此,有观点认为,我国证券投资基金在分离模式和非分离模式之外另行打造出一种具有"中国特色"的模式,"是以特殊共同受托为内核的非分离模式"。④

---

① 以一份2010年9月的《申万巴黎深证成指分级证券投资基金基金合同》为例。该合同在封面就明确标明基金管理人是申万巴黎基金管理有限公司,基金托管人是中国工商银行股份有限公司。该合同在"前言"中规定:"基金投资者自依《基金合同》取得基金份额,即成为基金份额持有人和《基金合同》当事人,其持有基金份额的行为本身即表明其对《基金合同》的承认和接受。"

② 如《申万巴黎深证成指分级证券投资基金基金合同》在第十三部分"基金的托管"中明确指出:"基金托管人和基金管理人按照《基金法》、《基金合同》及其他有关规定订立托管协议。"订立托管协议的目的是明确基金托管人与基金管理人之间在基金财产的保管、投资运作、净值计算、收益分配、信息披露及相互监督等相关事宜中的权利义务及职责,确保基金财产的安全,保护基金份额持有人的合法权益。

③ 郭锋,陈夏.证券投资基金法导论[M].北京:法律出版社,2008:97.

④ 吴晓灵.投资基金法的理论与实践——兼论投资基金法的修订与完善[M].上海:上海三联书店,2011:19.

(三)我国证券投资基金的立法历程

早在20世纪80年代初期我国就开始了投资基金的实践,但直到1997年11月15日《证券投资基金管理暂行办法》的发布,我国证券投资基金才开始进入到正规化的发展阶段。从2000年开始,我国基金业快速崛起,但与此同时,基金不规范操作的问题开始凸显。2003年10月28日,十届全国人大常委会第五次会议通过了《证券投资基金法》。根据《证券投资基金法》的规定,我国证监会陆续对原有的基金监管法规进行了清理、调整、修改和充实,建立起了以《证券投资基金法》为核心,以基金管理公司设立、基金运作、基金销售、公司治理、内部控制、信息披露、人员资格等配套规则为辅助的多层次的基金监管法律法规体系,并初步建立了以证监会为监管和协调中心、以证券交易所为一线监管、以证券业协会为自律监管的协同监管体系。[①]

在《证券投资基金法》的保驾护航之下,我国证券投资基金业在"快车道"上不断前行,于是也就有了2007年基金管理资产规模仅用6个月时间就从1万亿突破3万亿的金融传奇。但随着时间的推移和经济环境的变化,《证券投资基金法》也出现了一些与市场实践不相适应的地方,不能满足需求的状况日益严重。比如,《证券投资基金法》仅规范了公募基金,对私募基金没有一个明确的界定和管理。但实践中,我国私募基金的规模不断壮

---

① 张路.中美英基金法比较与实务[M].北京:法律出版社,2007:308.

大。①另外,证券公募基金也出现了新的问题,比如"老鼠仓"②、"上电转债门"③等事件暴露了基金治理结构、管理规范上的不足。2009年起,全国人大财经委开始基金法的修改工作。经过3年多的反复讨论,全国人大常委会于2012年12月28日通过了修订后的《证券投资基金法》,新法于2013年6月1日实施。④ 修订后的《证券投资基金法》可以用"私募入法、公募松绑、行业自律、保护加强"来概括:(1)新法一方面在定义中明确了非公开募集基金的法律地位,另一方面单设一章与公开募集基金相并列,规定了非公开募集基金的制度框架,包括合格投资者制度、强制登记、备案制度、公开宣传和推介的禁止、基金托管制度,从而结束了旧法只是半部基本法的历史。⑤ 2012年《证券投资基金法》的修订为证监会取得私募证券投资基金的监管提供了法律依据。此后,随着证监会2014年8月21日《私募投资基金监督管理暂行办法》、中国证券投资基金业协会2016年4月15日《私募投资基金募

---

① 自2003年以来,阳光私募的发行整体规模不断提升,从2003年的8.8亿元提高到2012年717亿元的最高水平。2013年我国共有1351只阳光私募基金募集成立,总募集规模约为441亿元,平均募集规模约3264万元。参见华宝证券有限责任公司.2013年阳光私募基金年度专题报告[EB/OL].(2014-2-19) [2015-5-20]. http://q.fund.sohu.com/yb, 2209719.shtml.

② "老鼠仓"泛指受托代人买卖股票的基金管理公司和证券公司等金融机构的从业人员为追求私利而滥用职务便利和信息优势,先于受托账户买卖同一股票的证券交易行为。"老鼠仓"行为是资本市场中违反诚信义务和信托义务的典型行为,社会后果极其恶劣。参见刘俊海.现代证券法[M].北京:法律出版社,2010:448.

③ 2007年8月14日是上海电气可转换债券(以下简称"上电转债")的最后交易日,上海电气此前曾多次告知上电转债的投资者:8月14日之前不转股、不卖出的,公司将强行赎回。按上电转债的最后交易日的收盘价,申购者将获得逾120%的收益。令人匪夷所思的是,华安、南方以及泰达荷银三家基金公司旗下的五只基金在最后交易日既没有卖出转债也没有实施转股,从而导致这些基金持有的约18万张上电转债受损达2200万元。事件发生后,证监会发出专门通报,要求投资者的2200万元损失由三家基金公司用风险准备金弥补。参见卢婷.最乌龙基金巨亏事件:5只基金"忘记"上电转债损失2200万[EB/OL].(2007-12-11) [2015-5-20]. http://news.hexun.com/2007-12-11/102233726.html.

④ 2015年4月24日,第十二届全国人民代表大会常务委员会第十四次会议通过关于修改《中华人民共和国港口法》等七部法律的决定,其中涉及对《证券投资基金法》作出修改,内容是删去第17条。因此,2015年修订后的《证券投资基金法》的内容与2012年《证券投资基金法》大致相同。

⑤ 李曙光.新基金法重置行业规则[J].中国金融,2013(10):45.

集行为管理办法》的相继出台,我国私募投资基金监管制度已初步形成。(2)新法为公募基金大幅松绑,包括扩大了投资范围,增加了证券衍生品作为基金财产可投资的品种;将基金募集由"核准制"放宽为"注册制";放宽基金托管人限制,允许其他金融机构担任基金托管人;允许公募基金的管理人实行专业人士持股计划,建立长效激励约束机制。[①] 2015 年《证券投资基金法》修订时删除了原第 17 条"公开募集基金的基金管理人的法定代表人、经营管理主要负责人和从事合规监管的负责人的选任或者改任,应当报经国务院证券监督管理机构依照本法和其他有关法律、行政法规规定的任职条件进行审核"的规定,进一步放宽公募基金相关负责人的任职资格。(3)新法鼓励自律管理,专设一章规定基金管理人、基金托管人和基金服务机构所成立的证券投资基金行业协会。(4)新法加强了对投资者的保护,包括完善了基金份额持有人大会的二次召集制度,并且详细规定了大会的召集程序和议事规则;强化了基金从业人员的忠实、勤勉义务;增强了基金管理人、托管人的风险承受能力和管控能力。有学者指出,《证券投资基金法》变动之大足以改变基金业的格局,已经重置了游戏规则。[②]

三、特定目的信托的内在机理

(一)资产证券化与特定目的信托

资产证券化系指企业或金融机构将其所拥有的资产或债权所产生的现金流量,透过特殊目的载体将其组合包装成有价证券并切断与创始机构间的法律关系后,出售给投资人的一种制度安排。由于资产证券化涉及资产分割和发行人破产风险隔离等流程,因而必须对组织架构进行调整,因此又有"结构式金融"或"结构式融资"等称谓。有学者指出,不同称谓实乃从不同角度观察得出的结果。若看重的是资产分割所涉及的组织架构调整以及由此而产生的法律管制和争议的处理,宜称为结构式金融或结构式融资。

---

① 王玥.公募基金的转型之路[J].中国金融,2013(10):48—49.
② 李曙光.新基金法重置行业规则[J].中国金融,2013(10):45.

反之,若看重的是将不具备流动性特征的资产透过证券化的过程转换成流动资产,则以资产证券化用语称之。① 资产证券化的主要特征,则在于将物或者权利转换为具有一定流通性的有价证券,而使投资人凭借有价证券的持有而对物或者权利享有利益。

资产证券化之所以成为广泛推崇的融资方式是因其具有结构式要件,即投资人对于证券化的资产所产生的本金和利息偿付的权利不因创始机构或其关系企业的交易行为而受到剥夺。在多数法律制度下,此一功能须经由作为证券化客体的资产于法律上具有独立性才得以实现,亦即该资产须符合相关法律规定移转于另一个实体下——特殊目的载体(special purpose vehicle,SPV)而独立于创始机构本身的财产以保障投资者的利益。资产证券化过程中的 SPV 可以采取多种法律组织形式,包括公司、信托和合伙,目前最常见的是公司和信托两种形式,前者称为特殊目的公司(special purpose corporation,SPC),后者称为特定目的信托(special purpose trust,SPT)。

(二)我国信贷资产证券化与特定目的信托

1.我国信贷资产证券化中特定目的信托的确立

我国引入资产证券化概念是在亚洲金融危机之后,目前我国主要采取的是由中国人民银行和中国银监会主导、以金融机构的信贷资产为融资基础、资产支持证券在银行间债券市场发行并流通的信贷资产证券化模式。② 根据人民银行和银监会于 2005 年发布的《信贷资产证券化试点管理办法》

---

① 王文宇.资产证券化的意义、基本形态与相关法律问题[J].月旦法学杂志,1999(48):23.

② 目前我国形成两套资产证券化模式和试点法制:一是在央行和银监会主导下,利用《信贷资产证券化试点管理办法》等规范,以信贷资产为融资基础,由信托公司组建信托型SPV,发行资产支持证券并在银行间债券市场流通的信贷资产证券化模式;一是在中国证监会主导下,利用《证券公司客户资产管理业务试行办法》等规定,以企业资产为融资基础,由证券公司发起设立专项资产管理计划,发行资产收益凭证并在证券交易所大宗交易系统流通的企业资产证券化模式。参见洪艳蓉.重启资产证券化与我国的发展路径[J].证券市场导报,2011(9):9—10.

第 2 条的规定,①我国信贷资产证券化业务借助信托的法律结构进行开展,SPV 采用的是特定目的信托形式。在特定目的信托法律关系中,信托财产是金融机构的信贷资产;信托受益权通过证券化方式,以资产支持证券的形式表示;委托人是信贷资产证券化的发起机构,亦即将信贷资产转让给特定目的信托的金融机构;受托人是资产证券化中因承诺特定目的信托而发行资产支持证券并负责管理信托财产的信托公司;受益人是资产支持证券的持有人,即通过认购和受让而持有资产支持证券、并享有特定目的受益权的人;信托目的是实现委托人对信贷资产的真实出售,并为受益人获取信托文件规定的投资收益。

我国的信贷资产证券化之所以选择信托作为特殊目的载体的唯一形式,作者以为,原因在于:第一,我国《信托法》明确规定信托财产具有独立性,信托财产的独立性赋予了信托可将受益与经营绝对分离的制度优势,从而为资产证券化破产隔离的实现提供了制度保障。第二,资产证券化过程涉及多个交易环节,每个交易环节都可能会产生相应的税费支出或报酬支付,因此在证券化过程中应当尽可能降低交易成本。信托在设立和治理上比公司所受的规则约束要少,因此借助信托架构更有助于实现减少交易成本的目的。正如我国台湾地区学者王志诚所指出的,一方面信托架构中当事人可自由建构其内部治理机制,决定受托机构管理或处分信托财产之权限及方法,而具有类似于公司组织之功能。且相较于公司法设有法定内部组织及权限分配等强行规定,信托型架构之治理机制及组织设计相对较为灵活。②

---

① 《信贷资产证券化试点管理办法》第 2 条规定:"在中国境内,银行业金融机构作为发起机构,将信贷资产信托给受托机构,由受托机构以资产支持证券的形式向投资机构发行受益证券,以该财产所产生的现金支付资产支持证券收益的结构性融资活动,适用本办法。受托机构应当依照本办法和信托合同约定,分别委托贷款服务机构、资金保管机构、证券登记托管机构及其他为证券化交易提供服务的机构履行相应职责。受托机构以信托财产为限向投资机构承担支付资产支持证券收益的义务。"

② 王志诚.金融资产证券化与特殊目的信托之运用[J].财税研究,2007(2):2-3.

2. 我国信贷资产证券化的运作

(1)我国信贷资产证券化的交易流程

信贷资产证券化是结构复杂、专业分工细致的金融业务,有着众多参与机构。信贷资产证券化的具体交易流程如下:①发起机构确定拟证券化的信贷资产并组建资产池;②发起机构选择合资格的信托公司担任受托机构;③发起机构与受托机构协商确定信用增级措施与信用增级机构,由受托机构与外部信用增级机构签署有关信用增级的法律文件;④受托机构选聘有资质的信用评级机构,由信用评级机构对资产支持证券出具信用评级报告;⑤受托机构选聘贷款服务机构、资金保管机构、资产支持证券承销机构等服务机构;⑥由发起机构和受托机构联合向中国银监会申请设立信贷资产证券化"特定目的信托";⑦特定目的信托获中国银监会批准后,由受托机构向中国人民银行申请在全国银行间债券市场发行资产支持证券;⑧资产支持证券发行获中国人民银行批准后,由受托机构在中央国债登记结算公司办理资产支持证券的登记和托管手续,由承销机构向投资机构销售资产支持证券;⑨资产支持证券发行完毕后,特定目的信托正式成立。

(2)我国信贷资产证券化的实践案例

由国家开发银行作为发起机构、中信信托有限责任公司作为受托机构的"2012 年第一期开元信贷资产证券化信托",是我国 2012 年重启信贷资产证券化试点后的首只证券化产品,"是自 2005 年开始资产证券化以来规模最大的一单,由 52 家金融机构组成的'超级'承销团将为此次发行护航"。[①] 该产品发行规模为 101.6644 亿元。根据《发行说明书》的规定,国家开发银行作为发起机构将部分信贷资产作为信托财产委托给受托人中信信托有限责任公司设立一个专项信托。受托人通过主承销商开发证券有限责任公司组建的承销团发行的资产支持证券分为优先 A 档、优先 B 档和次级档,发行收入作为发起机构向受托机构转让信托财产的对价。中诚信国际信用评级有限责任公司对优先档资产支持证券进行了评级,优先 A 档为 AAA 级,优先 B 档为 AA 级。优先 A 档和优先 B 档的资产支持证券将在银行间债券市

[①] 董云峰.信贷资产证券化正式重启国开行斩获首单[N].第一财经日报,2012-9-5(10).

场上市交易,次级档资产支持证券将在认购人之间通过协议方式进行自行转让或委托主承销商协助办理。受托人以信托财产产生的现金为限支付资产支持证券的本息及其他收益。对于信托财产产生的现金流,受托人委托中国银行股份有限公司作为资金保管机构提供资金保管服务,银行间市场清算所股份有限公司负责对资产支持证券进行登记托管,并向投资者转付由资金保管机构划入的到期应付信托利益。

3.我国信贷资产证券化的实践历程

我国自1994年海南首推"地产投资券"的项目[①]之始,开始了证券化的尝试。2005年,我国开始启动信贷资产证券化试点。2005年3月2日,国务院批准了国家开发银行和中国建设银行作为我国银行资产证券化的试点单位,分别进行信贷资产证券化(ABS)和住房抵押贷款证券化(MBS)的试点。2005年4月21日,《信贷资产证券化试点管理办法》由中国人民银行和中国银监会联合发布,明确信贷资产可以进行证券化,发行资产支持证券。随后,一系列监管法规相继颁布,包括《金融机构信贷资产证券化试点监督管理办法》、《信贷资产证券化试点会计处理规定》、《资产支持证券信息披露规则》、《资产自持证券交易操作规则》等。因此,2005年被业界人士称为资产证券化元年。

然而2007年爆发的美国次贷危机引发了全球范围的金融市场动荡,也使得我国的资产证券化实践陷入停滞状态。在随后的几年时间里,监管部门对资产证券化的推动始终保持谨慎态度,鲜有案例出现。

2012年5月17日,中国人民银行、银监会、财政部联合发布了《关于进一步扩大信贷资产证券化试点有关事项的通知》(以下简称《通知》),标志着停滞近四年之久的信贷资产证券化重新开闸。[②] 相较于之前的几次试点,本次信贷资产证券化有以下几个重要特点:一是基础资产种类进一步扩大。

---

① 另有学者指出,三亚地产投资券只是在设计上借鉴了资产证券化的做法,并不是一次典型的或真正的资产证券化,只能称作是一次中国早期的金融创新实践。参见周尔.三亚地产投资券——一个似是而非的金融产品[J].金融法苑,2003(6):51—62.

② 中国银行业监督管理委员会.国内信贷资产证券化重启面临的三大问题及建议[EB/OL].(2012-8-30)[2015-5-20]. http://www.cbrc.gov.cn/chinese/home/docView/6AC75DEA41AA4F59AC2F29A686A6D8C5.html.

《通知》第 1 条要求,此轮试点鼓励金融机构选择符合条件的国家重大基础设施项目贷款、涉农贷款、中小企业贷款、经清理合规的地方政府融资平台公司贷款、节能减排贷款、战略性新兴产业贷款、文化创意产业贷款、保障性安居工程贷款、汽车贷款等多元化信贷资产作为基础资产。二是市场参与主体范围进一步扩大。一方面鼓励更多经审核符合条件的金融机构参与信贷资产证券化业务;另一方面稳步扩大机构投资者的范围至非银行机构投资者。三是交易结构增加新的审慎性规定。《通知》第 3 条要求"信贷资产证券化各发起机构应持有由其发起的每一单资产证券化中的最低档次资产支持证券的一定比例,该比例原则上不得低于每一单全部资产支持证券发行规模的 5%,持有期限不得低于最低档次证券的存续期限"。第 4 条则要求"资产支持证券在全国银行间债券市场发行与交易初始评级应当聘请两家具有评级资质的资信评级机构,进行持续信用评级,并按照有关政策规定在申请发行资产支持证券时向金融监管部门提交两家评级机构的评级报告"。

第二节　我国商业信托制度的困境探析

一、思维桎梏:商业信托性质认识的偏差

如前文所述,商业信托首重者,乃其管理机制之组织化。对于商业信托而言,最重要的是人格独立而不仅仅只是财产独立。但是,在我国,无论理论上抑或实践中,对商业信托主体性的认识都明显存在不足。第一,我国虽然移植了信托制度,但对于如何在大陆法系的理论框架内明确信托的性质却一直存有分歧。我国目前多采取合同说的观点来对信托制度进行调整。例如,我国《证券投资基金法》制定之时在一审稿中曾将证券投资基金定义为一种投资组织,但这一定义最终未能被立法者采纳。应该说,证券投资基金主体地位的否定与信托关系是一种合同关系的认识是有一定联系的。第二,将商业信托认定为一种商事主体在我国立法上缺少逻辑基础。从我国《信托法》第 2 条对信托的定义就不难看出,我国立法是从"行为"这一角度

来界定信托的,逻辑上不存在推演出信托成为商事组织的可能性,因为商事组织的逻辑起点在于组织成员间的关系。① 第三,从日本、韩国、我国台湾等传统大陆法系国家和地区的立法和司法实践看,信托通常不会被视为独立的法律主体,而是委托人—受托人—受益人之间的一组复杂的法律关系。同属大陆法系的我国大陆地区,在对待信托的问题上也是持同样的态度,商业信托并非我国商事组织的一种类型。

对商业信托性质的认定毫无疑问会影响到商业信托的法律地位和立法规制,而我国对商业信托主体性的认识不足已经对我国商业信托的理论研究和实务操作造成了诸多困扰,具体如下:(1)就集合资金信托计划而言。《信托公司私人股权投资信托业务操作指引》允许信托公司设立集合资金信托计划募集资金用于对私人股权的投资。投资于私人股权的集合资金信托计划又称为信托型PE,相较于公司型PE和有限合伙型PE因缺少统一规制而陷入发展瓶颈,信托型PE不仅在规则设计上更加完备,并且还能借助信托公司固有的金融牌照和资信实力,因此更受市场的青睐。但是在具体操作上,信托型PE同样存在"阿基琉斯之踵"——退出渠道受阻,表现为首次公开发行(IPO)并上市这一最受投资者追捧的退出方式难以实现。虽然《信托公司私人股权投资信托业务操作指引》赋予了信托公司通过股权上市实现投资退出的权利,但这一规定具体实践中却难以落实:因为许多有信托公司参股背景的公司在向证监会申请IPO并上市时都遭到了拒绝。② 其实证监会的担忧并非空穴来风:为防止关联持股,上市公司必须披露实际股权的持有人。但由于目前信托业还缺乏有效的登记制度,信托公司作为企业上市发起人股东无法确认其代持关系。③ IPO退出途径的阻断在实践中已经迫使信托公司只能通过弃股转贷、结构转换、企业回购、契约分利、代持隐

---

① 于朝印.论商业信托法律主体地位的确定[J].现代法学,2011(5):42.
② 比如,2007年太平洋保险IPO并上市前,核准过程就一度在证监会遇阻,主要原因是其法人股被十余家信托资金持有。证监会勒令太平洋保险限期清理法人股中的信托资金持股问题。之后按照银监会的要求,太平洋保险发函给上国投、北国投、华宝信托等信托公司,要求尽快清理信托资金持股。
③ 郭雳,汤宏渊.信托主体之股东身份的法律解析——以信托型私人股权投资基金为展开[J].证券市场导报,2010(3):10.

瞒等手段进行变通规避,但是这些手段存在合法性难以预测、投资者利益保护难以实现等问题。其实,若集合投资信托计划具备投资主体身份,该问题将迎刃而解。因为,对作为主体的集合投资信托计划而言,其财产为委托人交付的资金集合,该信托财产登记在其名下。该信托计划将资金用于股权投资,信托财产的形态虽从资金转变为股权,但其所有权人并不会发生改变,该信托计划将作为股权的所有权人成为所投资企业的股东。此时,将不会出现监管部门所担忧的问题。(2)就证券投资基金而言。证券投资基金虽由财产组成,并通过一定投资方式使这些财产增值,但仅将证券投资基金视为财产或投资方式抑或投资工具都未免以偏概全。若将基金视作财产,表明我们只是从静态的眼光去观察它,只注意到其作为客体的事实;若认为是投资方式,则仅是从投资者的角度来观察基金,未反映出投资基金作为一种财产组合所具有的物的属性,也不能反映基金内部各方当事人之间的权利、义务和责任。而投资工具的解释亦只强调了投资基金的经济属性及其对当事人进行投资和再投资的意义。实际上,基金有独立的财产,有自己的治理结构,有独立的意志(如证券投资基金中基金份额持有人大会有重大事项的决定权),因此其体现出明显的组织化倾向,应被认定是一种拥有实体地位的商事组织。而且在实践中,基金在某些阶段是以主体身份出现的,比如基金可以作为一个主体开户,在运行中可以投资公司股权成为公司的股东。但我国目前的立法态度是将证券投资基金作为一个独立的载体而非独立的实体。由于基金不具有独立法律地位,其财产的独立性无法确保,基金正常投资活动也将大受限制,也不利于划清基金与基金管理人的界限和厘清当事人之间的法律关系。(3)就特定目的信托而言。在美国,作为特殊目的载体的特定目的信托是商业信托的一种类型。由于商业信托在美国具有法律主体地位,因而特定目的信托在资产证券化不少环节上都是法律所承认的主体,比如所有标的资产都登记在特定目的信托名下,特定目的信托可以作为发行人向投资者发售资产支持证券。然而,我国制度设计下的特定目的信托纯粹只是纸上工具,并没有取得法律主体地位。因此,作为信托财产的信贷资产,其资金账户虽是以特定目的信托的名义开立,但实际上仍然是以受托人名义持有;而且受托人还承担起受益证券发行人的角色。[①] 有学者指出,"日本、韩国、祖国大陆及我国台湾地区的特定目的信托只是资产证券化之架构工具,受托人则兼具美国的特定目的信托及受托人两种角色之功能"。[②] 一方面我国2005年以来推行的信贷资产证券化业务在很大程度上参照的是美国的运作模式,[③]另一方面我国又不像美国那样承认特定目的信托的主体地位,由此导致我国的某些监管规定缺乏法理依据。比如,美国法上,商业信托受托人有限责任的承担是商业信托法律责任主体地位确立的必然结果。我国《金融机构信贷资产证券化试点监督管理办法》第22条同样确认了受托人的有限责任,规定"发起机构应当确保受托机构在资产支持证券发行说明书的显著位置提示投资机构:资产支持证券不代表发起机构的负债,资产支持证券投资机构的追索权仅限于信托财产。发起机构除了承担在信托合同和可能在贷款服务合同等信贷资产证券化相关法律文件中所承诺的义务和责任外,不对信贷资产证券化业务活动中可能产生的其他损失承担义务和责任"。然这一规定实际上经不起推敲,因为受托人作为信托财产的所有人,在信托不具备独立法律主体和责任主体的前提下承担有限责任是有悖于法理的。

二、弄巧成拙:信托财产独立性功能的消解

(一)信托财产的归属错位

1. 信托法对信托财产归属的定位

我国在制定《信托法》的过程中,对于信托财产归属问题,态度有所反

---

① 伍治良.我国信托型资产证券化理论和实践之两大误区——兼评我国信贷资产证券化试点[J].现代法学,2007(2):160-161.
② 刘万基.金融资产证券化条例受托人地位之分析[J].台湾金融财务季刊,2003(4):44.
③ 比如,规定受托人以信托财产为限对信托的债务承担责任;信托不因受益人的死亡、解散等而终止,受益人也不得向受托人提起以终止信托为目的的诉讼;资产支持证券进行等级分类,对各类别证券持有人的投票权进行划分和灵活约定等。

复。1996年11月29日,全国人大财政经济委员会向八届全国人大常委会提请审议信托法草案,该草案第3条规定委托人"将其财产权转移给受托人"。但是,到了2000年6月29日九届全国人大法律委员会提请常委会二次审议信托法草案时,该条规定被调整为委托人"将其财产权委托给受托人"。这一定义最终一字不差地延续至后来正式通过的《信托法》文本中。《信托法》对"信托"的界定之所以采取这样的立法态度,可能基于以下考量:一是"受人之托、代人理财"是信托的基本特征,将信托设计成一种受托人将财产委托他人管理处分的专门的理财制度更易于接受。二是立法者认为,将财产信托给他人进行管理即意味着自己丧失了该财产的所有权这样一种法律理念还难以为我们普通民众所接受,因为信托制度是舶来品,要让从未接受过信托思想熏陶的普通民众转变其传统的财产观念有较大难度。[1]

《信托法》对信托的定义自其颁布施行之日起即颇受争议,争议的焦点在于如何理解"委托给"的含义,由此在信托财产的归属问题上形成了"受托人说"和"委托人说"两种观点。"受托人说"认为,"委托给"的真正含义是"委托+给",两者共同构成信托的设立过程:"委托"是设立信托的意思表示,"给"则是将信托财产所有权转移给受托人。因此,"委托给"实际上等同于大陆法系其他国家或地区规定的"移转给"的法律效果,即发生了财产所有权的移转。[2]"委托人说"认为,委托是产生一切委托事务的基础,将财产权"委托给"受托人与"移转给"受托人是两个不同的概念,委托并不转移财产的所有权。所以,信托财产的所有权仍保留在委托人手中。[3] 作者赞同后一种观点,即信托法的规定意味着承认信托财产仍由委托人享有。信托法的这一立法态度可由该法的其他规定得以佐证:依据《信托法》第15条的规定,设立信托后,作为自然人的委托人死亡或作为法人的委托人被依法撤销、被宣告破产,且该委托人是唯一受益人的,信托终止,信托财产作为该自然人委托人的遗产或该法人委托人的清算财产。另外,《信托法》第28条、第29条在使用"委托人的财产"这一术语的基础上要求受托人不得将"不同

---

[1] 王连洲.中国信托制度发展的困境与出路[J].法学杂志,2005(1):10.
[2] 耿利航.信托财产与中国信托法[J].政法论坛,2004(1):102.
[3] 王清,郭策.中华人民共和国信托法条文诠释[M].北京:中国法制出版社,2001:5.

委托人的信托财产进行相互交易"和受托人必须将"不同委托人的信托财产分别管理、分别记账"。可见这三条规定清楚表明信托存续期间信托财产所有权由委托人享有。因此,有学者指出,"确认信托财产所有权由委托人享有是我国信托法相对于以日本信托法为代表的若干大陆法系国家与地区的信托法与以英国信托法为代表的英美法系信托法而言所具有的最显著的特色"。[①]

2.信托财产归属错位对我国商业信托实践的影响

诚然,基于文化传统的考虑,将信托表述成"委托给"比较符合大众心理,但在法理上,信托法的规定违背了信托的本质属性,严重约束了我国商业信托的发展。具体而言:(1)按照委托原理设计的信托法律关系,混淆了信托制度与委托代理制度之间的区别。对比《合同法》第396条和《信托法》第2条的规定就可以发现,《信托法》描述的委托人与受托人之间法律关系的原因关系实际上就是委托合同,信托法的此种委托与间接代理如出一辙。但是,当代法律体系中,无论大陆法系还是英美法系都承认信托与代理有着本质的区别。前文已指出,信托和代理在成立方式、适用范围、处理权限、与第三人的关系等多个方面存在差异。(2)建立在委托原理之上的信托制度,削弱了受托人在信托关系中所发挥的法律功能,造成其独立自主管理信托事务权利的丧失,"难以充分发挥受托人管理处分信托财产的自主性和创造性"。[②](3)有学者指出,立法机关对信托"受人之托、代理理财"的定位是不准确的,受托人受"人"之托和代"人"理财中的前后两个"人"不是同一主体,前者指委托人,后者是受益人。即便是自益信托,投资人向受托人主张权利时实际上是以受益人的身份而非委托人的身份。而正是这一定位问题导致了信托法未很好区分信托与委托。[③](4)我国信托制度与委托原理的"纠缠不清"抹杀了信托制度的特有功能。以信贷资产证券化为例,为了回避《信托法》关于"委托给"的定义所引发的争议,《信贷资产证券化试点管理办法》规定发起机构将信贷资产"信托给"而非"委托给"受托机构,但这里的"信托

---

① 张淳.信托财产独立性的法理[J].社会科学,2011(3):109.
② 贾林青.信托财产权的法律性质和结构之我见[J].法学家,2005(5):89.
③ 赵磊.信托受托人的角色定位及其制度实现[J].中国法学,2013(4):77.

给"是否能够实现所有权的移转从而有别于《信托法》,不无疑问。作者认为,作为下位法,《信贷资产证券化试点管理办法》不能突破《信托法》的规定,对相关规定的解释应与上位法保持一致,因此"信托给"产生的法律效果实际上等同于"委托给",即证券化中信贷资产的所有权并不发生移转。但此种效果很显然是违背了资产证券化中对"真实出售"的要求的,从而无法实现"破产隔离"的效果,增加了投资者的投资风险。

(二)信托财产的公示缺失

1.信托财产公示的功能

所谓信托公示,在制度构造上,系指在一般财产权变动等的公示方法以外,再予以加重其公示的表征。从两大法系的经验来看,英美信托法很少专门针对信托的公示进行规定,"英美国家的信托公示主要通过将信托财产的所有权从委托人名下转移至受托人名下来做到,这样,其他人只知道财产的所有人是受托人,而不知道委托人原来是财产的所有人,因此可以充分保护信托当事人的隐私权"。[①] 在信托法中专门规定信托公示制度多为大陆法系国家,其实质是信托财产的登记。日本2006年修订的《信托法》第14条规定:"在不登记或不注册就无法以权利的得失或变更对抗第三人的财产方面,不履行信托登记或注册的,不得以该财产为信托财产对抗第三人。"我国台湾地区《信托法》第4条也作了相似的要求:"以应登记或注册之财产权为信托者,非经信托登记,不得对抗第三人。以有价证券为信托者,非依目的事业主管机关规定于证券上或其他表彰权利之文件上载明为信托财产,不得对抗第三人。以股票或公司债券为信托者,非经通知发行公司,不得对抗该公司。"

信托公示对于信托制度而言具有如下功能:(1)有助于确保信托财产的独立性。信托财产的独立性是信托制度的核心要素,信托财产的独立性不应仅为学理上的表述,更应能够得以切实保障。在信托财产仅为资金的情况下,尚可通过资金专门账户来实现信托财产和信托当事人财产的区分。

---

① 高凌云.被误读的信托——信托法原论[M].上海:复旦大学出版社,2010:157-158.

然而，一旦信托财产被用作投资目的，其可能会转变为股票、债券、基金、房产、土地使用权、知识产权等多种形态，这些财产形态就需要一定的公示方式来加以明确和独立化。(2)有助于维护交易安全。信托关系成立之后，受托人虽然为名义上的所有权人，但是信托财产并非受托人的自有财产，受托人在管理处分信托财产上必须受到信托文件及信托目的的拘束，而信托的实质利益为受益人所享有。此种"名不副实"的财产形态，有使具有利害关系的第三人知悉财产权的真正归属即名义上所有人权限范围的必要，避免因高估受托人的偿债能力而蒙受损失，因此有必要创设信托公示制度。

2.信托财产公示缺失对我国商业信托实践的影响

在我国，商业信托多涉及向公众或特定投资人发售信托受益权凭证，信托财产的安全直接关涉广大投资者利益的实现，因此，信托财产公示制度对于我国而言尤为重要。然实际上，对于信托财产的公示，我国目前只有《信托法》第10条作出了原则性的规定："设立信托，对于信托财产，有关法律、行政法规规定应当办理登记手续的，应当依法办理信托登记。未依照前款规定办理信托登记的，应当补办登记手续；不补办的，该信托不产生效力。"立法上尚欠缺具体的配套措施。《信托公司管理办法》、《信托公司集合资金信托计划管理办法》、《信贷资产证券化试点管理办法》等监管规章对信托财产的公示或登记都未有提及。此外，《信托法》这一仅有的法律规范还存在着不足之处：一是该规定过于严苛。观诸日本和我国台湾地区的信托立法，信托公示采取的是公示对抗主义，"所谓对抗，系指如信托财产的权利关系发生纠纷时，如信托具备公示要件，则信托关系人对于第三人得主张信托关系存在"。① 而我国采取的则是信托公示生效主义，亦即在信托设立之时，如果法律要求应当进行登记的信托财产没有办理登记手续，那么信托则不发生效力。我国的立法态度未免过于严苛，因为"信托财产的登记意义在于保护第三人利益，对于信托当事人之间的信托关系存应无影响"。② 二是该规定过于简单。依文义解释，我国的信托登记似乎仅适用于信托设立之时，但是，基于信托财产的同一性，信托管理过程中受托人取得的财产亦属于信托

---

① 赖源河、王志诚.现代信托法论[M].北京：中国政法大学出版社，2002：76.
② 耿利航.信托财产与中国信托法[J].政法论坛，2004(1)：104.

财产,对于该财产是否需要登记、如何登记、登记的效力如何、不登记的后果如何等问题,《信托法》缺少相关的规定。

信托公示制度的缺陷无疑会对我国商业信托的实践造成不利影响:(1)信托公示制度的缺失导致我国商业信托多采用资金信托的模式,客观上造成了信托产品的单一,未能充分发挥信托弹性化的制度优势,阻碍了信托领域的金融创新。比如,我国一直以来在积极探索引入房地产投资信托(REITs),而我国在尝试开展 REITs 的过程中无法回避的一个问题就是不动产的信托登记问题。"因为作为信托资产的房地产,无论如何都属于《信托法》第 10 条规定的应对办理信托登记的信托财产。"[1]但现实中不动产信托登记制度的缺失,使得 REITs 的运作存在着较大的障碍和风险。(2)信托公示制度的缺失,不利于商业信托受益人利益的保障。就受托人而言,其在管理信托财产过程中,应将所管理的信托财产与其固有财产分别管理、分别记账,使信托财产与其固有财产区分开来。但这只是从受托人内部所作的区分,这种区分是否能够实现,取决于受托人是否正确履行其职责。信托公示制度的存在,则有助于受益人更好地监督受托人职责的履行。在 2004 年曝光的金新乳品信托计划案件中,金新信托作为受托人与 197 名投资者签订了乳品信托计划,但受托人并未将募集到的资金按照计划的约定实施乳品投资而是挪作他用,结果导致信托计划无法正常兑付,严重损害了投资者的利益。[2] 金新信托事件中,受托人没有完成对三家乳制品公司的股权转让手续前就支付了全部信托资金,并且这种状况一直持续到信托计划到期。按照当时《信托投资公司资金信托管理暂行办法》的要求,信托投资公司经营信托业务,除非依据信托文件的规定并以公平的市场价格进行交易,否则

---

[1] 楼建波.信托财产的独立性与信托财产归属的关系——兼评中国《信托法》第 2 条的解释与应用[J].广东社会科学,2012(2):243.

[2] 2003 年 6 月,金新信托作为受托人与 197 名投资者签订了乳品信托计划,根据该计划,受托人将募集到的资金用于收购"北京三元种业"、"兵地天元"和"玛纳斯"一定数额的股权。2004 年 7 月 2 日,信托计划无法正常兑付,投资者与受托人发生严重冲突。后经托管公司华融资产管理公司调查发现:受托人并未以投资主体身份实施乳品投资计划,而是由关联公司"天山畜牧"作为合同投资主体出现,且两者间就投资客体没有相关产权转让手续。在天山畜牧所持有的股权资产中,"兵地天元"、"玛纳斯"不仅负债率较高,而且事实上处于亏损状态,股权已被法院冻结;而北京三元之股权依照《公司法》3 年之内不得转让。

不得将信托资金贷放给自己或者关系人。由于金新公司是在未获得股权的情况下支付了信托资金并长期保持这种状态,因此实际上是将信托资金贷放给了关系人。正是信托财产公示上的制度真空,使得受托人得以轻而易举地挪用信托资金而受益人对此毫不知情。

三、配置失衡:信托委托人法定权力的越界

(一)我国信托法上委托人的地位

委托人是设立信托之人。在英美法系普通信托当中,委托人在设立信托后即退出信托关系,就像一个彻底的财产捐赠人对受赠人一样,不再享有任何权利,除非委托人在信托文件中明确规定为自己保留某些权利。如委托人可以在信托文件中保留免去受托人职务和指定新的受托人的权力;或者保留从指定的受益人群体中删减或增加受益人的权力;或者保留如果他认为合适把收益或本金分配给这些受益人的权力。因此,一般情形下,英美法系普通信托的当事人为受益人和受托人,委托人并非必然的信托当事人。然而,大陆法系的日本在1922年制定《信托法》以引入信托制度时改弦更张,赋予了委托人广泛的法定权利,有学者将之称为"委托人法定权利模式"。[①] 日本的此一立法改造打破了英美信托法中委托人与受益人间的地位平衡,使委托人在信托法律关系中更具影响力,其地位也更显重要。有学者认为,日本的立法"构成了大陆法系信托法和英美法系信托法的重要区别之一,也引发了信托法理论和实务中的众多质疑"。[②] 日本是东亚国家信托移植的先驱,我国制定《信托法》时继受了日本1922年《信托法》的相关做法,赋予委托人诸多法定权利,使其对于信托的管理和运作有着重要的影响力。我国《信托法》赋予委托人的权利主要包括:(1)异议权(第17条第2款);(2)知情权(第20条);(3)信托财产管理方法调整权(第21条);(4)申请撤销与

---

① 李宇.商业信托委托人的法律地位[J].法学论坛,2012(5):122.
② 周勤.日本《信托法》的两次价值选择——以意定信托委托人的权利为中心[J].华侨大学学报(哲学社会科学版),2010(3):112.

救济的权利(第22条);(5)解任权(第23条);(6)同意受托人辞任的权利(第38条);(7)选任新受托人的权利(第40条);(8)解除信托的权利(第50条、第51条第2款);(9)变更受益人或处分受益人的信托受益权的权利(第51条第1款)。在这九项权利中,第(1)项和第(4)项属于委托人向法院行使的权利,其余七项属于委托人向受托人行使的权利。此外,关于当受益人对委托人或其他共同受益人有重大侵权行为,或经受益人同意,或发生信托行为规定的其他情形时委托人变更受益人或解除信托的权利的规定,为我国《信托法》所独创。

(二)委托人权力越界对我国商业信托实践的影响

在大陆法系普通信托背景下,赋予委托人众多法定权利有其合理之处。普通信托通常用作遗产规划或无偿转让财产的工具,形式上多采用他益信托模式,受益人主要是无能力妥善照顾自己事务之人。由于受益人欠缺足够的行为能力和判断能力,其容易遭受受托人权力滥用的侵害。因此法律赋予委托人较多的权利,使其能够有效地监控受托人的管理行为,从而维护受益人的利益,且因委托人信托行为的利他性,委托人通常不致滥用权利。我国信托立法赋予委托人广泛的法律权利也是基于同样的考虑,"只有当委托人享有这些权利,其才有可能对信托的运作实施监控,从而确保其信托目的实现"。[①] 然而,在商业信托背景下,赋予委托人如此广泛的权利会引发诸多的矛盾。一方面,商业信托的受益人是商事活动的投资者,具有相应的行为能力和判断能力,无须委托人"大包大揽"。另一方面,委托人设立商业信托是基于利己的动机,实现受益人的利益并非其优先考虑的因素。赋予委托人权力以积极监控受托人固然有助于受益人利益的增进,但委托人监控受托人之外的权力越界则可能会直接损害受益人的利益,尤其是在委托人与受益人存在利益冲突之时,委托人有可能基于其享有的强大且广泛的权利而将自身利益凌驾于受益人利益之上。以我国《信托法》上赋予委托人的信托财产管理方法调整权和变更受益人与处分受益权的权利为例,普通信

---

① 张淳.中华人民共和国信托法面面观[J].学海,2002(1):122.

托受益人一般无偿取得受益权,委托人改变信托财产的管理方法并不会导致受益人固有利益受损。然商业信托受益人是以支付对价有偿取得受益权的,受益人对信托财产的管理方法应有完全的决定权。若任由委托人以其认为最优的管理方法来替代受托人的管理,无异于将委托人的价值判断强加于受益人身上,不仅破坏了商业信托的存在价值,还阻碍了受益人的利益实现。"委托人设立商业信托、受益人购买受益权,无非基于对受托人专业优势的预期与信赖。若个别委托人可以左右信托财产管理方法,此种优势将大打折扣。"①同样的道理,普通信托中,受益人既属无偿取得,即使剥夺其受益权,亦不会损及其固有利益。但商业信托中受益人以自己的出资换取信托受益权,纵使受益人对委托人实施了侵权行为,受益人也仅依侵权法的规定承担赔偿责任或其他民事责任,委托人无权直接处分受益人的受益权,否则无异于允许委托人可强制剥夺他人的固有权利,有悖于公平。

四、行为失范:信托受托人立法规制的失灵

(一)我国信义义务规则的缺陷

1.我国信托立法上的信义义务规则

我国信托立法上通常采用"诚实信用"、"谨慎勤勉"等词语来表明受托人负有注意义务。② 有学者据此认为,我国受托人要履行的义务是诚实信用的义务而非信义义务。因为,我国民法体系中诚实信用原则并无信义义务或其对等概念,债法上的诚信原则一般也不产生类似于信义义务标准的民事效果。③ 但另有学者主张,诚实信用原则与信义义务所要求的 Good Faith 在内涵上是相同的,在本质上都是法律实质理性的体现。因而,诚实信用原

---

① 李宇.商业信托委托人的法律地位[J].法学论坛,2012(5):123.
② 详见《信托法》第25条第2款、《信托公司集合资金信托计划管理办法》第4条、《信贷资产证券化试点管理办法》第5条、《证券投资基金法》第9条第1款的具体规定。
③ 陈雪萍.我国商业信托投资者利益保护机制之重构——以金新乳品信托计划案为视角[J].法学杂志,2007(8):102.

则作为大陆法系受托人义务的法律基础,与英美法系的信托法理是相通的。[①] 作者认为,诚实信用原则与信义义务并非非此即彼的关系。抽象的信义义务作为法律规定和合同约定之外的一种补充适用规范,能起到弥补法律漏洞、保障合同实现、降低经济成本的作用。同样,民法中的诚信原则作为规范民事主体的法律行为、保障交易安全的一项基本原则,其存在具有正当性和合理性。另外,信义义务和诚信原则有着共同的人性假设,即"理性经济人"的经济学假设和"性恶论"的法哲学假设。正因如此,两者有着高度的契合。作者以为,在我国民商合一的立法体例下,诚信原则作为民法的基本原则有着高度的抽象性和包容性,信托法上受托人的信义义务是信托法这一部门法下的具体制度设计,是诚信原则在信托领域的逻辑延伸。

2. 我国信义义务规则的缺陷

受托人的信义义务人法律地位,确立了受托人为他人利益行事的基本要求,而信义义务人所应承担的信义义务,构成了受托人的主要义务。当然,基于信托的具体法律规定,受托人会受到各种具体的义务规范的调整。[②] 但是,包括注意义务和忠实义务两项内容的信义义务是受托人义务中最重要的,具有根本的指导价值,是信托法中"普遍的、一般性的评价标准"。[③] 目前,我国信托法对受托人信义义务的规定显得过于简单,仅有"受益人的最大利益"、"诚实、信用、谨慎、有效管理"等抽象规则,缺乏可操作性,这使得我国商业信托的实践容易陷入法律规则支持不足的困境。以 2008 年发生的南方基金分红案为例。南方稳健成长贰号证券投资基金是一支成立于2006 年 7 月的契约型开放式基金,基金管理人是南方基金管理有限公司。基金合同第十五部分"基金收益与分配"第三条约定:"1.在符合有关基金分红条件的前提下,本基金每年收益分配次数最多为 12 次,全年分配比例不得低于年度可供分配收益的 90%,若基金合同生效不满 3 个月可不进行收益分配……3.基金投资当期出现亏损,则不进行收益分配……"根据基金的

---

① 赵磊.信托受托人的角色定位及其制度实现[J].中国法学,2013(4):84.
② 我国《信托法》在第四章第二节"受托人"中全面规定了受托人的各项义务,包括:信托文件的遵守义务,忠实义务,谨慎义务,分别管理义务,亲自管理义务,记录、报告和保密义务,支付信托利益的义务以及清算义务。
③ 江芳.营业信托的受托人权义体系研究[D].北京:对外经济贸易大学,2007:116.

年度报告显示,基金于 2007 年可供分配利润为 97 亿元,但基金管理人未进行任何形式的分红。2008 年,中国股市遭遇重创,基金净亏损 90 亿元,不再具备分红条件。随后,有基金持有人向中国国际经济贸易仲裁委员会提出仲裁申请,状告南方基金管理公司违反合同约定不分配红利。2010 年 3 月 25 日,仲裁委员会作出仲裁,认定受托人不分红的行为构成违约,应退回违法收取的管理费,但受益人不能证明其主张的红利损失与受托人的违约行为存在因果关系,因此受托人无需向受益人赔偿红利损失。①

作者分析认为,此案件一方面充分凸显了我国单纯依据合同法规则来解决商业信托纠纷所产生的尴尬后果,另一方面也暴露了具体信义义务规定的缺失对投资者利益保障的不足。信托文件是构建信托关系最重要的依据,有观点认为,信托文件与公司章程非常相似,兼具当事人内部契约与组织自治性规范的性质,因此,在信托关系中,当事人并非简单的债权债务关系。若运用合同法的权利义务框架去解决商业信托内部治理上的问题,容易出现上述案件那样的受托人即便违约、信托受益人在难以证明损失存在的情况下也无法追究受托人责任的情形。在此状况下,信义义务的特殊功能就凸显出来了。我国信托法要求受托人"为受益人的最大利益处理信托事务",但如何认定"受益人的最大利益"? 在此案中,受益人购买基金份额的目的应理解为希望借助受托人的专业投资能力来取得稳定的收益,所以受托人对基金的投资管理行为会直接影响到受益人的最大利益能否实现。依此逻辑,判断受托人是否承担责任的标准就不在于受益人是否遭受了实际损失,而在于受托人是否尽到合理的受托管理义务,具体到本案则指受托人是否尽到审慎投资的义务。客观而言,受托人选择分红或者继续投资都是完全中性的投资策略,依赖于受托人对市场信息所作的判断,只要受托人能证明其投资决策是合理的,就意味着其并未违反审慎投资的义务,无需承担责任。美国法上,普通信托已发展出"谨慎人规则"来对受托人的投资行为进行判断,商业信托更多是借助公司法上的"商业判断规则"来作为标准。遗憾的是,在我国,无论是信托法还是关于商业信托的特别规定,判断受托

---

① 张远忠. 南方基金分红案(续)——无言的结局![EB/OL]. (2010-3-26)[2015-5-20]. http://blog.sina.com.cn/s/blog_6489252e0100hbt7.html

人投资决策的合理性只能寄托于"诚实、信用、谨慎、有效管理"等抽象表述，使得受益人利益的保障面临着许多不确定性。

(二)我国信托业范围的模糊

受托人对于信托的运作与信托目的的实现有着至关重要的作用。商业信托多涉及巨额资金与众多投资者的利益，一般由金融机构担任受托人，一是因为它们有雄厚的资金作保障，二是因为它们已纳入金融监管体系中。"是故，如安排可靠的机构担任受托人，将可消除许多有关信托法律关系的疑虑，此种安排在信托法观念尚未普及的大陆法国家，尤为常见。"[1]我国《信托法》第4条规定："受托人采取信托机构形式从事信托活动，其组织和管理由国务院制定具体办法。"目前信托机构从事营业性信托活动的法律依据主要是银监会2007年颁布的《信托公司管理办法》和《信托公司集合资金信托计划管理办法》。对于其他机构和个人能否涉足营业性信托活动的问题，国务院办公厅2001年发布的《国务院办公厅关于〈中华人民共和国信托法〉公布执行后有关问题的通知》作出了禁止性的要求。直至目前为止，我国尚无法律法规明确赋予除信托公司与证券投资基金管理公司以外的其他机构或个人从事营业性信托活动的资格。但是，"社会的需要和社会的意见常常或多或少走在'法律'的前面的"，[2]实践中，一些金融机构推出的金融产品和开展的资产管理活动虽从名称上看不出信托关系的丝毫痕迹，但这些产品和业务在设计原理上均深深地打下了信托的烙印，实际上属于信托活动。最明显的莫过于证券公司开展的集合资产管理业务和资产证券化业务。中国证监会2012年8月1日颁布、2013年6月26日修订的《证券公司客户资产管理业务管理办法》第13条规定："证券公司为多个客户办理集合资产管理业务，应当设立集合资产管理计划，与客户签订集合资产管理合同，将客户资产交由取得基金托管业务资格的资产托管机构托管，通过专门账户为客户提供资产管理服务。"从该业务的操作方式来看，一方面其资产实行托管

---

[1] 王文宇.信托法原理与商业信托法制[M]//王文宇.新公司与企业法.台北:元照出版有限公司,2003:494.

[2] 梅因.古代法[M].沈景一,译.北京:商务印书馆,2011:17.

制,投资的决策与执行相分离,即投资决策由证券公司作出,该决策的执行则由资产托管机构负责。另一方面,该业务面对多个投资者因而具有涉众性,并且可以永久存续。① 所有这些特征都表明集合资产管理计划与证券投资基金非常相似,不同之处仅体现在作为受托管理对象的财产的募集方式上:修订前的《证券投资基金法》仅允许证券投资基金采用公开募集的方式,但该法修订后,证券投资基金既可以公募,又可以私募。而集合资产管理计划目前只能采取私募的方式设立。② 因而有学者认为,募集方式的差异并不能抹杀两者本质上的等同。依照相同的法律关系应受到相同对待的公平原则,既然证券投资基金的法律性质为信托,那么证券公司集合资产管理业务的法律性质也应该是信托。③ 至于证券公司开展的资产证券化业务,证监会曾于2011年出台了《证券公司企业资产证券化业务试点指引(试行)》,2013年3月15日,证监会颁布了《证券公司资产证券化业务管理规定》,允许符合具备证券资产管理业务资格等条件的证券公司申请设立专项资产管理计划,发行资产支持证券,至此券商资产证券化业务在制度上有了依据。《证券公司资产证券化业务管理规定》第2条要求资产证券化的特殊目的载体为专项资产管理计划或者中国证监会认可的其他特殊目的载体,第3条则规定"专项计划资产独立于原始权益人、管理人、托管人及其他业务参与人的固有财产。原始权益人、管理人、托管人及其他业务参与机构因依法解散、被依法撤销或者宣告破产等原因进行清算的,专项计划资产不属于其清算财产"。可以看出,作为SPV的专项资产管理计划法律关系的实质与信托相类似,其功能也基本等同于特定目的信托。但是,监管规定并未直接认定其为信托,作者以为,原因在于直接认定存在法律上的障碍,即我国金融业分业经营、分业监管模式的束缚。

我国目前金融业分业经营、分业监管的格局,并不利于我国商业信托价

---

① 《证券公司客户资产管理业务管理办法》第24条规定,证券公司设立集合资产管理计划,可以对计划存续期间作出规定,也可以不作规定。
② 《证券公司客户资产管理业务管理办法》第26条规定,集合资产管理计划应当面向合格投资者推广,合格投资者累计不得超过200人。
③ 刘正峰.论证券资产管理关系的法律适用[J].上海财经大学学报,2008(3):45.

值的释放。一方面,对于信托公司而言,过分强调分业经营难免会造成资金难以筹集、业务范围过窄等问题;另一方面,对于银行、证券公司、保险公司等其他金融机构而言,分业经营的限制使其失去了运用商业信托这一有效且灵活的现代投资管理工具来开拓业务的机会。有学者指出,"信托业原本就不仅指信托公司,而是涵盖所有经营信托业务的金融机构以及相应形成的业务市场"。① 此外,现行的监管格局导致出现同样法律性质的信托业务只因经营主体所隶属监管机构不同而适用不同的监管规则的局面,不仅不利于构建统一的商业信托规则,还为金融投资者风险的防范增加了障碍,同时也加重了市场投资者对商业信托的模糊认识。

五、自我围困:信托受益人权益实现的阻隔

(一)认识偏差:我国信托受益权性质的认定

我国《信托法》将"信托受益权"确定为一个法定概念:该法第 43 条规定"受益人是在信托中享有信托受益权的人",第 44 条规定"受益人自信托生效之日起享有信托受益权",第 46 条规定"受益人可以放弃信托受益权"。但是,我国《信托法》对于什么是"信托受益权"没有作出明确定义,也没有对信托受益权的内容或者说对信托受益权所包含的具体权利作出规定。信托受益权的性质认定,会直接影响到信托受益人保护机制的设置和权利行使的方式。英国著名信托法专家海顿曾指出,受益人可能会处于一个非常强势的地位,也可能会处于一个非常弱势的地位,这都取决于他享有的权利的性质。② 英美法系的信托关系中,信托受托人拥有信托财产形式上的所有权,而实质上的所有权由受益人所享有。正因如此,在受托人违反信托处分信托财产的情况下,受益人在一定条件下有权依据其所有权人的身份进行追及,从第三人手中取回信托财产或代表信托财产的其他财产,此为英美信托法上的"衡平法追踪权"。追踪权的行使体现出物权的追及效力,具有物

---

① 李勇.信托业监管法律问题研究[M].北京:中国财政经济出版社,2008:64.
② 海顿.信托法[M].周翼,王昊译.北京:法律出版社,2004:179.

权保护的色彩,"这实质上是信托受益人权利对世性之衍生"。① 但是,由于英美法系这一独特的制度构造与我国严格奉行的一物一权原则存在强烈的排斥,所以我国《信托法》只能选择通过赋予受益人撤销权以求间接实现英美法系中受益人的追及效力。《信托法》第 22 条规定:"受托人违反信托目的处分信托财产或者因违背管理职责、处理信托事务不当致使信托财产受到损失的,委托人有权申请人民法院撤销该处分行为,并有权要求受托人恢复信托财产的原状或者予以赔偿;该信托财产的受让人明知是违反信托目的而接受该财产的,应当予以返还或者予以赔偿。前款规定的申请权,自委托人知道或者应当知道撤销原因之日起一年内不行使的,归于消灭。"依此规定,实际上信托受益人在信托利益受损时所享有的权利与债的关系中利益损失的一方当事人所享有的权利如出一辙。由此可见,我国信托法更多是从债的角度来认识信托受益人与信托受托人之间的关系的,信托法主要借助债法的处理规则来实现受益人的保护,即在受托人违反信托义务处分信托财产时,受益人无法直接追及至落入他人之手的信托财产,只能要求受托人恢复信托财产的原状。另有学者指出,基于我国《信托法》上信托受益权的主要内容是信托利益取得权,因而信托受益权在性质上为单纯的、并不具有物权因素的债权。② 但是,将信托受益权认定为一种债权,将信托受益人置于债权人的地位,以债法理论来构建受益人的保障机制,虽然一定程度上也能实现英美法追踪权的法律效果,但整体而言却难以实现对受益人利益的有效保护。一方面,英美法系中受益人往往采取"主动出击"的方式来行使其追踪权,其权利的触角能够延伸至非善意的第三人处。而我国的此种制度设计使得受益人只能采取"被动防御"的方式来保障自身的利益,难以对受托人进行事前监督。另一方面,撤销权的规定虽然客观上能起到恢复信托财产原状的作用,但并不直接解决受益人的权益和取得信托财产的第三人之间的关系问题。在恢复不能的情况下,只能借助于赔偿损失的救济手段。因此,在我国《信托法》将信托受益权定性为债权的理论前提下,信

---

① 陈雪萍.信托受益人权利的性质:对人权抑或对物权[J].法商研究,2011(6):77.
② 张淳.关于信托受益权的性质——对有关国家法学界的有关研究的审视与检讨[J].湖南大学学报(社会科学版),2010(5):131-132.

托受益人无法获得全面保护。

(二)流通受阻:我国信托受益权转让的限制

我国商业信托的实践中,证券投资基金作为一种证券,能够在公开市场上市交易,因此其流通性最强。信贷资产证券化中,受托机构以资产支持证券的形式向投资机构发行受益证券,资产支持证券能在全国银行间债券市场上发行和交易,因此其具备一定程度的流通性。提到受益权的转让问题,主要体现为信托公司发行的信托产品的流通问题。信托受益权在转让对象上受到限制,而且不能在公开市场上交易,已经成为制约信托公司业务开展的一个"瓶颈"。

1. 信托受益权转让对象的限制

《信托公司集合资金信托计划管理办法》第29条允许受益人在信托计划存续期间向合格投资者转让其持有的信托单位,但同时该条款又作了两项限制性规定:一是信托受益权进行拆分转让的,受让人不得为自然人。二是机构所持有的信托受益权,不得向自然人转让或拆分转让。监管规定对信托受益权转让所作的限制,其合理性值得商榷。从法理上看,权利人有权选择一定的方式处置自己合法所有的财产或财产权。信托受益权是受益人依法享有的一项权利,受益人理应有充分的自由来进行处分,包括向谁转让、以什么条件、转让多少等。从信托计划的发展需要上看,受益权的自由转让有助于解决长期困扰信托公司的信托产品的流通性问题,同时也是信托计划的一种有效的风险缓冲机制。此外,监管规则为防止信托受益权转让给不具有风险识别能力的投资者,避免产生社会风险,已经设置了一道门槛——合格投资者的资格限制,若再把受益权受让人局限在特定对象上,无异于在门槛上再装上一扇门,直接将众多投资者阻隔在了信托计划的大门外,将导致信托计划沦为无源之水、无本之木。因此,只要受让人是合格投资者,不管是全部转让还是拆分转让,也不管受让人是机构还是自然人,就没有必要再加以限制。

2. 信托受益权证券化的限制

信托受益权的转让有两种形式:在公开市场上的出售和在非公开市场的协议转让。赋予信托受益权在公开市场发售和交易的资格,是破除受益权目前流通困境的最有效的措施。在我国,要实现信托受益权在公开市场上交易,主要存在两个方面的问题:一是代表受益权的受益凭证发行问题;二是受益凭证的证券地位问题。具体而言:对于第一个问题,我国早期颁布的《信托投资公司资金信托管理暂行办法》规定,受托人办理资金信托业务时不得发行受益凭证。《中国银行业监督管理委员会关于进一步加强信托投资公司监管的通知》规定,要按照资金信托业务的监管原则对财产权信托进行监管,因此受托人在办理财产权信托业务时也不能发行受益凭证。2007年出台的《信托公司管理办法》和《信托公司集合资金信托计划管理办法》虽废止了上述人民银行颁行的规定,但是对能否发行受益凭证这一问题不置可否。实践中,受益权的转让仍然是通过签订受益权转让协议完成的。[1] 第二,依据我国《证券法》的规定,"证券"的类型有六种:股票、公司债券、政府债券、证券投资基金份额、证券衍生品种、国务院依法认定的其他证券。显然,信托受益凭证并不在上述前五类证券之列,且国务院亦未有相关规定承认信托受益凭证的证券地位。因此,信托受益凭证在我国并不具有证券的性质。

---

[1] 汤淑梅.信托受益权研究:理论与实践[M].北京:法律出版社,2009:156.

第五章

我国商业信托制度的立法完善

第一节 北美商业信托制度立法经验的考察与借鉴

一、统一立法:北美商业信托制度的法律进路

最初,北美的加拿大和美国两国的商业信托都是依据传统信托法原则来构建,商业信托的实体地位、组织结构、治理机制、救济方式等问题散见于众多关于普通信托的法律当中。然而,正如前文所提及的,大部分商业信托在目的、功能与构成要件上都有别于普通信托,这些差异性导致了在商业环境下适用普通信托法规则的不确定性。为应对此种状况,加拿大和美国两国的地方立法机构最先行动起来,扮演了立法先驱者的角色。加拿大各个地方主要通过零散的拼凑式的立法以针对商业信托的特殊问题作出专门规制。比如,安大略、阿尔伯塔、不列颠哥伦比亚和萨斯喀彻温等省份先后通过立法给予收益信托单位持有人有限责任的保护。[①] 在美国,有不少州已尝试对商业信托进行统一的立法规制,比如康涅狄格州、特拉华州、马里兰州、

[①] 安大略省2004年制定了《信托受益人责任法》(Trust Beneficiaries' Liability Act),阿尔伯塔省2004年制定了《收益信托责任法》(Income Trust Liability Act),不列颠哥伦比亚省2006年制定了《收益信托责任法》(Income Trust Liability Act),萨斯喀彻温省2006年制定了《收益信托责任法》(Income Trust Liability Act)。

新罕布什尔州、内华达州、南达科他州、怀俄明州以及弗吉尼亚州。其中最有影响力的当属特拉华州在2002年颁布的《特拉华州法定信托法》,该法认可了商业信托的法律地位,赋予商业信托以法人人格,为商业信托受益人提供有限责任的保护。此外,该法还将普通信托法的相关规定纳入其中,普通信托法规则只在信托文件未作特别约定且制定法未有特别规定的情况下才可适用。

随着加拿大和美国两国各地区关于商业信托进行统一规制的立法经验的不断积累,商业信托进行联邦层面的统一立法的条件日趋成熟。两国商业信托联邦层面的统一立法都是由该国的统一州法委员会发起的,但两国统一立法的背景有所不同,最终导致两国的商业信托制定法在许多方面都存在差异。在加拿大,人们对商业信托的关注主要集中在它所具有的税收套利功能。由于收益信托能够满足投资者对高额投资回报和稳定的现金流的需求,因而受到投资者的热捧,从而推动收益信托在加拿大迅速发展壮大。由于收益信托具有的高额投资回报的优势几乎完全归功于其避税的功能,该行业的过快扩张很自然地会使得现行的税收法律政策遭受质疑。与此同时,公众对收益信托治理情况的关注也为商法的发展提出了重要的命题——特别是,收益信托是否应纳入组织法中进行统一规制。在加拿大统一法律委员会(Uniform Law Conference of Canada)2005年的年会上,有学者在报告中提到有必要对不同类型的非公司组织进行立法,特别指出应优先针对商业信托进行立法。受此影响,加拿大统一法律委员会在进行了充分调查论证和意见征询的基础上,以《加拿大商业公司法》(Canada Business Corporation Act)为模板,于2008年出台了《统一收益信托法》(Uniform Income Trust Act, UITA)。美国并未像加拿大那样经历了收益信托的大起大落,美国的税收法律政策也有别于加拿大,美国法上的信托并非主要用作导管实体以实现避税目的。美国对商业信托的兴趣更多在于信托能否作为一种事业经营的组织形式得以运用。美国学者Sitkoff教授对法定商业信托演进历史的研究表明,由于越来越多的人意识到了商业信托在经济上的重要性,要求制定专门的商业信托法的意愿也逐渐变得强烈。因此,在美国,商业信托统一立法的过程实际上是一种独特的商事组织类型的潜力逐渐被发掘的过程。2002年Harry Haynsworth在一份提交给美国统一州法委员全国会议(National Conference of Commissioners on Uniform State Laws)的报告中指出统一立法的原因在于：商业信托深远的经济影响力、某些州没有进行统一立法、普通信托法在商业环境下能否适用的不确定性。美国统一州法委员全国会议于2003年8月成立了起草委员会，起草委员会主要由那些对商业信托面临的问题和存在的发展潜力最为熟悉的立法者所组成。[1] 起草委员会在充分参考了特拉华州公司法、普通信托法、各州的商业信托制定法特别是《特拉华州法定信托法》的基础上，于2009年8月正式出台了《统一法定信托实体法》(Uniform Statutory Trust Entity Act, USTEA)。该法提供了一个详细的法律框架用以克服在最大化委托人订立组织条款的自由时可能出现的治理缺陷。有学者指出，USTEA一旦被广泛采用，其影响将是巨大的，它不仅改革了信托现有的商业运作模式，更使得信托在作为经营实体运用方面更具吸引力。[2]

二、多维考量：北美商业信托制度的立法评判

(一)视野维度的评判

无论是UITA还是USTEA，两者对商业信托的发展都有着共同的认识，两者均认为法律干预有助于推动信托的商业运用。然而，两者在如何实现这一立法目的的看法上有所分歧。

UITA认为，立法目的的达成在于构建一种兼具信托与公司特征的实体类型，并将其纳入关于组织治理结构的基本原则的规制当中。UITA的立法者相信，他们有能力创设出一种具有固定特征、能合理平衡众多利害关系人利益的新型组织。具体而言，UITA的立法者认为，收益信托治理结构上的缺陷能够通过借鉴和吸收公司治理上的优势加以克服。因此，UITA

---

[1] 比如，耶鲁大学的John Langbein教授担任起草委员会的委员，哈佛大学的Robert Sitkoff教授担任报告人并承担主要的起草责任。

[2] MILLER P B. The Future for Business Trusts: A Comparative Analysis of Canadian and American Uniform Legislation[J]. Queen's Law Journal, 2011, 36:449.

提供了一种融合了信托与公司特征的新的组织类型。一方面,UITA 并不否认收益信托与普通信托性质上的相似之处,为普通信托法的适用保留了余地。比如,收益信托与普通信托一样通过信托文件而创设,收益信托的设立与生效需满足信托法规定的形式要件。由于收益信托并不具备法人资格,因此与普通信托一样,受托人是信托财产的法定所有权人,单位持有人则享有受益权。受托人作为信义义务人向受益人而非信托实体承担信义义务。另一方面,对于收益信托受托人与受益人之间的权力划分,UITA 大量借鉴了公司法上的治理规则。普通信托法中受托人的权力有限,他通常只能行使委托人明示或默示授予的权力,并且受托人不能将权力委托给他人行使。普通信托中的受益人对于信托财产的管理很少有发表自己意见的机会。由于认识到信托是用作实现信托单位持有人集体的投资利益而非单个委托人的慈善目的,UITA 摒弃了普通信托法的相关规则,赋予受托人广泛的管理权力,包括委托他人代为管理信托事务的权力。UITA 通过强制性规范赋予信托单位持有人投票权和提案权,使其能够参与到信托管理事务之中。此外,UITA 虽不承认收益信托的法人地位,但赋予了收益信托受托人和受益人有限责任的保护。

与此相反,USTEA 则认为,赋予一个实体尽可能少的固定特征和充足的灵活性,没有组织结构的要求,只有最低限度的治理上的强制要求,最有利于该实体的发展。USTEA 的立法者相信,市场能够成为组织形式创新的主要驱动力。从历史的角度和比较的角度看,美国商业信托的立法无疑是惊世骇俗的:USTEA 确立的法定信托并不仅仅是现有组织类型的简单融合,它实际上打破了建立在现有组织类型之上的分类标准。USTEA 的立法者认为,通过鼓励在组织创设上作出大胆创新,立法能够培育出众多不同类型的实体组织用于满足委托人的不同需求,这些实体组织只需服从有限的法律规制和市场规制。具体而言:一方面,USTEA 同样大量借鉴了公司法的相关规则,使得法定信托与现代公司非常相似。法定信托依照制定法的规定通过注册而成立,并且具有法人人格,能够以自己的名义持有信托财产。法定信托的单位持有人可以像公司股东那样对信托财产享有剩余利益请求权,也可像公司股东那样有权从资本的生产性运用中获取收益。受托人作为信义义务人为了法定信托的利益管理信托财产,受托人行为的默示标准主要以特拉华州公司法中董事的行为标准为参照。另一方面,USTEA赋予了委托人充分的合同自由。委托人可以通过信托文件改变法定信托当事人基于信托财产和在信托运作中享有的权利和义务。比如,信托文件可以规定将信托财产的收益分配给单位持有人;信托文件还可以规定变更受托人所适用的信义义务;信托文件还可以约定受托人与受益人之间的权力分配。总之,USTEA意图将法定信托打造成为一个能够"72变"的实体,使其能够满足不同的市场需求。可以这么说,USTEA开启了关于组织设计方面的新的篇章。①

(二) 功能维度的评判

UITA的立法目标在于改善收益信托的治理,解决普通信托法适用上的不确定性,避免税收套利功能造成的干预。从实施效果上看,UITA部分实现了它的预期目标。具体而言:(1)从历史上看,有限责任是与公司的法人人格密切相关的,成员享有有限责任保护被认为是一个实体具有法人人格的逻辑结果。但是,UITA却直接切断了法人人格与有限责任之间的联系,在否认了信托的法人资格的同时同样赋予受益人有限责任的保护。加拿大统一法律委员会在2006年一份关于UITA的报告中曾指出:"UITA应明确规定收益信托不是法人,也不是公司。任何会改变收益信托税收状况或将其作为一个公司进行征税的规定都将适得其反。因此,不管法定信托在美国是否被视作法人,目前在加拿大,在税法未作修改之前,收益信托并不会被视为是独立的法人。"可以发现,立法者担心,赋予收益信托法人资格会模糊其与公司之间的区别,从而削弱信托的避税优势地位。(2)UITA试图在投资者保护与经济效益实现之间找到一个折中方案。除了规定受托人的信义义务,立法还赋予单位持有人以投票权和其他附属权利,进而提高了投资者的保护水平。但是,在规定投资者的救济措施时,却要求相应的救济措施仅在当事人作出选择的基础上才能适用。因为,起草委员会担心公司法上的救济措施有可能会影响到信托价值的实现,凸显出立法者在保护

---

① MILLER P B. The Future for Business Trusts:A Comparative Analysis of Canadian and American Uniform Legislation[J]. Queen's Law Journal,2011,36:455—456.

投资者利益上妥协的一面。(3)在针对收益信托构建统一的组织法规范的过程中,UITA在一定程度上解决了普通信托法适用上的不确定性。最明显的,就是将信托的设立与法律地位的问题留给了信托法,将信托组织结构和治理方面的问题通过组织法来加以解决。但是,不足之处在于,UITA没有明确某些信托法原则——比如受托人一致同意原则——是否适用于商业信托,也没有明确一般情况下商业信托制定法与普通信托法的关系如何。

相比之下,USTEA的野心更大。USTEA起草委员会旨在解决商业信托的有效性,明确商业信托制定法与普通信托法的界限,制定一部能赋予私人秩序(private ordering)最大法律效力的组织法。与 UITA 一样,USTEA 在一定程度上实现了其预定的目标:(1)它消除了美国法上对于商业信托的效力的质疑。它故意且有效地将许多不适用于商业信托的普通信托法规则排除在立法之外,比如禁止代理规则和反永久存续规则。(2)USTEA 清楚地界定了组织法与普通信托法之间的关系。赠与型信托由普通信托法进行调整,商业信托被纳入组织法进行调整的同时也并非完全排除普通信托法的适用,普通信托法对于商业信托发挥着漏洞填补的功能。(3)USTEA 最受瞩目之处在于它实现了通过私人秩序解决组织设计问题的范围的最大化。USTEA 主要由默示规则所组成,默示规则能够通过合同进行修改或排除适用,强制性规则被降至最低程度。事实上,强制性规则主要集中在实体地位、行为能力和组织结构等内容上,这些内容商事组织法通常已有所规定,因此争议不大。此外,为了进一步明确组织法规定与私人秩序之间的关系,立法明确要求规则的解释必须尊重合同自由。然而,成也萧何败也萧何,USTEA 赋予当事人最大程度的合同自由看似满足了法经济学分析的理论要求,但是用合同来替代组织法的功能在合理性上却不无疑问。公司法经济分析的传统观点认为,世界上众多国家都选择公司作为经营性实体的组织形式,以及不同国家间的公司在核心要素上有着惊人的一致性,这些现象都表明公司在经济上是最优的组织设计。USTEA 显然也意识到了这一点,将公司形式的一些核心要素移植到了法定信托身上,包括法人人格、有限责任、委托他人管理事务的权力、份额的可转让性等。但是,传统观点认为,公司组织形式所具有的竞争优势归功于现代公司的"股东中心主义"特征,比如强大的股东投票权、设置独立董事的要求、严格的信息披露要求以及一系列方便股东表达自己意见和退出公司的救济权利。如果说公司组织形式在全球的广泛采用印证了公司在商事组织领域中的竞争优势是确实存在的,那么 USTEA 的做法可谓背道而驰。USTEA 更倾向于管理者至上主义而非投资者至上主义;相对于投资者保护,该法更看重管理上的自由裁量权。单位持有人实质上并不享有控制权,独立受托管理亦非强制性要求,个人可以被授予信托权力而无需受信义义务的约束。此外,USTEA 还缺少许多传统的投资者保护措施。所有这些差别都不得不让人感到迷惑,因为商业信托中的代理成本与公司的代理成本在性质上和规模上并不存在明显的本质区别。① 以信义义务为例,USTEA 允许信义义务的标准可通过合同加以变更的规定完全有别于公司法对信义义务的要求。即使从合同论经济分析的角度也很难解释 USTEA 针对信义义务所作的规定:即便认为信义义务具有合同性质,合同论者也不认为其内容可通过协商来确定;相反,他们将信义义务视作是有着固定内容的、用来克服合同不完全产生的代理成本问题的漏洞填补条款。因此,合同论经济分析难以为通过合同改变信义义务标准提供理论支持。

(三)规范维度的评判

UITA 和 USTEA 两者间观点的分歧还反映在组织法上的不同规范维度,包括:(1)组织的法律与经济特征;(2)组织中的显著利益;(3)组织法实现此等利益的方式;(4)组织法与其他形式的法律秩序(legal ordering)的关系。这些规范维度都能在组织的控制权和责任问题上得到体现。控制权问题指的是实体的成员所行使的权力的性质以及权力间的平衡,责任问题指的是实体成员在行使权力时应向何人、以何种方式、以何种标准承担责任,这两组问题都涉及组织的合法性问题。公司法理论一直以来都特别关注公司内部和外部的权力划分和责任分配问题。作者在此遵循公司法的研究进路,从权力和责任两方面对 UITA 和 USTEA 展开评判。

UITA 的规范性问题体现为:在控制权问题上,它借鉴了公司的治理优

---

① MILLER P B. The Future for Business Trusts: A Comparative Analysis of Canadian and American Uniform Legislation[J]. Queen's Law Journal, 2011, 36: 458.

势;但在责任问题上它却明显有别于公司。具体而言:(1)对于控制权问题,UITA认为收益信托应如同公司那样进行治理。受托人拥有广泛的剩余管理权,包括委托他人管理信托事务的权力。受托人权力的行使要受到信托单位持有人享有的投票权的约束。这样的权力划分符合传统的规范性考虑:为了组织的利益,管理人应有权将权力委托他人行使,只要他们保留了监督的权力和对他人的管理行为承担责任。投资者(单位持有人)应有权任命、重新选任或解任管理人,因为投资者的出资对于组织的创建和组织目的的实现起着至关重要的作用。收益信托的受托人通常是运营实体的管理人员,投票权对单位持有人而言变得非常重要,因为信托关系的介入实际上剥夺了他们直接控制运营实体管理人员的机会。(2)对于责任问题,一方面,单位持有人像股东那样享有强制性的投票权和其他附属的参与性权利。但与股东不同的是,单位持有人享有与信义义务相关的权利,能对违反信义义务的行为直接提起诉讼,因此针对管理不当和信义义务人滥用权力的救济对于投资者而言没那么复杂和昂贵。另一方面,需要注意的是,UITA没有赋予单位持有人强制性的压迫救济权和异议权。此外,法定的退出权利是实现责任承担的一种方式,当投资者无法从公开市场上退出时,法律应提供其他的替代途径。但UITA上强制性的法定退出权利的缺失,使得投资者在信托单位公开交易市场的流通性出现困难时,缺少有效的手段维护自身的利益。而压迫救济权利的缺失无论对于收益信托的单位持有人还是交易第三人而言都是不利的。从单位持有人角度看,由于收益信托通常存在于投资者与公司之间扮演导管实体的角色,因此很难保证信托的治理能够独善其身,不会受到权力压迫或滥用的威胁。从第三人角度看,虽然收益信托将有限责任保护延伸至单位持有人以满足商事运用的要求,但这本质上是一种不利于交易第三人的风险转移措施。交易第三人虽然可以在合同中规避相关的风险,但自我保护的方法并非完美无缺的,特别是遭遇到某些狡猾或不诚信行为的时候。因此,没有赋予压迫救济以法律强制力破坏了收益信托当事人之间和收益信托当事人与交易第三人之间的责任分配。

由于立法者旨在实现商业信托所具有的多重功能,因此USTEA具备的高度灵活性可看作是为实现这一目标必须作出的让步。但立法者所作的让步是否符合规范上的合理性,值得我们深思。人格化实体在受托管理过程中容易出现利益失衡的问题:比如,实体缺乏独立的能力去监督受托人和采取行动维护自身的利益;实体缺乏独立的能力去识别和证明自身遭受的不法行为。因此,人格化实体在受托管理过程中容易出现受托人权力扩张而受托人责任弱化的情况。此种情形的发生通过信义法难以解决,只能依赖于组织法的干预。以公司为例,公司法提供了解决这些问题的相应措施,包括关注实体内部的权力划分以确保有恰当的规则来约束和平衡相关权力的行使,以及关注法律责任机制以确保实体的利害关系人或法院能够对权利的滥用进行制裁。相比之下,USTEA 并未给予这些问题足够的重视。具体来看:(1)有效的权力划分是构建起有效治理的制度条件,现代公司就是很好的一个例子。公司经营活动中受托管理权通常会委托给专业人员,这些人员向公司董事负责,董事对他们有监管的权力。相应地,董事要向公司股东负责,股东有权选任或解任这些董事会的成员。然而 USTEA 并没有像公司法那样进行有效的权力划分。受托人被赋予大量的权力,却没有相应的机制来进行监督和约束。此外,也没有相应的机制来监控那些有权对受托人发出指示之人是否恰当行使了受托权力。没有将权力划分作为一种归责手段,以及未能赋予权力划分以法律强制力,意味着法定信托可能达不到有效治理的最低标准。与组织事务有着最直接利害关系的主体没有权利参与到组织的治理之中,此种权利的丧失,使得已经存在的激励不足和监督受托人能力不足等问题变得更为严重。(2)内部责任机制通常足以预防受托权力的不恰当运用,但法律责任机制也必不可少,其能够对其他权力滥用行为进行救济。从公司法的规定看,最明显的法律责任机制就是规定代表诉讼来确保信义义务的实现。另外,公司的发展经验表明,人格化实体的受托管理容易导致权力滥用的出现,但有时这种权力滥用还达不到违反信义义务的标准,利益相关者可能陷入利益受损而救济无门的困境,此时法律通过压迫救济的规定进行干预无疑有助于实现公平失衡的矫正。但是,USTEA 中代表诉讼的限制、信义义务标准的降低、压迫救济的缺失,都不利于法律责任机制目的的实现。第一,虽然 USTEA 和公司法一样要求受托人受强制性信义义务的约束,也允许代表诉讼的实施。但是,USTEA 规定单位持有人提起的代表诉讼要受到信托文件规定的任何限制性条件的约束,而让信托文件对单位持有人进行约束是存在问题的,因为有可能使得单位持有人受到不法行为的侵害而无法提起代表诉讼进行救济。第二，USTEA 对受托人没有作出太多的限制，法定的信义义务只受到默示规则最低程度的约束。对信义义务的低标准要求有可能带来权力不当行使的风险。此外，法定信义义务并不适用于那些有权向受托人发出指示之人。服从这些指示的受托人仅在其服从行为"严重违反"信义义务时才承担责任，但何谓"严重违反"USTEA 则语焉不详。第三，USTEA 允许其他人向受托人发出有约束力的指示，但是，向受托人发出指示的权力也会如同受托人自身的受托权力那样易受权利不当运用的影响，但法律并没有对有权发出指示之人施加义务的约束要求其考虑实体或其他利害关系人的利益。因此USTEA 导致了权力滥用的高风险而没有提供相应的保护措施。总而言之，USTEA 明显打破了传统意义上认为适用于人格化商业实体的权力与责任间的平衡。这种治理失衡不禁让人充满疑问，USTEA 是否有能力应对受托责任中的普通问题，以及与人格化商业实体的管理相关的其他更为复杂的问题。

三、他山之石：北美商业信托立法的经验借鉴

（一）统一立法的大势所趋

虽然商业信托具备众多重要的商事功能，但长期以来未能得到立法的足够重视。在加拿大和美国，普通信托法规则适用上的不确定性，以及关于商业信托专门立法的缺失，削弱了商业信托的吸引力，阻碍了商业信托的发展壮大。在此背景下，两国的立法机关最终不负众望，分别通过制定 UITA 和 USTEA 实现了本国商业信托制度的华丽转身。尽管两国的统一立法还存在着一些不足之处有待改进，但两国的立法者的出色贡献毫无疑问是值得称赞的，因为正是他们的努力使得一种极为重要的企业组织模式得以冉冉升起。此外，商业信托的统一立法模式并非北美两国所独创。2004 年 10 月，新加坡正式引进了商业信托制度并专门制定了《商业信托法》，成为亚洲首个针对商业信托进行统一立法的国家。其后，商业信托制度在新加坡持续升温。由于商业信托能够在新加坡交易所上市交易，并且相较于上市公

司,上市的商业信托具有能够以现金利润支付收益、更换受托人的高门槛、为投资者提供清晰的投资渠道等多项优势,[①]使得不少企业纷纷采取商业信托模式在新加坡上市,从而进一步奠定了新加坡在国际金融市场中的领先地位。通过对这些国家商业信托立法模式的考察,我们可以印证世界范围内商业信托制度的发展趋势,即商业信托制度的统一立法。

(二)治理机制的不可或缺

在治理机制上,UITA 和 USTEA 存在相似之处,两者均浓墨重彩地借鉴了现代公司的治理规则。一方面,投资者出资形成资本的集合,但投资者对于集合资本并不享有积极管理的权力;另一方面,集合资本的管理交由作为受托人的专业管理人员来完成,但受托人并不享有获取集合资本所形成的收益的权利,从而实现类似公司那样的资产所有与控制的分离。加拿大和美国两国立法对组织结构的要求反映出立法者对于受托人拥有信托财产管理权力的认识,对治理的要求则反映出立法者认识到信托单位持有人很容易受到受托人权力滥用的侵害,因而他们的利益需要特殊的保护。稍有不同的是,UITA 和 USTEA 选择了不一样的路径来实现完善商业信托治理机制的目的。UITA 更侧重保护投资者的利益而相对忽略了其他利害关系人的利益,UETEA 则以责任为代价,允许当事人在治理机制上充分实现意思自治,从而使得投资者和利害关系人的保护相对不足。从两国立法对于商业信托治理机制模式的比较分析可以看出,商业信托作为一种"无公司之名有公司之实"的组织形式,应当像公司那样构建起相应的治理机制以克服组织所固有的委托—代理问题。治理机制对于商业信托的正常运作不可或缺。作者以为,治理机制是商事组织内部法律关系上的核心属性。即便当事人对于组织内部事务有权通过意思自治以合同的方式对成员间的权利义务作出安排,但合同只规定当事人间的内部权利义务关系,并辅之以违约责任的事后救济,当事人间的关系稳定性较差。而治理机制具有自治法的属性,拥有一定程度的外部效力,通过权力的授予与约束来保持当事人间权利

---

① Tang H W. The resurgence of "uncorporation":the business trusts in Singapore[J]. Journal of Business Law,2012,8:692—693.

义务的稳定和平衡。因此,对于商业信托而言,即便合同在内部治理上能够有所作为,合同安排也无法取代治理机制的功能,治理机制是商业信托必不可少的制度保障。

(三)信托优势的始终关注

如前文所述,商业信托相对于公司而言,除了税法上的避税优势外,最大的优势在于灵活性。UITA 和 USTEA 在立法过程中,尽管一方面强调向现代公司法学习,积极引进现代公司的治理机制;但另一方面并没有将商业信托完全"公司化",依旧保留了商业信托的灵活性特征。UITA 在制定过程中就注意强调收益信托与公司的区别,除了基于税收地位的考虑没有承认收益信托的法人人格外,在关于信托单位持有人的救济措施的规定上,基于经济效益的考虑,没有将公司法中股东的救济措施原封不动地复制过来,而是将赋予当事人自由选择的权利,即相应的救济措施仅在当事人选择适用的前提下才能发挥作用。尽管这样的规定在功能维度和规范维度上的合理性都有待商榷,但明显体现出立法者为保持商业信托在经济领域中的灵活性优势的良苦用心。USTEA 的立法者对传统组织类型的局限性有着更加清楚的认识,因此实现商业信托灵活性优势的立法愿望更为强烈。USTEA 中的法定信托仅受到非常有限的强制性规则的约束,整部法律主要由默示规则所组成,受益人救济方式、信义义务标准等对投资人利益关系重大的问题都留给了当事人自由作出约定,可见对于法定信托,当事人享有极其充分的自由将其塑造成他们心目中最理想的组织。当然,凡事均有两面性,USTEA 对信托灵活性的过分看重是否合理值得深思。作者认为,无论如何,加拿大和美国两国立法中体现出来的对商业信托灵活性优势的始终关注的立法态度是值得赞赏的。具有灵活性优势的商业信托为商业活动者多提供了一种组织类型选择,在实践中实属必要。以金融投资领域为例,金融市场波动性大、流动性强、信息不对称严重,此时单靠委托代理合同难以满足金融投资长期运作和灵活运用的要求,公司在严格的组织机构形式上增加了不必要的运营成本,此时商业信托能够通过低于公司标准的治理机制要求以节省相应成本,同时又能发挥受托人的专业管理优势,为当事人从事商业活动提供一种中间选择。

第二节 我国商业信托制度立法完善的顶层设计

一、先天不足:我国商业信托立法现状的评析

(一)信托法的迷失

从上述对加拿大和美国两国商业信托统一立法历程的考察就不难看出,在英美法系,一般意义上的信托法是指普通信托法或传统信托法,以普通信托为规制对象,针对普通信托的特征进行调整。而商业信托由于集信托与组织特征为一体,在特征和功能上均异于普通信托,因此加拿大和美国制定了专门的法律以取代普通信托法规则。我国属于引进信托制度的后发国家,由于文化传统等因素影响,民事信托活动开展得较少,我国的信托实践主要是营业信托,其中又以集合资金信托计划、证券投资基金、资产证券化信托等商业信托实践为主要内容。我国于2001年颁布了《信托法》,《信托法》的实施为信托的落地生根提供了有力的制度保证。但是,我国《信托法》以英美普通信托法为蓝本,《信托法》第3条虽规定了该法的适用范围涵盖"民事、营业、公益信托活动",但其中仅就公益信托设有特别规定,对于所谓的"民事"、"营业"信托未作定义和区分,而且"民事"、"营业"信托的称谓,又不合信托法理及我国民法体系。[①] 此种立法模式不可避免会造成《信托法》这一"旧瓶"难以装入商业信托这一"新酒"的困境。具体而言:(1)《信托法》既有规则难以适用于商业信托。由于我国《信托法》大部分条文相当于英美法系的普通信托法的相关规则,和早期的加拿大和美国两国面临的情形一样,《信托法》相关规定在面对商业信托特殊性时就成了束缚商业信托发展的桎梏。作者在此略举数例加以印证。比如,《信托法》第7条要求"设立信托必须有确定的信托财产",第11条规定"信托财产不能确定"是信

[①] 李宇.商业信托的发展与信托法的改革[EB/OL].(2011-12-29)[2015-5-20]. http://trust.hexun.com/2011-07-12/131367044.html.

无效的情形之一。对于普通信托而言,突出信托财产的确定性有其必要性,"信托财产不确定,受托人对信托财产的管理处分也就无从谈起,受益人的受益权的内容和范围也不明确"。① 但是,某些类型的商业信托偏重于信托资产的将来营利能力,如金融资产证券化中发起人银行将未来的全部信用卡应收款作为证券化资产,此时信托财产为持续性发生的将来债权,一般不具备确定性,只有可预期性,此时其能否成为信托财产颇具疑义。另外,前文已提到,《信托法》赋予委托人相当宽泛的权利,包括调整信托财产管理方法以及处分受益人的受益权的权利,这些都有悖于商业信托的基本法理。再比如,依据我国《信托法》第30条的规定,我国信托法制对受托人委托他人代为处理信托事务采取原则禁止、例外允许的立法模式,并且与其他国家一般仅要求受托人就第三人的选任与监督承担责任不同,我国立法对受托人的限制更为严格,不考虑受托人是否已谨慎行事,要求受托人对第三人全部的行为承担责任。全国人大财经委《信托法》、《证券法》、《证券投资基金法》起草工作组原负责人王连洲曾指出,第30条关于"受托人转委托"的规定,似乎施加给受托人的限制以及责任未免显得太重了,应该明确受托人转委托的特殊情形以及承担责任的边界,尤其应指出转委托人的法律责任。而且,在具体实践中,我国信托立法对受托人亲自管理义务的严格要求也不符合我国目前信托产品不断创新的发展现状。比如,在资产证券化业务中,商业信托本身可能并不从事积极业务而需要将大量业务外包给其他人来完成。(2)商业信托具有普通信托所欠缺的组织性特征:在对外关系上,商业信托是一个独立于受益人、受托人的实体;在内部关系上,商业信托存在多数当事人,需以组织化的机制运营和治理。前文已提到,我国是从"行为"的角度来界定信托的,信托是委托人—受托人—受益人之间的一组复杂的法律关系,我国《信托法》并没有从组织的角度来制定专门适用于商业信托的规则。比如,《信托法》没有对商业信托受益人的出资义务进行规定,也没有受益人大会及表决机制等相关规定。因此,《信托法》在面对商业信托时还存在着欠缺特殊规则的尴尬。

---

① 全国人大《信托法》起草工作组.《中华人民共和国信托法》释义[M].北京:中国金融出版社,2001:44.

(二)信托特别法的局限

《信托法》的立法初衷是为了规范和调整信托业的行为,以进一步完善和健全我国的金融法制。因为,当时的信托业屡遭政策性整顿,发展大起大落,影响了金融秩序的稳定。后来,在《信托法》草案提交审议后,国务院及相关部门认为,在目前条件下,信托法应先对信托基本关系作出规定,而有关信托业的体制及相应规范还不具备立法条件,在草案中可以不作规定。[①]因此,我国《信托法》最终变成了一部只就信托关系中的一般原理和共通性问题作出规定的民事法律,成了调整信托关系的基本法,而将各种特殊信托和信托业留待特别法另行规定。受此立法指导思想的影响,此后十多年里,规范各种特殊信托的规范性文件纷纷出台,也由此揭开了我国商业信托发展的大幕,主要包括:《证券投资基金法》及其附属规章、《信贷资产证券化试点管理办法》为主导的相关规定、《信托公司集合资金信托计划管理办法》为主导的相关监管规定。这些信托特别法为我国商业信托的运作提供了立法保障,具有细化《信托法》相关规定、填补《信托法》漏洞的功能,可谓厥功至伟。但是,从整体来看,这些特殊立法在规范商业信托上还存在着诸多局限:(1)缺乏统一性和协调性。不同的立法往往对性质相同的法律关系设置了不一样的规范,造成本质上同为商业信托的特殊信托受到不同的政策待遇和监督管理,但此种不一致并非不同领域中的商业信托性质或功能发生了变异,而是与不同监管部门的认识差异、立法权限有着直接的关系。比如,银监会制定的《信托公司集合资金信托计划管理办法》与银监会和人民银行联合制定的《信贷资产证券化试点管理办法》都对受益人会议进行了规定(《信托公司集合资金信托计划管理办法》中称为"受益人大会",《信贷资产证券化试点管理办法》称为"资产支持证券持有人大会")。但是,通过对

---

① 张绪武.全国人大法律委员会关于《中华人民共和国信托法(草案)》审议结果的报告[R/OL].(2001-4-24)[2015-5-20]. http://www.npc.gov.cn/wxzl/gongbao/2001-06/01/content_5136915.htm.

比可以看出,两者对受益人会议的审议事项、①自行召集的条件、②表决权法定要求③等方面都有不一样的要求,而这样的区别是否存在合理性,尚存疑义。(2)受制于各部门的立法权限,各种立法仅能对出现在自己"一亩三分地"之内的商业信托进行规范,难以摆脱一事一法、临时定制的固有局限,欠缺前瞻性和开放性,无法为商业信托的创新提供事先保障。比如,实务界一直呼声很高的房地产投资信托(REITs)就因为涉及多个部门职能的协调而迟迟未能出台相关的规章,致使真正意义上的REITs在我国还无法设立。(3)各监管部门的立法多从方便自身进行监管的利益出发,立法内容多涉及行政管制而较少涉及民事权利义务,此种重监管轻效益的做法容易扼杀商业信托的灵活性,"甚至压缩了原本依《信托法》所享有的自治空间,出现《信托法》被规章架空的局面"。④ 此外,依据法律适用规则,特别立法未作规定的事项应适用作为信托关系基本法的《信托法》。但由于《信托法》对商业信托同样存在不少法律漏洞,商业信托可能会陷入无法可依的困境。

---

① 《信托公司集合资金信托计划管理办法》第42条规定:"出现以下事项而信托计划文件未有事先约定的,应当召开受益人大会审议决定:(一)提前终止信托合同或者延长信托期限;(二)改变信托财产运用方式;(三)更换受托人;(四)提高受托人的报酬标准;(五)信托计划文件约定需要召开受益人大会的其他事项。"《信贷资产证券化试点管理办法》第53条规定:"下列事项应当通过召开资产支持证券持有人大会审议决定,信托合同如已有明确约定,从其约定。(一)更换特定目的信托受托机构;(二)信托合同约定的其他事项。"

② 《信托公司集合资金信托计划管理办法》第43条规定:"受益人大会由受托人负责召集,受托人未按规定召集或不能召集时,代表信托单位百分之十以上的受益人有权自行召集。"《信贷资产证券化试点管理办法》第54条规定:"资产支持证券持有人大会由受托机构召集。受托机构不召集的,资产支持证券持有人有权依照信托合同约定自行召集,并报中国人民银行备案。"

③ 《信托公司集合资金信托计划管理办法》第46条规定:"受益人大会应当有代表百分之五十以上信托单位的受益人参加,方可召开;大会就审议事项作出决定,应当经参加大会的受益人所持表决权的三分之二以上通过;但更换受托人、改变信托财产运用方式、提前终止信托合同,应当经参加大会的受益人全体通过。受益人大会决定的事项,应当及时通知相关当事人,并向中国银行业监督管理委员会报告。"《信贷资产证券化试点管理办法》对此没有进行规定。

④ 李宇.商业信托的发展与信托法的改革[EB/OL].(2011-12-29)[2015-5-20]. http://trust.hexun.com/2011-07-12/131367044.html.

(三)信托业法的缺位

信托业是泛指以营利为目的而经营信托业务的商事组织。商业信托多涉及巨额资金与众多投资者的利益,商业信托受托人主要由经营信托业务的金融机构担任,所以商业信托的受托人属于信托业的范畴。在我国,信托业有广义和狭义之分。广义上的信托业有三类:第一类是信托公司,属于"信托综合店",可以开展各种形式的营业信托活动;第二类是基金管理公司,属于"信托专营店",可以开展公募或私募的证券投资基金信托业务;第三类是商业银行等其他金融机构,属于"信托兼营店",只能兼营证券投资基金托管等特定类型的营业信托业务。狭义上的信托业则仅指信托公司。由于制定《信托法》之时对信托业以法律形式立法的客观条件还不够成熟,所以我国只制定颁布了《信托法》而没有针对信托业进行专门立法。为了弥补缺失,我国采取实质性立法的方式,主要以《信托公司管理办法》等规章加上适用其他金融法律条款来对信托公司的业务操作和管理监督提供依据。此种制度约束在当时是符合认识水平的实践需要的,但是在信托业混业经营浪潮的冲击之下,这种做法逐渐显现出其难以适应金融创新发展的困境。一方面是局限性,该规章是一个针对信托公司的规则,不适用于其他金融机构;另一方面是对于信托业监督管理的主体和职权没有予以确定,使得监管功能无法充分体现。[1]《信托业法》的缺失,使得信托业发展的制度信号不够清晰,市场资源无法根据产业发展信号进行有效的资源配置,造成了信托业发展不畅的局面。[2] 我国信托业曾经历的六次清理整顿即是例证。[3] 而在同样移植了信托制度的日本、韩国和我国台湾地区,信托业法是关于金融信托

---

[1] 李勇.信托业监管法律问题研究[M].北京:中国财政经济出版社,2008:67.

[2] 康锐.信托业发展困境的法律对策研究(2001—2007)[M].厦门:厦门大学出版社,2010:57.

[3] 信托业的第一次整顿是在 1982 年,重点是清理非银行金融信托机构。第二次整顿出现在 1985 年,重点是停止发放新的信托贷款,停止新增信托投资。第三次整顿出现在 1988 年,核心是减少信托机构,限制资金业务。第四次整顿出现在 1992 年,确立了银行业与信托业分业经营、分业管理的原则。第五次整顿出现在 1999 年,整顿的原则是"信托为本、分业经营、规模经营、分类处置"。第六次整顿出现在 2007 年,以银监会相继下发《信托公司管理办法》、《信托公司集合资金信托计划管理办法》为标志。

业务的基本法,与《信托法》并列为信托法制的基石。因此,我国制定《信托业法》的制度需求已经非常强烈。

二、顶层设计:我国商业信托立法完善的改革方向

(一)我国商业信托立法模式的转变

从理论上看,基于商业信托的特性而要对信托法以普通信托为基础建立起来的信托法理进行调整,有四种方式可供选择:(1)基于私法自治原则,在信托法所容许的自治范围内,透过当事人特别约定的方式,对信托法的默示规则进行修改或排除适用。(2)可借助法律解释的运用,就信托法所存在的弹性空间,利用法律解释方法,以扩张或限缩信托法的适用范围。(3)从立法论的角度,针对各种不同类型的商业信托制定特别法进行规定。(4)也是从立法论的角度,但针对商业信托的特性和法律关系,建构独立完整的商业信托法制。对于信托法中的模式规则而言,前两种方式毫无疑问是可行的;但是,当涉及信托法所设的强行性规定,而该强行性规定明显违背商业信托的原理时,很显然不能依靠私法自治和法律解释。而零散式的特别立法方式,正是我国目前所采用的,如前文所提到,此种模式现实中存在着缺乏统一性和协调性、欠缺前瞻性和开放性等诸多局限。由此看来,对商业信托进行"私人定制"式的统一立法显得更为妥当。

实践中,无论是北美的加拿大和美国,还是亚洲的新加坡,无一例外都选择构建统一的商业信托法制,实现商业信托制度的统一化。此种立法模式,确立了商业信托得到法律事先承认与保障的一般架构,实务中可依具体情形与需求,创设千变万化的新型信托。我国现行商业信托立法过于零散,特别法中糅杂着民事规范和行政管理规范,欠缺从商业信托设立、变更、终止到商业信托治理中受托人与受益人权利义务关系等多个方面的统一规定。因此,在我国商业信托类型日益丰富、相互间沟通融合日益密切的当下,我国应跟随统一立法的趋势,实现我国商业信托制度的统一化。作者认为,从立法成本与资源节约的角度考虑,修订一部法律的成本显然要低于另行制定一部法律。因此,相对于单独制定一部《商业信托法》,对现有的《信

托法》进行修订显得更为实际可行。作者建议,可以借鉴目前公益信托的立法经验,在《信托法》中专门增设"商业信托"一章对商业信托的特殊性进行规定,构建统一的商业信托法制。

(二)我国商业信托立法概念的导入

概念设计是法律体系构建的逻辑基础和起点,只有概念的清晰与明确,体系才能合理与严密。对大陆法系而言,概念设计的合理化与科学化显得更为重要。因为在大陆法系,法律的适用基本上是建立在法律概念基础之上的。法律概念是法律人进行法律思维和法律推理的基本工具。"法学和法律实践中的诸多混乱是由于不正确地使用概念引起的。如果精确地解释和确定法律概念的意义,就能够精确地描述法律现象,正确地进行法律推理。"[①]因此,我国商业信托立法的首要任务是商业信托的概念设计。放眼域外,美国的特拉华州、弗吉尼亚等州的商业信托制定法和新加坡的《商业信托法》都对商业信托的概念作了专门的规定。《特拉华州法定信托法》第3801条规定:"法定信托是一个非公司型组织,该组织:(1)根据治理文件设立,治理文件规定信托财产由一个或多个受托人或治理文件规定的其他受益人或可能成为受益人或治理文件规定的其他人的利益,以营利为目的持有、管理、治理、经营、控制、投资、再投资以及/或者运营,或从事商业或专业活动,包括但不限于普通法上所称的'商业信托'或'马萨诸塞州信托',或1860年《联邦税法典》第856条及该条修改后所规定的不动产投资信托,或1860年《联邦税法典》第860条及该条修改后所规定的作为不动产抵押投资载体的信托;(2)根据本法第3810条的规定提交信托证书。"《弗吉尼亚州商业信托法》虽未使用"法定信托"概念,但它对商业信托的认定明显是以《特拉华州法定信托法》为范本的,内容上非常相近。[②] 依据新加坡《商业信托法》第2条的规定,商业信托是指具有下列特征的建立在有关任何财产之上的信托:(1)该信托的目的或效力是使信托单位持有人获得来自财产管理或业务经营所产生的利润、收益或其他给付或回报;(2)信托单位持有人对财

---

① 张文显.法哲学范畴研究[M].北京:中国政法大学出版社,2001:69.
② VA Code Ann. § 13.1-1225(2002).

产的管理无日常控制权,无论其对于该管理是否具有被咨询或作出指示的权利;(3)对于受信托约束的财产,是由受托人或代表受托人利益的其他人作为一个整体来管理;(4)信托单位持有人的出资与支付给信托单位持有人的利润或收益共同作为集合资金;(5)信托发行的信托单位完全是或主要是不可赎回的,或者该信托属于不动产投资信托。另外,商业信托还包括新加坡金融管理局通过公报公开告示所声明的信托种类或类型。此外,我国香港特区在积极引入商业信托制度的过程中,以新加坡《商业信托法》为参照,于2012年8月由香港证券交易所发布的《有关商业信托及合订证券上市的一般原则的指引》中同样对商业信托作出了界定。[①] 综合考察上述的商业信托立法概念不难发现,各地商业信托概念的界定都强调营利目的、受托人专业管理、信托利益分配等要件。作者认为,在参考上述国家和地区立法的基础上设计我国商业信托概念的时候,一方面要明确商业信托具有的有别于普通信托的组织属性,另一方面要突出商业信托的核心特征,即商业性、商品性和集团性特征。因此,作者拟将我国商业信托概念界定为:商业信托是基于商业投资的目的而设立的组织。商业信托可发行可转让的受益凭证,商业信托的财产由一个或多个经营信托业务的受托人依照信托合同的约定为受益凭证持有人的利益进行投资管理活动,由此产生的收益由受益凭证持有人共同分享。从这一定义可以归纳出我国商业信托概念的构成要件包括:(1)商业信托基于商业投资的目的而设立;(2)商业信托是一种独立的经济组织;(3)受益凭证持有人是商业信托的受益人,受益人的受益凭证具有可转让性;(4)商业信托受托人是经营信托业务之人,负责信托财产的投资管理活动,产生的收益由受益凭证持有人所享有。

---

① 商业企业可以信托形式成立及由托管人—经理管理。托管人—经理负责经营业务,及代表受益人持有资产的法定所有权。商业信托由信托契约成立及规范,一般具备以下特征:(a)目的在于让单位持有人分享或收取管理商业资产或经营业务所得的利润、收益或其他分派或回报;(b)由托管人—经理为所有单位持有人管理商业资产,以及管理及经营信托业务;(c)单位持有人对财产的管理并无日常的监控权力;(d)信托单位不可赎回。

(三)我国商业信托立法原则的思考

1. 统一与协调的结合

正如前文提到的,我国商业信托的立法模式应是实现商业信托法制的统一化。作者认为,一方面,我国应改变目前分头立法、各管一方、缺乏协调的现状,整合特别法中的有益经验。另一方面,构建涵盖商业信托内外关系的完整的私法规范,形成具有内在原则与法理基础的规范体系。此外,就法律体系的功能发挥而言,其唯有与其他的法律体系保持整体结构上的协调和谐,才能顺利实现规范的目的。倘若任由法律体系间的矛盾无限滋生,其功能将逐渐被削弱直至消失殆尽。正因如此,在对商业信托制度进行统一立法规制的同时,我们还应关注相关法律体系的协调一致性,按照宏观关注整体理解、微观建立内在关联的思路进行相关法律规范的构建,协调商业信托的法律规范与《信托法》、《证券法》、《公司法》、《物权法》等相关法律的协调完善。

2. 任意与强制的结合

信托法作为私法,基于私法自治原则,理论上应属于任意法,应该以任意性规范为原则。日本2006年信托法的修改便是一个很好的例证。日本旧信托法以信托公司为调整对象,所以有着大量的强制性规范。"日本此次修改《信托法》大量增加任意性规范,减少强行性规范,便体现了信托法的本质属性。"[①]商业信托的统一立法也应遵循同样的法理,以任意性规范为主,体现商业信托应有的灵活性优势,而商业信托的灵活性优势正是其核心竞争力之所在。"商业信托法已成为最具灵活性的商事组织法,无论公司法或合伙法、有限责任企业(LLC)法等非公司企业法,均不能与之比肩。"[②]我国公司法、合伙企业法近年经过修改后,灵活性虽大为增强,但距离实务需求仍有相当距离。在此情况下,商业信托制度的完善有助于增强企业组织制度的竞争力,增加当事人组织形式选择的机会。因此,我国在构建商业信托

---

① 文杰.日本《信托法》的修改及其借鉴意义[J].河北法学,2011(12):176.
② 李宇.商业信托的发展与信托法的改革[EB/OL].(2011-12-29)[2015-5-20]. http://trust.hexun.com/2011-07-12/131367044.html.

统一法制的过程中应注意弱化商业信托制度的刚性,以任意性与授权性规定作为规则的主体,为商业信托营造宽松、健康的法制生态环境,给它自由发挥的空间。

在认识到任意性规则为主导的规范体系有助于发挥商业信托灵活性优势的同时,还应注意到,既然商业信托同时也是普通民众参与金融市场投资的媒介和工具,必然需要设置一定的强制性规定以防范受托人滥用权限,保护投资者的利益。虽然特殊法上保护投资者已经上升为立法目的的高度,但在制度设计及具体落实方面还难说已达到比较理想的状态。我国信托业在短短几十年里就经历了六次清理整顿,期间不少违规行为和黑幕问题的曝光,都暴露出我国商业信托实践中投资者权益保护的状况并不乐观。因此,虽然商业信托法制原则上以任意性规定为主,但应有一定的界限,需要给强制性规定预留必要的生存空间,以维护投资者的交易安全。

3. 前瞻与适度的结合

一直以来,我国在立法上多奉行"先实践后立法"、"成熟一个制定一个"的态度,这在某种程度上也符合我国"渐进式"的改革思路。但是,我国当前经济现实面临的最大问题不是市场主体缺乏动力和创新精神,而是市场机制的不完善与市场竞争的无序化。因此,我国在将经济体制改革向纵深领域推进的同时,应注意构建和完善市场经济的游戏规则,建立起一整套公开透明、行之有效的法律制度。依此要求,我们在推动商业信托法制统一的过程中要充分借鉴他国的成功经验,通过立法的完善推动原有运作模式的改革升级。此外,还应注意的是,我国商业信托法制的完善不可能一蹴而就,而是一个循序渐进、不断发展的动态过程。因此,我国商业信托制度法制的统一建构应该结合我国的现实国情,考虑到自身的特殊性,在注重前瞻性的同时,把握好立法的适度性和实践性。

第三节 我国商业信托制度立法完善的实现路径

一、我国商业信托法律主体地位的确立

有学者指出,从历史纵向维度看,法律主体的类型呈多元化样态,法律主体范围呈扩大化趋势,主体资格向何种实体开放由法价值决定。[①] 作者深以为然。前文第二章探讨商业信托的性质时已指出,资产分割机制是商事组织的核心法则,是检验市场主体是否具备组织属性的一面镜子。透过这面镜子,能够发现商业信托具备商事组织的属性。所以,商业信托法律主体地位的确立在理论上不存在无法克服的障碍,主要取决于一国的立法对策和价值判断。有学者指出,承认商业信托法律主体地位,不但符合法律和人们的认知习惯,还有利于明晰法律上的义务和责任主体。[②]

(一)我国商业信托法律主体地位确立的意义

1.有助于解决信托财产所有权的归属问题

前文已提到,我国的信托立法将信托财产所有权归属于委托人的做法有欠妥当,混淆了信托制度与委托代理制度,未能反映出信托关系的本质。既然如此,英美普通法所有权在我国单一所有权制度下的本土设计,应采取何种路径才具有可行性?有学者认为信托财产所有权应归于受托人,"如果受托人享有所有权,受托人将享有更为广泛灵活的理财手段,能够把受托人的理财功能发挥得淋漓尽致"。[③] 作者认为,将信托财产所有权赋予受托人虽然形式上比较符合英美法中信托财产归属于受托人的情况,但与我国的所有权理论存在矛盾。因为,所有权人对自身财产应可依本人意志进行自

---

① 李萱.法律主体资格的开放性[J].政法论坛,2008(5):56.
② 谢永江.论商事信托的法律主体地位[J].江西社会科学,2007(4):210.
③ 于海涌.英美信托财产双重所有权在中国的本土化[M].北京:中国政法大学出版社,2011:106.

由处分,而信托关系中受托人处分权的行使会受到信托目的的约束,"与其说这是一种权利,不如说是一种义务"。① 同时,受托人管理信托财产产生的利益由受益人享有,受托人既无获益之可能又无处分之自由,何以成为所有权人? 另有学者主张,受益人"衡平法上的所有权"才是真正的所有权,受托人"普通法上的所有权"只是一种管理权,因此依据大陆法系的物权理论,信托财产归受益人所有。② 作者认为,这种观点实际上是把英美普通法中的"双重所有权"概念机械地照搬到大陆法语境中使用。事实上,受益人在信托关系中对信托财产并不享有占有、使用、处分的支配力,很难说符合民法意义上的所有权。由此分析不难得出如下结论:在坚持大陆法系所有权理论的前提下,将信托所有权赋予委托人、受托人或受益人均存在难以克服的不足之处。那么,信托财产所有权应该归谁所有?

此时,如果承认商业信托的法律主体地位,那么商业信托顺理成章便可以享有信托财产的所有权,受托人享有信托财产的经营管理权,受益人享有受益权,这样信托财产的所有权归属问题便迎刃而解。也许有人会质疑,主体化后的商业信托是否仍保留控制与收益相分离的特征,因为信托一个至关重要的特征在于委托人是否给受托人设定财产之控制与利益归宿相分离的义务。作者认为,这种担忧并无必要。确立商业信托的主体地位后,信托财产归属于商业信托本身,但是商业信托自身并不负责管理信托财产,需要由作为受托人的专业机构或人员来负责,信托财产的管理运用是由受托人来完成的。信托财产产生的收益首先归入商业信托,但最终要分配给全体受益人。受益人是信托利益的最终所有者。可见,商业信托法律主体地位的确立并不会影响到信托财产控制与收益相分离的特点。有学者指出,确立商业信托主体地位,"受托人与受益人的权利配置会获得更多的制度空间,商事信托理论的自足性与商事信托实践上的合理性会得到更多法理上的支持"。③

---

① 李勇.信托财产所有权性质之再思考[J].时代法学,2005(5):57.
② 温世扬、冯兴俊.论信托财产所有权——兼论我国相关立法的完善[J].武汉大学学报(哲学社会科学版),2005(2):208.
③ 于朝印.论商业信托法律主体地位的确定[J].现代法学,2011(5):43.

2. 有助于解决信托财产的公示问题

我国目前尚未建立起具体的信托登记制度;仅就登记方式来说,并未就信托登记的主管部门或受理机构及这些部门或机构如何办理信托登记作出任何规定。信托财产公示制度的缺失制约了我国信托业的发展。为应对此种情况,2006年6月2日,全国首家同时也是唯一一家信托登记机构——上海信托登记中心在上海浦东挂牌成立。"中心的成立,为建立我国信托登记公示制度跨出了实质性一步,标志着信托登记制度从理论政策探讨进入到实践操作阶段。"[①]上海信托登记中心承担的信托登记业务主要包括信托信息和信托财产两项内容。[②] 遗憾的是,由于还处在探索阶段,现阶段上海信托登记中心的信托财产登记效力尚未获得正式确认,[③]导致其办理信托登记的公示效力大打折扣,当事人在设立信托时只能借助其他手段来实现公示的目的。因此,在上海信托登记中心获得全社会高度认可之前,如何在现有的财产登记制度中引入信托登记,完善信托财产公示方法,仍然值得探究。

我国目前各类财产登记制度分散,财产登记部门林立,统一的信托登记制度的建构还面临诸多困难。以不动产登记为例,2006年颁布的《物权法》明确规定"国家对不动产实行统一登记制度。统一登记范围、登记机构和登记方法,由法律、行政法规规定"。但《物权法》颁布至今,统一的不动产登记制度的构建难见实质性进展。[④] 在此背景下,建立全国统一的信托财产登记制度,可谓难度极大。然而,商业信托法律主体的确立使我们得以在对待商业信托财产公示问题上另辟蹊径。赋予商业信托商事组织的地位,信托财

---

① 董慧凝.信托财产法律问题研究[M].北京:法律出版社,2011:117-118.
② 上海登记中心的业务范围主要包括:一、信托基本信息登记;二、信托财产登记;三、信托相关的信息披露与信息发布;四、信托登记信息的查询和证明服务;五、信托登记与相关权益登记的研究、咨询服务;六、促进信托产品标准化和流动性的相关业务;七、其他业务。
③ 李扬.上海信托登记中心信托登记法律效力亟待认可[EB/OL].(2007-6-20)[2015-5-20].http://paper.people.com.cn/gjjrb/html/2007-06/20/content_13201260.htm.
④ 令人欣喜的是,2013年3月15日十二届人大一次会议审议通过《国务院机构改革和职能转变方案》将"统一不动产登记制度"作为加强基础性制度建设的一项重要工作。3月26日国务院办公厅发布的"关于实施《国务院机构改革和职能转变方案》任务分工的通知"更列出了具体的完成时间表:2013年4月底前完成房屋登记、林地登记、草原登记、土地登记职责的整合;2014年6月前出台不动产登记条例并实施不动产统一登记制度。

产的所有权归属于商业信托,由于商事组织获得商主体资格需要经过登记,而商事组织的财产状况通常属于登记内容之一,因而,信托财产的登记便可借助商事组织的登记得以实现。换言之,登记于某一商业信托名下的财产,自然属于该信托的财产,无论该财产用于何种投资、形态发生何种转换,都不改变该财产属于信托财产的性质。这样"既可以顺利解决信托财产的识别问题,又可以维护交易的需要与第三人利益的保护"。[①]

(二)我国商业信托组织形式的选择

在确立了将商业信托塑造成一种独立的商事组织这一理念后,接下来的问题是,如何选取我国商业信托的组织形式,亦即主体化后的商业信托其法律结构应如何作出安排?

1. 财团法人的法律进路

财团法人是指为一定目的而设立,并由专门委任的人按照规定的目的进行使用的各种财产,也称财产组合。[②] 有学者指出,财团法人具有如下特征:第一,财团法人是一种民事主体,可以享有民事权利、承担民事义务;第二,财团法人具有法人地位;第三,财团法人与社团法人的首要区别在于成立基础不同,前者是以一定的目的财产为成立基础的法人,后者是以人的结合为成立基础的法人;第四,财团法人往往是为了特定目的而设立,财团法人的财产必须服务于这个特殊目的;第五,财团法人的财产是独立的,归财团法人所有。[③] 通过比较,其实不难发现,商业信托同样具有财团法人的基本属性:(1)从财产条件上看,商业信托本身同样也是财产的聚集。已有学者指出,认为英美法上信托财产具有"双重所有权"特征其实是对"所有权"概念的误读。揭开信托的"双重所有权"面纱后可以发现,受托人享有的普通法上的所有权本质上只是一种管理权,而受益人享有的衡平法上的所有权只是简单的"对人权",委托人、受托人与受益人对信托财产都不享有真正的所有权。另外,无论是东亚地区移植信托法时规定受托人在名义上享有

---

① 陈敦.我国集合投资信托的法律性质分析[M].北京:法律出版社,2012:128.
② 马俊驹,余延满.民法原论[M].北京:法律出版社,2007:115.
③ 罗昆.财团法人制度研究[M].武汉:武汉大学出版社,2009:14.

对信托财产的所有权,还是混合法系在移植信托法时规定信托财产为独立的目的财产、法律层面上不归属于任何一方当事人所有,这些都充分表明独立的目的财才是信托的法律性质。① (2)传统观点认为,财团法人的设立目的只能是公益性的或者非营利性的。但是,将财团法人仅当作一种公益事业工具的理解实际上是有失偏颇的。德国学者梅迪库斯就指出,财团与虔诚的慈善行为没有必然联系,财团往往也从事营利性的商业行为。② 德国法上就存在着一种称为"企业载体财团"的财团形态,该财团是以经营企业作为其唯一目的。由此可见,财团并非绝对不能从事营利性事业。因此,从营利性的角度看,将商业信托认定为是一种财团法人并无不妥。

不可否认,商业信托与财团法人之间的确存在着相似性的一面,承认商业信托为财团法人的可能性是存在的。但是,事物具有两面性或多面性,我们还应清楚地看到,商业信托与财团法人也存在不一致的一面,并且在我国现有的法律框架下,将商业信托定性为财团法人还面临着难以克服的法律障碍,具体而言:(1)财团法人中,对财产实施管理职能的是财团法人自身的组织机构,是属法人组织的内设机构。商业信托的管理由受托人负责,但管理信托财产的受托人并不是商业信托自身的机构,而是外化的受托管理机构。(2)财团法人不像社团法人那样有社员大会的设置,因而没有自己的意思机关,而商业信托通常以受益人大会作为自身的意思机关。(3)财团法人对应于社团法人,我国民事立法中尚无社团法人这个概念,财团法人的概念也就无从提起。回顾我国民法典草案的起草历程,学术界和立法机关对财团法人概念的引进多持否定态度。王利明教授负责主持起草的民法典草案学者建议稿就只是沿袭了《民法通则》的分类方法,将法人分为企业法人和机关、事业单位、社会团体法人。梁慧星教授负责起草的民法典草案建议稿则将法人分为营利法人和非营利法人,后者包括机关法人、事业单位法人、社会团体法人、捐赠法人。全国人大常委会法制工作委员会于2002年底提出的民法典草案的第50条虽涉及财团法人,但同样没有采用"财团法人"或

---

① 李清池.作为财团的信托——比较法上的考察与分析[J].北京大学学报(哲学社会科学版),2006(4):130-138.
② 梅迪库斯.德国民法总论[M].邵建东,译.北京:法律出版社,2001:864-866.

"财团"的概念。① 所以,财团法人概念的入法目前还难以实现,而为了商业信托单独引入财团法人的概念则显得不大现实。

2.企业法人的法律进路

通过以上的评析,财团法人的法律进路还存在着不少的法律难题,除非"对传统财团法人的内涵进行必要的调整,并使其外延范围得以扩充"。② 我国《民法通则》对于法人没有采纳传统的分类,而是区分为企业法人与非企业法人。以此为基础,作者认为采取企业法人的法律进路更符合我国目前的立法现状,更具有可操作性。所以,作者倾向于将商业信托认定为是一种新型的企业法人。具体原因如下:(1)企业法人是以营利为目的,独立从事商品生产和经营活动的法人。营利性和法人性是企业法人的两个特征,而商业信托完全符合企业法人的这两个特征。一方面,商业信托进行商业活动的目的是为了投资获利,并将收获收益分配给受益人,毫无疑问具有营利性。另一方面,从法人的构成要件分析,商业信托具备了法人的条件。首先,法人拥有独立的财产,法人财产的独立,是相对于出资人和创立者的独立。从《信托公司集合资金信托计划管理办法》、《信贷资产证券化试点管理办法》、《证券投资基金法》的相关规定可以看出,③我国商业信托的信托财产具有独立性,信托财产与委托人、受托人、受益人的自有财产相分离。其次,法人能够独立承担民事责任。商业信托以信托财产对信托债务承担责任,对此,《信托法》、《信贷资产证券化试点管理办法》和《证券投资基金法》等已经作了明确的规定。④ 再次,从组织条件上看,商业信托的受托人实际上承担着如同于法人组织机构的职责和功能,可以代表商业信托形成如同于法人的意思表示,实施各种民事法律行为,从而使商业信托具备了相应的民事

---

① 该草案的第50条规定:"以捐赠财产设立的基金会、慈善机构等公益性组织,经有关机关批准,取得法人资格。法人应当按照捐赠人的意愿使用该捐赠财产。违反法律或者章程规定使用捐赠财产的,批准设立该法人的机关以及利害关系人可以向人民法院申请撤销该行为。"

② 陈丽苹.证券投资基金的法律性质[J].中国法学,2004(3):183.

③ 详见《信托公司集合资金信托计划管理办法》第3条、《信贷资产证券化试点管理办法》第6条、《证券投资基金法》第5条的具体规定。

④ 详见《信托法》第18条、《信贷资产证券化试点管理办法》第7条、《证券投资基金法》第5条的具体规定。

行为能力。最后,严格依照法律规定的条件和程序设立,对于取得法人地位和人格的商业信托而言,是能够具备和达到的条件。(2)之所以将商业信托认定为是一种新型的企业法人,是因为其较之于一般企业法人存在着某些差异。第一,在财产构成上,商业信托的财产较为单一,主要是金融资产,流动性强;一般企业法人的财产构成较为复杂,包括原材料、厂房、知识产权等多种类型。第二,在管理方式上,商业信托财产的管理通常不是由内设机构来负责,而是由外部的受托机构来完成。而一般的企业法人则往往由自身的内部机构负责经营管理。第三,为了确保信托财产账户资金的安全,商业信托通常会由专门的资金保管机构来负责保管信托资金。而一般企业法人没有另设资金保管机构的必要。第四,在治理上,一方面商业信托的受托人负有较高的信息披露的义务要求,另一方面投资者能够凭借相对客观且可靠的评价标准对受托人的经营进行监督。尤其是开放式证券投资基金,投资者享有赎回权,其请求赎回无异于选择"用脚投票"。因此,商业信托的治理架构有别于一般的企业法人。

将商业信托的主体形式确立为是一种新型的企业法人,在实践上也有着重要意义:第一,目前我国企业法人的主要形态是公司,公司制度在我国已发展得较为成熟。作为企业法人的商业信托,在当下我国信托立法较为简单和粗糙、实践案例也较为欠缺的情况下,可借鉴公司法领域的众多丰富的制度资源来弥补信托制度的不足,实现信托制度的本土化。第二,将商业信托认定为企业法人,作为投资者的受益人和作为管理人的受托人承担有限责任便具有法理依据,进而有利于提高投资者的投资热情和受托管理人运营信托财产的积极性,促进信托业的稳定健康发展。第三,商业信托作为法人的新成员,使法人的外延得以扩充,法人制度变得更加丰富多彩,这对法人制度乃至民事主体制度的发展无疑都是十分有益的。[①]

[①] 文杰.论证券投资基金的法律定性——兼谈《证券投资基金法》第2条的修改[J].贵州社会科学,2010(3):114.

(三)我国商业信托的设立、变更与终止

1. 我国商业信托的设立

前文提到,美国和新加坡的商业信托立法均将商业信托的设立纳入商事主体管理程序之中予以规范,均要求商业信托的设立需履行登记程序。日本在2006年修改《信托法》时增加了限定责任信托等信托类型,并明文规定该信托以登记为其生效要件,若受托人没有向交易相对人表明是以限定责任信托之受托人身份进行交易,即不得以之向相对人主张。我国在完善商业信托立法的过程中,既然选择了将商业信托作为一种从事营利性事业的主体的立法路径,那么就应当明确商业信托的设立适用主体登记制度,将其设立的具体情况予以公开,方便与之交易的第三人查阅相关信息,从而维护交易之安全。作者认为,在我国,由于商业信托是一个具有独立主体地位的企业组织,因此可将其纳入我国现有的商事主体登记体系当中,一方面,既可满足交易之需要和实现第三人利益之保护;另一方面,在我国目前信托财产公示制度缺失的情况下,由于信托财产归属于商业信托本身,可借助企业登记体系将拟设立的商业信托予以主体登记,无论何种类型的信托财产均可记载于信托名下,从而顺利解决信托财产的识别问题。因此,商业信托的登记机关应为工商行政管理部门。目前,我国商事主体登记制度改革的一个重要方向是实现商事主体资格的登记与其营业资格的登记的分开考量,[①]基于此,工商行政管理部门的登记应为主体资格的登记,通过这一登记,商业信托可取得进行商事活动的主体资格。若商业信托欲进行其他商行为或经营特殊营业,则需要在有关行政主管部门办理营业登记,取得开展相关营业活动的资格。

[①] 2012年起,广东省部分地市在全国先行开展商事登记制度改革试点工作。以广州市为例,2013年出台的《广州市商事登记制度改革方案》指出商事登记制度改革的一项具体步骤和内容就是"实行工商登记注册与经营项目审批相分离的登记制度",即"商事主体登记注册后,即具有商事主体资格和一般项目经营资格,同时具有公示登记信息的功能,以及对抗第三人的效力。但商事主体须经许可审批才能从事许可项目经营活动"。

2. 我国商业信托的变更

商业信托作为独立的商事主体，其变更涉及与主体有关的一切内容，包括商业信托的合并与分立、信托财产的增加与减少、受托人的更换、信托财产管理方式的变更等。我国现行信托立法中信托的变更是通过信托当事人的事先约定或者受益人大会得以实现，不足之处在于，现行信托立法仅就部分信托事项的变更作出了规定，例如《信托公司集合资金信托计划管理办法》和修订前的《证券投资基金法》仅涉及信托财产的运作方式和受托人的更换等变更事项。上述的立法规制难以满足商业信托存续期间可能发生的各种变更，有必要就相关内容予以补充完善。比如，我国信托立法中并未涉及商业信托的合并与分立问题，但商业信托作为从事商业投资之载体，为追求规模之利益与投资效率，可将不同的投资信托加以整合为规模较大且绩效更好之新的投资信托，或将信托之一部分与其他部分予以分割，以期取得更好的投资效果。在我国，商业信托被塑造为独立商事主体，则应当增加信托合并与分立制度，明确规定信托合并与分立的权限及程序和债权人保护以及受益人保护等相关内容。此次《证券投资基金法》的修订表明了相同的立场，新法允许基金之间进行合并，但必须经参加基金份额持有人大会的基金份额持有人所持表决权的三分之二以上通过。

3. 我国商业信托的终止

我国现行有关商业信托的立法中，商业信托终止的情形包括受益人大会作出决议、受托人职责终止但未能按照有关规定产生新的受托人、信托文件约定的终止事由出现等。可以看出，我国信托立法是将信托的终止权利交给信托当事人或者受益人大会，而没有授予法院。值得探讨的是，法院是否有权终止商业信托，即我国未来的商业信托立法中是否应当对商业信托的司法解散作出规定。作者认为，如同公司法领域探讨司法介入公司自治的范围及方式等问题，作为商事主体的商业信托，其内部事务完全交由受益人进行决定，是否真正符合大多数受益人之利益尚存疑问。因为，参与商业信托的投资者多为普通投资者，其对于复杂的信托法律关系和投资市场缺乏真正的如同商人一般的理解，虽然法律赋予其可以决定信托事项的变更，但这一权利在现实中仍有可能会落空，因此，在某些情况下允许法律适度介入对于保护投资者利益而言是非常必要的。另外，我国《信托法》、《信托公司集合资金信托计划管理办法》、《证券投资基金法》均要求商业信托终止应当进行清算,但相关内容仍存在需要完善之处。例如,清算分为破产清算和非破产清算。对于非破产清算,为确保清算过程顺利结束,可考虑增设监督程序,即由金融监管机构作为信托清算的监督机关以对清算过程进行监督,公平地进行债务清偿和财产分配,平衡利益冲突。对于破产清算,笔者认为,既然赋予商业信托独立的商事主体资格,其在剩余财产不足以清偿自身债务的情况下应当适用《破产法》所规定的破产清算程序,亦即商业信托的财产之分配、债务之清偿等应遵循《破产法》的相关规定。

二、我国商业信托委托人地位的淡化

(一)我国商业信托委托人地位淡化的方案探讨

普通信托的委托人是设立信托的人,因而可以利用其角色便利,对受托人的行为进行监督,或者对信托的运行以及信托财产的管理表达意见,所以委托人享有广泛的权利。但是,前文已指出,商业信托与普通信托有着重要区别,委托人的此种法律地位并不符合商业信托的功能和需求。要改变此种状况,以适应商业信托的发展,就必须淡化委托人在商业信托中的地位。理论上,有数种方案可供选择。

1. 委托人义务的增设

通说认为,由于信托的生效以委托人将信托财产有效移转给受托人为必要条件,因此,委托人负有将信托财产移转给受托人的义务。委托人履行这一义务后,信托生效,委托人原则上不再承担任何法定义务。但是,当事人可通过信托文件约定委托人承担的义务。因此,能否通过在信托文件中增设委托人的义务从而削弱委托人过大的法定权利?作者认为,此种方案并不可行。一方面,委托人多参与信托文件的拟定,非经利益交换或谈判博弈,委托人不太可能增设自身义务自缚手脚。另一方面,即便委托人同意在行使法定权利时对信托及其受益人负有额外义务,此种做法无异于增加了一层代理环节,对委托人所作决定不服的受益人可能会以委托人违反义务为由奋力抗争,使得信托内部潜在的争议风险进一步增大,从而加重了信的委托—代理问题。

2. 委托人地位的移转

《资产流动化法》是日本调整资产证券化的基本法律,该法第 176 条规定取得受益证券之人可继受特定目的信托契约委托人的地位。我国台湾地区的《金融资产证券化条例》第 21 条和《不动产证券化条例》第 40 条亦作了相似的规定。这些特别法的规定都旨在以受益人地位吸收委托人地位,避免两者间的权利冲突,并排除委托人的控制。此种方案仅在一定程度上实现了其预定目标,在某些情况下则显得力不从心。比如,在特定目的信托设立之后受益证券对外发行完毕之前,受益人并没有完全取代委托人的地位,"委托人仍然拥有干预信托事务的权利,同样难逃未实现破产隔离与真实出售的风险"。[①] 另外,即便受益证券对外发行完毕,受益人继受了委托人的地位,由于商业信托具有集团性,受益人人数众多,原先统一完整的委托人的权利散落于众人之中,如何行使,如何克服众人之间的权利冲突,亦属难题。

3. 委托人权利的革新

前文提到,日本 1922 年旧《信托法》对信托制度进行了矫枉过正式的"改造":刻意提高委托人的法律地位,赋予其极大的权限。2006 年,日本修订《信托法》时对委托人的地位进行了重新审视,借鉴了美国《统一信托法典》的立法经验,将委托人的权利区分为法定权利和约定权利。前者包括与委托人作为信托设立人身份密切相关的权利以及为维护信托事务正常运营的权利,共计 50 余项。后者共有 20 余项权利,委托人在此范围内可以通过约定的方式对其部分或全部予以保留或排除。经过此次修改,日本《信托法》不仅增加了当事人权利义务的弹性,而且更加符合了信托的本质属性。作者以为,日本新《信托法》对委托人地位及权利的修改值得我国借鉴。我国《信托法》在制定之时就深受日本旧《信托法》的影响,当再次回首东望发现曾经的学习对象已经不复往日的模样时,我们难道不应该以理性的精神、务实的态度重新审视自己立法实践所走过的道路吗?

[①] 李宇.商业信托研究——以商业信托特殊法律问题为中心[D].上海:华东政法学院,2006:41.

(二)我国商业信托委托人地位淡化的实现路径

有学者指出,委托人作为法定的信托当事人之地位难以适应商业信托的发展需求,较为彻底的解决之道,似应在《信托法》中例外规定或在商业信托中规定:委托人不对商业信托及其受益人享有任何权利,商业信托文件另有规定除外;商业信托成立时,委托人身份消灭。① 作者认为,该观点注意到了商业信托中委托人应当处于尽可能消极地位的一面,但就此将委托人排除在商业信托法律关系之外未免过于绝对。俗话说,垃圾是放错地方的宝物。找准了商业信托中委托人的定位,同样能够发挥出其应有的功能。实际上,委托人往往比受益人更容易了解信托的事务,更容易发挥监督受托人的作用,因而将委托人和受益人的力量联合起来更能有效制衡受托人。此外,当商业信托中的多数受益人彼此间利益不一致时,委托人作为信托的设立者,可以发挥协调者的功能,减少纷争的发生。所以,在淡化委托人在商业信托中的地位时,应对委托人的角色进行重新定位,亦即应将委托人定位为商业信托中的监督者和协调者,而非所有者或控制者。②

找准了委托人在商业信托中的角色定位,接下来要做的就是脱离我国《信托法》的既定框架,对委托人的法定权利模式进行革新。作者认为,可借鉴日本的修法经验,将委托人在商业信托中享有的法定权利明确限定为监督受托人运营信托事务的权利,比如请求受托人说明信托事务处理情况的权利、受托人辞任同意权、与受益人合意解任受托人等权利。至于普通信托中委托人的其他法定权利,如强制执行异议权、信托财产管理方法的变更权、要求受托人恢复原状或填补损失的权利、终止信托的权利等,原则上委托人不再享有而应由受益人享有,除非信托文件中约定委托人可以拥有这些权利的全部或部分,但信托文件赋予委托人的权利要受到"信托目的合法性原则"的限制,委托人约定权利的行使不得损害受益人的利益。这样的处理方案为委托人权利的形式保留了较为合理的空间,既能保证信托事务不

---

① 李宇.商业信托委托人的法律地位[J].法学论坛,2012(5):126.
② 周勤.日本《信托法》的两次价值选择——以意定信托委托人的权利为中心[J].华侨大学学报(哲学社会科学版),2010(3):116.

被委托人不当操纵,同时又可加强对受托人的行为的监督。

三、我国商业信托受托人义务与责任的明确

(一)受托人信义义务规则的完善

无论普通信托还是商业信托,受托人都处于法律关系的核心,对受托人信义义务的法律规范能起到对受托人的行为进行约束以实现受益人利益的作用。受托人所负有的信义义务,一方面是对受托人所负义务的总体描述,另一方面则构成受托人各项具体义务的理论基石,而当具体的法律规范无明确的规定时,又成为判断受托人行为的标准。① 因此,我国商业信托受托人规制的完善,首先是对信义义务进行合理的规范,亦即构建完整的注意义务和忠实义务体系。

1. 注意义务:衡量标准与规范性质

如前文所述,我国信托受托人注意义务的立法表述过于抽象,欠缺直接适用的价值,需要明确解释后才能具体运用。对此,有两个问题值得我们探讨:(1)如何判定受托人是否"诚实信用"、"谨慎勤勉"? 换言之,受托人履行注意义务的衡量标准是什么? 从美国、加拿大和新加坡的商业信托立法实践看,三者都主要仿效公司法的信义义务规则来构建商业信托的信义义务体系,将作为公司董事注意义务判断标准的商业判断规则适用于商业信托受托人,从而使商业信托受托人注意义务的严格程度要低于普通信托的受托人。作者认为,在商业信托中为商业判断规则保留适用的空间有其合理之处。因为,商业决策要求迅速作出,但决策作出之时所掌握的信息往往并不充分,再加上市场具有波动性,这些不确定因素决定了要求商业决策永远正确的做法难以实现。倘若强求每一项商业决策的正确性,势必会延误商业机会,降低信托的运作效率,可谓责备求全。但是,商业判断规则主要侧重受托人是否善意、合理地作出决策,主要建立在受托人的主观心态上,而

---

① 彭插三.信托受托人法律地位比较研究——商业信托的发展及其在大陆法系的应用[M].北京:北京大学出版社,2008:259.

过于强调主观标准会带来两点不足:一是主观活动作为人的内心活动难以推测,二是主观因素为能力、知识、经验不同的受托人设置了不同的标准,这意味着受托人水平越低所适用的标准就越低,对高水平受托人则适用高标准,不利于激励和约束人才。所以,还应当引入相应的客观判断标准。作者主张借鉴美国普通信托法上的谨慎投资人规则,理由在于:第一,谨慎投资人规则要求受托人既要考虑信托财产的增值,又要从信托目的、收益与成本的平衡、投资多元化、投资组合、信托财产所需付出的税费和信托财产的购买力等方面考虑投资的安全性,而这些因素都是客观的。第二,我国《信托公司管理办法》已将"投资"列为信托公司管理运用或处分信托财产的主要方式之一,[①]实践中投资已成为信托公司主要的运作模式。然而我国无论是《信托法》还是其他调整商业信托关系的特别法都未能对信托投资的具体规则加以明确。第三,不管是采用谨慎投资人规则还是商业判断规则作为判断商业信托受托人注意义务的标准,两个规则的应运而生都表明现代信托法的约束技术是朝着灵活性方向发展的。两者都有别于传统信托法上那种极度关注财产安全的约束方式,而是一种立足于灵活性之上的以追求受益人最大化利益为目的的积极约束。[②] 综上,作者认为,衡量商业信托受托人注意义务应从主观和客观两个方面着手,将主观标准和客观标准的合理内核有机结合,采取客观为主的综合性标准。亦即,衡量商业信托受托人注意义务的履行状况,应当像一个谨慎投资人那样,考虑信托目的、信托合同条款、信托收益分配、多元化投资等因素,采取合理的注意、技能和谨慎去投资和管理信托财产。受托人未能按此标准履行其职责,即构成对注意义务的违反,除非受托人能够证明其与所作决策的内容没有利害关系、其对所进行的决策是了解的并合理相信在当时情形下是恰当的、其有理由相信他的决策符合商业信托或受益人的最佳利益。(2)该义务的性质应该如何认定?

[①] 《信托公司管理办法》第19条第1款规定:"信托公司管理运用或处分信托财产时,可以依照信托文件的约定,采取投资、出售、存放同业、买入返售、租赁、贷款等方式进行。中国银行业监督管理委员会另有规定的,从其规定。"

[②] 徐卫.信托受益人利益保障机制研究[M].上海:上海交通大学出版社,2011:82-83.

从现有规定看,我国并未允许当事人在信托文件中另行约定,应属于强制性规范。信托法中规定受托人义务的规范属于强制性规范还是任意性规范,对于受托人及整个信托事务的运行关系重大。强制性规范的功能,在于对私法自治或契约自由设定界限,任意性规范则在于对私法自治或契约自由予以补充。问题在于,并非所有法律规定皆可以轻易判定其究竟是任意性规范或强制性规范。有观点认为,理论上如果任意性规范或强制性规范不明时,应以法律规范目的为最重要的判定标准,亦即应由该法律关系的性质出发,视其是否涉及保护公共利益及社会价值。就商业信托而言,因受托人通常限定为以信托为业的专业机构,其不仅具有更高的专业性,且掌握更充分的资讯,其交涉或协商的能力远高于一般投资大众。因此,为强化投资人的保护,作者认为,在立法政策上,应将商业信托受托人的注意义务认定为强制性规范。

2. 忠实义务:衡量标准与规范性质

我国在引进信托制度时接受了要求受托人履行忠实义务的原则,虽然我国《信托法》中没有直接使用"忠实义务"的概念,但相关规定体现出受托人应当负有忠实义务。有观点认为,我国受托人的忠实义务包括积极的忠实义务和消极的忠实义务两个方面,前者体现为《信托法》第25条规定,即受托人应当恪尽职守,诚实、信用地为受托人的最大利益处理信托事务。后者体现为《信托法》第26至第28条列举的三种禁止性行为:禁止利用信托财产为自己牟利;禁止将信托财产转为固有财产;原则上禁止自我交易。作者认为,对于我国商业信托受托人的忠实义务问题,同样应从衡量标准和规范性质两个方面来加以完善:(1)如前文所述,忠实义务主要针对的是受托人的自我交易行为。对于自我交易,我国《信托法》原则上予以禁止,同时为例外的规定设置了程序和实体的要件。此种规定实际上采用了同时满足实体公平(交易本身公平)和程序公平(受益人同意)要件时方可认可自相交易有效性的规范模式。我国《信托公司集合资金信托计划管理办法》对此的规制更为严格,第27条规定信托公司"不得将信托资金直接或间接运用于信托公司的股东及其关联人,但信托资金全部来源于股东或其关联人的除外"、"不得以固有财产与信托财产进行交易"、"不得将不同信托财产进行相互交易"。按此要求,即使委托人或受益人同意,受托人也无权将其固有财产与集合信托项下财产进行交易,或将其管理的不同集合信托项下的财产进行相互交易。可见我国对商业信托受托人自我交易采取的是严格禁止的态度。但是,正如 Langbein 教授所说,绝对禁止利益冲突交易使得信托丧失了许多有利的交易机会。我国的信托实践也印证了这一点。例如,某集合投资计划的信托财产为公司股权,该信托的受益人希望受托人将股权出售,并终止信托,作为受托人的信托公司基于自身战略发展的需要有意愿按照市场公平价格受让该股权。但由于禁止性规定的存在,信托公司无法达成该项交易,作为信托财产的股权需另外寻找受让方,转让的价格也难以保证,受益人还需为资金的回收多付出时间。① 因此,作者建议,在完善我国商业信托立法时应放宽商业信托受托人自我交易的有效要件,准许商业信托受托人可以不经受益人同意进行具有利益冲突的交易,只要该交易行为是公平的且有利于实现受益人利益的最大化。另外,在立法实践中,我国新修订的《证券投资基金法》已经先行一步,其"以疏替堵"规范关联交易的新思路为我国商业信托受托人自我交易和关联交易规则的立法完善指明了方向。② (2)关于忠实义务规范的性质,笔者认为,在强调放宽商业信托受托人自我交易有效要件、降低商业信托受托人忠实义务的衡量标准的同时,仍应坚守目前忠实义务强制性规范的性质。一方面,降低商业信托受托人忠实义务的标准并不意味着受托人的行为可以不受任何约束,只是在某些利益大于风险的特殊情况下放宽该义务的执行标准。另一方面,忠实义务规则的设置能够向受托人传达这样一个明确的信息:即受托人在任何情况下都必须将信托利益置于自身利益之上,即便某些自我交易的情形能使其自身获益,也应当优先考虑和满足信托利益的实现。因此,忠实义务强制性规范的认定能更好地避免受托人滥用控制权或从事有损受益人利益的交易。

---

① 汤淑梅.信托受益权研究:理论与实践[M].北京:法律出版社,2009:232—233.
② 《证券投资基金法》第 74 条第 2 款规定:"运用基金财产买卖基金管理人、基金托管人及其控股股东、实际控制人或者与其有其他重大利害关系的公司发行的证券或承销期内承销的证券,或者从事其他重大关联交易的,应当遵循基金份额持有人利益优先的原则,防范利益冲突,符合国务院证券监督管理机构的规定,并履行信托披露义务。"

(二)受托人责任规则的构建

要在我国立法上明确商业信托受托人的责任规则,可从受托人的内部责任和外部责任这两个方面共同着手。(1)对于商业信托受托人的内部责任,有两个问题值得我们探讨:第一,受托人内部责任的性质。目前我国信托立法上并没有对受托人责任的性质作出明确认定。对此问题,我国学界存在不同的观点:第一种观点认为此责任具有违约责任性质;第二种观点认为此责任具有侵权行为的性质;第三种观点认为此责任兼具违约责任和侵权责任双重性质,当事人可择一适用;第四种观点认为此责任既不是违约责任也不是侵权责任,而是一种独立形态的特殊责任。"受托人所承担责任之对象系信托财产而非受益人财产,故其责任应区别于违约责任与侵权责任,乃为独立之责任。"[①]作者倾向于将商业信托受托人违反信托承担的法律责任的性质认定为是侵权责任,理由在于:一方面,违约责任主要是因约定义务的违反而产生的,具有约定性,但受托人内部责任是因受托人违反信义义务而产生,信义义务在多数情形下属于法定义务。另一方面,若依独立责任说之逻辑,公司董事侵害公司财产所承担的责任也应认定为一种独立的责任,因为董事侵害的是公司的财产,而非股东的财产。侵权行为者乃因故意或过失不法侵害他人之权利或利益,而应负损害赔偿责任之行为也。[②]作为具有独立主体资格的公司,董事侵害其财产即构成侵害他人之财产。商业信托具有主体资格,可以作为信托财产归属之权利主体,则侵害信托财产同样构成对他人财产的侵害而需承担侵权责任。因此,对受益人负有信义义务的受托人违背了其所负义务,即构成侵权责任,受益人可通过侵权责任法的规定予以救济。第二,受托人内部责任的归责原则。我国《信托法》第30条规定:"受托人应当自己处理信托事务,但信托文件另有规定或者有不得已事由的,可以委托他人代为处理。受托人依法将信托事务委托他人代理的,应当对他人处理信托事务的行为承担责任。"依此规定,我国立法不考虑受托人是否已谨慎行事,要求受托人对第三人全部的行为承担责任。进言

---

① 江芳.营业信托的受托人权义体系研究[D].北京:对外经济贸易大学,2007:141.
② 郑玉波.民法债编总论[M].北京:中国政法大学出版社,2004:115.

之,我国目前对受托人奉行的是以过错责任为原则,仅在受托人转委托等例外情况下才要求受托人承担无过错责任。作者认为,对一般的民事信托而言,由于受托人以不收取报酬为原则且受托人多为自然人,同时并不涉及专业投资等事项,在其责任承担的认定上适用过错责任作为归责原则并无不妥。但是,就商业信托而言,仍简单套用过错责任原则为归责原则的话很可能有失公平。因为商业信托受托人多为具有专业投资理财能力的专业机构,并以收取报酬作为其提供服务的条件,而普通大众对专业的金融技术手段往往欠缺了解,若要求其对受托人经营管理过程中的过错承担举证责任,容易导致举证困难甚至举证不能情况的出现。所以,立法上不妨将过错推定原则作为商业信托受托人的责任归责原则,要求受托人负有证明自己在管理处分信托财产过程中不存在过错的义务,否则要承担不利后果。"这不仅有利于充分保护受益人的信托利益,还有助于促进受托人谨慎从事信托事务。"[1](2)关于商业信托受托人的外部责任,我国《信托法》要求受托人"对第三人所负债务以信托财产承担"。问题是,当信托财产无法清偿时受托人是否需要以自己的固有财产承担,目前还缺乏明确的规定。前文已指出,两大法系在认定普通信托受托人对第三人承担无限责任上的态度是一致的,即当信托财产不足以清偿其债务时,受托人应以其固有财产清偿。但是,对于商业信托而言,受托人为了信托的利益对外频繁进行交易,其并不从信托财产中取得利益,若要求受托人在管理信托事务无过失的情况下仍要对信托债务承担无限责任,对其而言是一个巨大的风险,有失公平。事实上,对于交易第三人而言,信托财产才是责任财产,受托人仅仅是从保证人的立场承担责任。所以,对于信托债权人,除了受托人的信用,重要的是信托财产。[2] 基于这种考虑,日本2006年修订《信托法》时创设了"限定责任信托"这种新的信托类型,允许受托人仅仅在信托财产的限度内承担责任,并不承

---

[1] 余卫明.信托受托人研究[M].北京:法律出版社,2007:210-211.
[2] 能见善久.日本新信托法的理论课题[J].赵廉慧,译.比较法研究,2008(5):159.

担个人财产责任。① 另外,在美国,商业信托受托人有限责任的确立是商业信托法律责任主体地位确立的逻辑结果。既然我国在商业信托立法完善上致力于认可商业信托的法律主体地位,赋予其企业法人的主体资格,那么明确商业信托受托人对信托债务承担有限责任是此一立法选择应有之义。而且,引入信托的有限责任制度对未来的商事信托的开展将会产生极大的促进作用。

(三)信托业制度约束的完善

我国信托业发展至今,信托业法制已初步具备体系化的规模,为我国信托业走上规范化发展道路提供了合理的政策引导。然而,在金融创新活动日益活跃的当下,我国信托业的制度约束还存在不少需要完善的地方。

1.信托业范围的厘清

虽然我国法律确立了金融业分业经营、分业监管的格局,但实际上,随着金融市场对直接融资需求的日益强劲,信托业务已由信托公司一家经营发展到银行、证券和保险公司加入而多家经营,最明显的例子就是银行、证券和保险机构直接经营具有信托性质的理财业务。由于国家法律层面上不允许信托公司以外的机构经营信托业务,而各类机构监管者又不得不对属下经营的信托业务进行监管,于是这些监管机关设计出台的规范性文件中都避免提到"信托"二字,而此种做法无异于给信托性质的经营活动贴上了其他标签,加重了市场投资者对信托业的模糊认识。作者认为,考虑到当前商业信托作为一种财产模式已被各种金融机构应用于基金、信贷资产证券化、理财产品、REITs等各种资产管理活动,不同金融机构间的业务交叉日益普遍,对信托业的理解应该与时俱进。信托业已从机构监管意义上的"业"转变为功能监管意义上的"业",换言之,信托业不再是狭义上的信托机构或信托公司这一"行业"部门,而是广义上的从事信托业务或信托活动的

---

① 日本《信托法》第261条规定:"限定责任信托是指,在信托行为中,就全部信托财产责任的债务负担上,如果约定受托人仅以属于信托财产的财产履行其责任的,则必须依照本法第232条的规定实施登记,则该信托的限定责任信托发生效力。而受托人在处理信托事务过程中,如要主张信托的限定责任的话,那么就必须对交易第三人履行明示义务。如果受托人没有履行明示义务的,则不得对对方主张该项权利。"

这一"营业"活动。因此,我国信托业应该认定为从事营业信托业务的所有金融机构的总和或相应业务的市场总和。①

2.信托业法的制定

依法监管是现代金融监管的内在要求,在同样移植了信托制度的日本、韩国和我国台湾地区,《信托业法》是关于金融信托业务的基本法,与《信托法》并列为信托法制的基石,可见通过制定《信托业法》对信托业务活动进行统一规制应是大势所趋。具体而言:(1)立法模式上,我国《信托业法》应当树立统一监管的理念,以功能监管为手段,把开展营业信托业务的不同金融机构"一网打尽"。(2)准入制度上,由于金钱是现代商业信托中的主要财产形态,信托行业的特性决定了它是一种资金融通机制,因此,《信托业法》必须要建立信托行业的准入制度,以保证受托人具备相应的资产管理能力,维护国家的金融秩序。(3)监管目标上,笔者认为应将投资者利益的保护摆在首位。原因在于,我国信托业前后历经的六次整顿表明,我国信托业仍处于发展转型阶段,信托业的法制环境与信托业的实践之间并非完美契合,在此背景下,投资者权益的保护就显得更为重要和迫切。比如,2014年1月曝光的中诚信托兑付危机就凸显出信托领域投资者利益保护现状不容乐观。②有报道指出,我国信托业的制度设计与运作主要是以融资为中心,信托业这一强大的"融资导向"基因使得信托公司容易忽视对"受托"义务的恪守。③因此,为保证信托业的稳健发展,维护投资者对信托业的信心,我国《信托业法》应把维护投资者利益作为首要目标。此外,还应把保护信托市场公平竞

---

① 席月民.我国信托业监管改革的重要问题[J].上海财经大学学报,2011(1):35.

② 中诚信托"诚至金开1号矿产信托计划"于2011年正式成立,到期日2014年1月31日,资金用于山西振富能源公司煤炭整合过程中煤矿收购价款、技改投入、洗煤厂建设等。2014年1月15日,中诚信托发布报告称,鉴于振富能源的实际控制人未按期足额支付股权维持费,亦未提前支付股权转让价款,信托计划涉及的白家峁煤矿的整合方案尚未获得批复,信托财产在1月31日前变现存在不确定性。不久,中诚信托2014年1月27日发布公告称,投资者可作两种选择,一是拿回本金,但未获得足额预期收益;二是继续持有,收益及本金需视项目未来情况而定。大部分投资者作了第一种选择。参见中诚信托兑付风波始末刚性兑付能否打破?[EB/OL].(2014-2-13)[2015-5-20]. http://forex.hexun.com/2014-02-13/162125740.html.

③ 谭保罗.刚性兑付是信托危机的毒药[J].南风窗,2014(4):63.

争和维护信托市场秩序稳定纳入监管目标范围。

四、我国商业信托受益人权益实现的保障

(一)商业信托受益权性质的重塑

前文提到,我国《信托法》将信托受益权视为一种债权,通过债法规则来构建受益人保障机制。作者认为,从内容上看,信托利益取得权是信托受益权非常重要的一项具体权利,因而信托受益权具有债权的性质。但是,信托受益权在内容上并不仅限于取得信托利益的权利,在信托关系存续期间,受益人还享有信托知情权、信托财产管理方法变更权、对受托人不当处分信托财产行为的撤销权和对受托人的解任权等。由此可见,信托受益权既包含物权关系的内容,又有债权关系的内容,还有物权关系和债权关系所不能涵盖的内容,比如受益人的知情权。这就导致了信托受益权无法归入传统的物权债权体系中的任何一类,所以应当将其视为是法律创设的一种特殊权利。并且这种特殊权利本质上是一种信用财产,应被纳入财产权范畴之内。有学者指出,财产权的发展是与经济形态紧密相连的,实物经济、知识经济和信用经济分别对应有形财产、知识财产和信用财产。[①] 信用财产一般包括货币、有价证券、可交易的股权、债权或其他形式的投资权益、金融衍生品等。传统观点将信托受益权归入物权或债权,正是在实物经济的背景下思考信托受益权的结果。《德国民法典》所创设的物权债权二元划分在知识经济、信用经济崛起的时代背景下已显得捉襟见肘。因为,作为法律关系客体的财产,其范围自18世纪以来已不断扩张,如今能成为财产关系客体的不局限于各种有形物,还包括各种无形的智力成果的权利和基于信用交易产生的权利。商业信托中,受益人是通过支付对价获得受益权,是社会投资者通过商业信托这一交易模式参与到金融投资领域的一种方式。商业信托作为一个商业主体,投资者获得的受益权是其投资权益的体现,投资权益是一

---

① 王卫国.现代财产法的理论建构[J].中国社会科学,2012(1):149.

种未来收益的允诺,在信用经济下属于信用财产的范畴。

(二)商业信托受益权内容的充实

依据我国《信托法》的规定,受益人除了享有取得信托利益的权利外,还享有其他属于委托人的权利,包括异议权(第 17 条第 2 款)、知情权(第 20 条)、信托财产管理方法的调整权(第 21 条)、申请撤销和救济的权利(第 22 条)、解任权(第 23 条)、受托人辞任的同意权(第 38 条)、新受托人的选任权(第 40 条)。商业信托作为信托的一种具体类型,自应适用信托法的一般规定;然商业信托作为一种商业经营模式,融合了信托和商事组织的特征,有自身的特殊性,这将影响到商业信托受益权的具体内容。此处针对商业信托受益人的几种特定权利进行探讨。

1. 知情权:信托监督的强化

我国信托受益人的知情权包括两部分内容:(1)受益人有权向受托人了解信托财产的管理运用、处分和收支的情况,并有权要求受托人作出说明。从另一个角度看,受托人负有的信息披露义务即为保障受益人此一权利要求的重要制度设计。受托人进行信息披露,有助于受益人及时准确地了解信托财产的运行状况,保障信托目的的实现。我国《信托法》对信托的信息披露的规定主要集中在相关报告的要求上:信托存续期内信托财产管理运用、处分和收支的定期报告,受托人发生变更时原受托人应出具处理信托事务的报告,信托终止后受托人出具的清算报告。[①] 关于商业信托的信息披露的规定,更多地见于信托的特别法当中,包括《信托投资公司信息披露管理暂行办法》、《信托公司管理办法》、《信托公司集合资金信托计划管理办法》、《信贷资产证券化试点管理办法》、《金融机构信贷资产证券化试点监督管理办法》、《证券投资基金法》、《证券投资基金信息披露管理办法》等。在具体实践中,我国商业信托受托人信息披露过程中还存在如下问题:第一,信息披露滞后。比如,据 2007 年信托业协会对信托公司的年报信息披露时间统计显示,东莞信托的审计报告出具日与其年度报告签发日之间间隔了近 3

---

① 详见《信托法》第 33 条、第 41 条、第 58 条的规定。

个月。由于年度报告是在审计报告的基础上作出的,若两者间隔时间过长,该期间发生了应予披露的事项但年度报告对此"熟视无睹"的可能性将增大,毫无疑问这样的年度报告其真实性已经大打折扣,且容易对投资者造成误导。① 第二,信息披露不全面。比如,《信托投资公司信息披露管理暂行办法》第 7 条规定:"信托投资公司披露的年度财务会计报告须经会计师事务所审计,其中信托财产是否需要审计,视信托文件约定。"可见,在信托公司自有资产和信托资产的审计问题上进行了区别对待,仅对信托公司自有资产的审计作出了强制要求,将信托资产排除在强制审计之外。而事实上,对信托资产进行审计同样重要,因其能够为信托受益人判断信托公司是否存在"违反信托目的、违背管理职责、管理信托事务不当造成信托资产损失的"等情形提供有力的证据,也便于信托受益人向违反义务的信托公司要求承担赔偿责任。因此,作者认为,可从以下几个方面来加强和完善商业信托受托人的信息披露义务:首先,可以对受托人的信息披露行为设立激励机制,即根据受托人信息披露的主动性、真实性、及时性等标准,对其信用进行正面或负面评价,并在信托市场的主要媒体中加以公布,强化舆论对信息披露的监督。通过这种评价机制,为投资者的资金流向提供参考。其次,完善信息披露的相关规则要求,如明确有关信息披露及时性的规定,要求信托受托人在审计报告作出之日起的一定期限内签发年度报告;会计师事务所在对对固有资产审计时,也应当审计信托资产。最后,确定信息披露的民事责任制度,为投资者因信息披露瑕疵而导致的损失提供司法救济。(2)受益人有权查阅、抄录或者复制与其信托财产有关的信托账目以及处理信托事务的其他文件。对于这项内容,实践中面临的问题是受益人的这一权利请求是否应受到限制?作者认为,为防止受益人权利的滥用,保障受托人对信托事务充分的自由管理处分,受益人的这一权利请求应受到两个方面的限制:目的限制和信托文件的限制。美国《统一法定信托实体法》第 608 条规定:"受益人有权从法定信托或受托人处获得与法定信托事务相关的信息,只要该信息与受益人的自身利益有着合理的联系。受益人可在有管辖权的法院通

---

① 秦炜.信托信息披露混乱 50 家公司执行三个标准[N].证券日报,2008-8-19(3).

过简易程序强制实施其权利。"该法在第 608 条的注释中指出,当事人不可以通过治理文件推翻该条赋予受益人的知情权,但受益人的知情权仅限于"与其自身利益有合理联系的",而治理文件可以对"合理联系"的判定标准作出规定,只要该规定没有明显不合理。作者主张借鉴美国立法的经验,一方面,受益人行使账簿查阅权应为善意、合于正当目的,所谓正当目的应是与受益人的利益有着直接关联的目的;另一方面,信托文件可对受益人行使账簿查阅权的程序、正当目的的判断标准等设置合理的门槛,以防止受益人权利的滥用。

2. 转让权:自由流通的追求

转让权,是指受益人可以将其财产属性的受益权予以转让。受益权作为财产性质的权利,应当允许其转让,以发挥其在融资方面的巨大作用。美国《统一法定信托实体法》第 601 条就明确规定"法定信托的受益权可以自由转让"。但是,前文已指出,我国集合资金信托计划中受益人受益权的转让渠道并不顺畅,信托产品的流通问题一直是制约我国信托公司业务发展的瓶颈之一。一方面,信托产品缺乏流动性,投资者购买信托产品后需要转让变现时,缺乏退出机制;另一方面,信托公司管理信托资产时,只能被动等待信贷资产到期,无法盘活贷款资产,难以提高信贷资产的流动性。虽然目前部分金融交易所可以实现信托受益权的挂牌交易,[①]但就整个行业而言,信托受益权的流通渠道仍旧比较单一,信托公司开发信托产品的规模和领域受到一定限制。作者认为,可从两个方面来促进我国商业信托受益权的流通,保障商业信托受益人转让权的切实可行:(1)丰富信托受益权的流转途径。我国新近尝试的信托受益权证券化就是一个很好的例证。所谓信托受益权证券化,是指以信托受益权为基础资产,以其所产生的稳定现金流为偿付支持,通过结构化的方式进行信用增级,在此基础上发行资产支持证券的活动。中国证监会 2013 年 3 月 15 日出台的《证券公司资产证券化业务管理规定》第 8 条规定:"本规定所称基础资产,是指符合法律法规,权属明确,

---

① 2010 年,北京、天津的金融资产交易所相继推出信托转让业务,转让已发行信托计划的受益权。但是,产权交易所只能充当信息平台进行信息披露,从而实现转让方和受让方的对接。至于变更具体的信托合同和受益权等法律关系,仍需到信托公司完成。

可以产生独立、可预测的现金流的可特定化的财产权利或者财产。基础资产可以是单项财产权利或者财产，也可以是多项财产权利或者财产构成的资产组合。前款规定的财产权利或者财产，可以是企业应收款、信贷资产、信托受益权、基础设施收益权等财产权利，商业物业等不动产财产，以及中国证监会认可的其他财产或财产权利。"由于信托受益权被纳入可证券化的基础资产，今后信托受益人可以将信托受益权转让给证券公司的专项资产管理计划以获得资金，在实现其退出的同时，也可增加信托产品的溢价，提高信托产品的流动性，更好地盘活整个资金池。同时，证券公司也可以借此拓宽业务空间，加强与信托公司的合作，通过信托受益权证券化实现互利双赢。(2)将受益凭证纳入证券的范畴。目前我国《证券法》对"证券"采用的列举定义方式存在的最大缺陷在于未能适应市场发展的需求，制约了金融产品的创新。党的十八届三中全会公报中提到要让市场发挥"决定性作用"。作者认为，我们不妨借鉴美国等多数国家的立法方式，在承认法律所规定的证券种类的同时也充分尊重市场的选择，亦即法律对证券种类的明确认定并非确认证券范围的唯一依据，发行人在法律列明的证券种类之外自行创设的其他权利凭证，若符合证券的实质要件，亦应纳入证券范畴。至于实质证券的认定标准，有学者主张，应考虑投资权利凭证的公众性和投资权利收益的依赖性两个因素，前者指某种投资权利具有为公众投资者持有的可能性，后者指投资者的投资收益有赖于第三人的工作和努力。[①] 就信托公司的集合资金信托计划而言，《信托公司集合资金信托计划管理办法》规定"单个信托计划的自然人人数不得超过 50 人，但单笔委托金额在 300 万元以上的自然人投资者和合格的机构投资者数量不受限制"，可以看出，其具备了为公众投资者持有的可能性。此外，受益人投资利益的取得是建立在受托人对信托财产进行管理处分的基础上，符合投资权利收益的依赖性标准。因此，集合资金信托计划中受益权的发行与证券法所规定的证券发行具有相同的性质，具有证券法上证券的性质。

[①] 叶林、郭丹.中国证券法的未来走向——关于金融消费者的法律保护问题[J].河北学刊,2008(6):159.

3. 司法救济权：受益人诉讼制度的建立

司法救济是维护受益人权益的一种重要手段，如果该手段缺失或途径不畅通，则保障受益人权益将沦为一句空话。我国自引进信托制度以来，因信托而产生的纠纷还不多，发生的几起受托人违反信托的事件主要还是通过监管部门行政介入的方法予以解决。从长远发展来看，这并非治本之策。一方面，监管部门对受托人违反信托的行为只能从行政监管角度进行约束，对受益人所遭受的损失或权益的损害往往无能为力。另一方面，在第三人侵害信托或受益人的利益的情况下，监管部门同样难以有所作为。向法律寻求救济是现代文明社会主体的主要权利救济方式，也是世界各国法律普遍赋予市场参与者的权利。[①] 我国现行立法中还没有关于信托受益权司法救济的专门规定，因此，为避免出现受益人权益受侵害却诉讼无门的情况，应赋予受益人司法救济的权利，为受益权的实现提供司法保障。作者认为，受益人的司法救济权利包括两个方面的内容：(1)受益人提起直接诉讼的权利。即受托人违反信托使受益人的信托受益权受到侵害时，受益人可以针对受托人个人直接提起诉讼，请求赔偿信托财产的损失。具体包括受托人没有履行其应承担的信义义务、受托人没有按照信托文件的约定管理运用处分信托财产、受托人以信托财产进行了不当交易、受托人未按照法律或信托文件规定进行信息披露等情形。(2)受益人提起代表诉讼的权利。承认商业信托具有独立的法律主体地位，意味着商业信托可以以自己的名义持有财产、从事各种交易甚至参与诉讼，而商业信托的上述行为是由作为法定的管理人的受托人来实施的。在第三人对商业信托实施了侵害行为的情况下，商业信托作为受害人理应提起诉讼，倘若此时商业信托受托人怠于行使其职责追究第三人的责任，受益人的权益将面临受损的可能。在此情况下，赋予受益人提起代表诉讼的权利无疑是一种有效的救济措施，符合条件的受益人在一定的条件下可以直接对侵害人提起诉讼。和股东代表诉讼一样，受益人提起代表诉讼应当受到一定条件的限制，以防止权利的滥用：第一，代表诉讼有前置程序的要求，即受益人应当先向受托人提出请求，要求

---

① 朱小川.营业信托法律制度比较研究——以受托人信用为中心[M].北京：法律出版社，2007：228.

受托人以信托的名义提起诉讼。只有受托人在合理的时间内没有提起诉讼或拒绝提起诉讼,受益人才可提起代表诉讼。第二,受益人提起代表诉讼必须是善意的,且是为了商业信托的利益。第三,代表诉讼仅能由诉讼启动之时享有受益人身份之人提起。另外,作者建议以美国《统一法定信托实体法》为借鉴,将受益人的司法救济权确立为强制性规则,当事人不得通过信托文件加以排除,但可允许当事人在信托文件中对受益人诉权的行使规定其他额外的标准和限制条件,只要这些标准和条件没有明显不合理。

(三)受益人大会功能的落实

普通信托中,受益人一般人数较少,其与受托人之间基本上属于一对一的关系。商业信托具有集团信托的特征,为解决受益人意见的统一和权力行使等问题,有必要专门针对多数受益人的情形作出特别规定,于是,受益人大会制度应运而生。有学者指出,当受益证券发行导致共同受益人众多且处于流动状态时,为兼顾受益人权益的保护和信托的运作效率,对于信托受益权应实行受益人独立行使与多数决行使相结合的方式——单个受益人只享有受领信托收益和查询本人可享有的信托收益的权利,其他有关撤销、监督、异议、解任等权利,应当通过组成证券持有人大会并按多数决的方式来集体行使。[①] 我国现行有关商业信托的特别立法文件中,已有关于受益人大会的规定,其内容涉及受益人大会的组成、受益人大会审议决定的事项、受益人大会的召开形式、受益人大会的召开和决定等方面。但是,作者认为,我国商业信托的受益人大会制度仍存在进一步完善的空间:(1)我国现行信托法的准则是以受益人是一个人或者是少数人为前提形成的,因此缺乏受益人大会这种多数受益人的意思决定机制。但是,商业信托的运用是我国信托制度发展的主流,大规模投资信托的涌现使得在现有的投资结构中出现了调整多个受益人之间利益的必要,我国信托立法应当对此作出回应。日本在2006年修订信托法之时,特地增设了"二人以上受益人的意思决定方法特例",分总则规定(第105条)和受益人大会(第106条至第122

---

① 伍治良.论受益证券的法律性质[C].吴弘.金融法律评论.北京:中国法制出版社,2010:152.

条)进行了详细的规定。① 按照规定,当受益人为二人以上时,除非信托行为另有规定,否则应当采取受益人一致同意的意思决定方法;如果信托行为另有规定,欲实行受益人大会多数决的意思决定方法时,应适用第106条至第112条的相关规定。另外,为尊重信托当事人的意思自治,信托行为可以另行规定受益人大会多数决的方法。为确保商业信托等存在多数受益人的信托的顺利运行,建议我国《信托法》参考日本修法的经验,对多数受益人的意思决定方法予以补充。(2)从我国商业信托实践来看,受益人大会的召开在客观上还存在一定困难。比如,《信托公司集合资金信托计划管理办法》规定,代表信托单位百分之十以上的受益人有权自行召集受益人大会。此外,还要求受益人大会应当有代表百分之五十以上信托单位的受益人参加方可召开。然实际上,囿于受托人负有对受益人资料保密的义务,受益人在难以知晓其他受益人的情况下难以自行召集受益人大会。即使一个受益人持有百分之十以上的信托单位,如果通知不到其他受益人,受益人大会也可能因出席的受益人所代表的信托单位达不到百分之五十而无法召开。再比如,我国修订前的《证券投资基金法》要求"基金份额持有人大会应当有代表百分之五十以上基金份额的持有人参加方可召开",由于基金的高度分散持有,许多小额投资者都存在"搭便车"的心理,要么希望由其他投资者"用手投票"而由自己得利,要么干脆以"用脚投票"的方式一走了之,参与基金治理的积极性并不高;再加上基金法的严苛规定,使得基金持有人自行召集基金持有人大会几乎不可能实现。因此,我国商业信托受益人大会的召开仍需在立法上加以完善。我国此次在修订《证券投资基金法》时针对基金份额持有人大会召开门槛过高的问题特别引入了二次召集制度。《证券投资基金法》第87条第2款:"基金份额持有人大会应当有代表二分之一以上基金份额的持有人参加,方可召开。参加基金份额持有人大会的持有人的基金份额低于前款规定比例的,召集人可以在原公告的基金份额持有人大会召

---

① 具体包括受益人会议之召集、受益人请求召集、受益人会议之召集决定、受益人会议之召集通知、交付受益人会议之参考文书及表决权行使之书面等,受益人之表决权、受益人会议之表决、代理行使表决权、以书面行使表决权、表决权之不统一行使、受托人之出席等,延期或续行之决议、议事录、受益人会议决议之效力、受益人会议之费用负担等规定。

开时间的三个月以后、六个月以内,就原定审议事项重新召集基金份额持有人大会。重新召集的基金份额持有人大会应当有代表三分之一以上基金份额的持有人参加,方可召开。"二次召集制度的引入有助于降低受益人大会召开的门槛,强化对投资者权益的保护,因此值得我国未来的商业信托立法加以借鉴。(3)在我国目前的法律框架下,商业信托中受益人对受托人的监督主要通过受益人大会进行。但受益人大会不是信托受益人行使权利的常设机构,受益人大会仅能在重大问题上对受托人实现监督,而在商业信托的日常运作中受益人则缺乏能代表其利益的机构对受托人进行监管,其利益容易遭受侵害。《证券投资基金法》的此次修订在这一问题的解决上进行了大胆的尝试,同样值得我国商业信托立法多加借鉴。修订后的《证券投资基金法》允许基金份额持有人设立日常机构,行使监督基金管理人、基金托管人和召集基金份额持有人大会等职责。《证券投资基金法》第49条规定:"按照基金合同约定,基金份额持有人大会可以设立日常机构,行使下列职权:(一)召集基金份额持有人大会;(二)提请更换基金管理人、基金托管人;(三)监督基金管理人的投资运作、基金托管人的托管活动;(四)提请调整基金管理人、基金托管人的报酬标准;(五)基金合同约定的其他职权。前款规定的日常机构,由基金份额持有人大会选举产生的人员组成;其议事规则,由基金合同约定。"这个日常机构由基金持有人大会选举产生的人员组成,更能代表基金份额持有人的利益,有助于改变实践中"基金公司强势、投资者弱势"的状况,实现在基金的日常运作中对作为受托人的基金管理人和基金托管人的持续有效监督。另外,《证券投资基金法》第50条规定:"基金份额持有人大会及其日常机构不得直接参与或者干涉基金的投资管理活动。"因此,该日常机构的功能定位主要集中于监督功能,不会对受托人的信托事务管理决策造成干预,受托人依然拥有决定信托事务的自由,能够继续发挥其在资产管理和投资领域中的专业优势。

结　　论

本书对商业信托制度进行了研究,勾勒出具有组织属性的商业信托的基本制度框架,并探讨了我国商业信托制度立法的改革完善的顶层设计和

实现路径。通过研究,本书得出如下结论:

1. 商业信托具有商业性、商品性、集团性等特征,是否运用了信托原理并以此为基础、是否具有商业投资目的、是否在运行过程中体现出商业性、商品性、集团性等特征,这三个方面构成了商业信托的基本辨别要素,对这三个问题的肯定回答亦成为商业信托的基本构成要件。商业信托具有资金集合、资产管理、资金调度、事业经营等功能,并且,商业信托作为一项有关财产管理和事业经营的制度设计,其价值取向体现为安全和效率的追求。

2. 商业信托在本质上具有组织属性。一方面,美国商业信托的发展历程表明,商业信托组织属性的认可并非出自法律的特殊要求,而是信托制度在商事领域发展的必然结果。另一方面,企业组织的核心属性是资产分割,资产分割是商事组织的核心法则,商业信托同样具备资产分割的功能。具有组织属性的商业信托一方面凭借自身灵活性的优势对公司的地位形成挑战,另一方面积极借鉴公司的制度优势来推动自身的发展。此外,商业信托组织属性的确立顺应了商事组织法致力于实现商事组织多元化的发展趋势。

3. 和公司等其他商事组织一样,商业信托获得组织属性的同时也因此产生了委托—代理问题。对于商业信托的委托—代理问题,可从受托人和受益人两个角度来进行规制。从受托人角度看,可发挥信义义务在商业信托中所体现出来的制度基础性作用。从受益人角度,可通过受益人权利的保障来对商业受托人进行制度性的约束。美国、加拿大和新加坡的商业信托立法均确立了将商业信托与普通信托区别对待的规则,商业信托的信义义务以公司的信义义务规则为标准,受益人享有管理参与权与司法救济等权利,且受托人和受益人均承担有限责任。

4. 我国商业信托立法完善的顶层设计可从以下几个方面来实现:第一,在立法模式上,为改变我国现行商业信托立法过于零散、特别法中糅杂着民事规范和行政管理规范,以及欠缺从商业信托设立、变更、终止到商业信托治理中受托人与受益人权利义务关系等多个方面统一规定的现状,应学习域外构建统一的商业信托法制的立法经验,对商业信托进行"私人定制"式的统一规制。第二,导入商业信托概念,在立法上对商业信托概念作出明确的界定。第三,在立法原则上,要注意"三个结合":统一与协调的结合、任意与强制的结合、前瞻与适度的结合。

5.我国商业信托的立法完善应对商业信托的组织属性作出回应,因此我国立法上应明确商业信托的法律主体地位,将其塑造成为一个独立的商事主体。这样不仅有助于进一步完善我国商事主体法律制度,也有助于解决信托财产归属、信托公示等信托制度本土化过程中的难题。理论上,我国商业信托的主体化进路包括财团法人或企业法人两种方式,但由于财团法人在我国实践中还存在着难以克服的法律障碍,因此企业法人进路更符合我国目前的立法现状。作为一个独立的商事主体,我国商业信托应通过登记公示其成立及变更与终止,以维护交易安全。

6.由于我国《信托法》中委托人权力过大不符合商业信托的功能和需求,因此我国在商业信托立法完善的过程中应对商业信托委托人的角色进行重新定位,亦即应将委托人定位为商业信托中的监督者和协调者,而非所有者或控制者。要突破我国信托受托人规制失灵的困境:首先是完善现有的信义义务规则体系,明确注意义务和忠实义务的判断标准并赋予其强制性规范性质。其次是明确受托人的责任规则,将商业信托受托人违反信托承担的法律责任的性质认定为侵权责任,适用过错推定原则,并且商业信托受托人对商业信托的债务承担有限责任。最后是完善信托业的制度约束,对信托业的理解不应仅停留在信托机构或信托公司这样一种机构监管意义上的"业",而应当将信托业理解为一种信托业务或信托活动,一种功能监管意义上的"业",并且通过制定《信托业法》对信托经营机构的信托业务活动进行统一规制。信托受益权无法归入传统的物权债权体系中的任何一类,所以应当将其视为法律创设的一种特殊权利,属于一种信用财产。完善信托受益人的保障,还应当充实受益人的权利内容,确保受益人知情权、转让权、司法救济权等权利落到实处。此外,我国《信托法》应对受益人大会这种多数受益人的意思决定方法予以补充,商业信托的立法完善可借鉴《证券投资基金法》的修法经验,对受益人大会的召开、监督等方面作出更为详细的规定。

参考文献

一、中文类参考文献

(一)著作类

博登海默.法理学:法律哲学与法律方法[M].邓正来,译.北京:中国政法大学出版社,2004.

方嘉麟.信托法之理论与实务[M].北京:中国政法大学出版社,2004.

赖源河,王志诚.现代信托法论[M].北京:中国政法大学出版社,2002.

张天民.失去衡平法的信托——信托观念的扩张与中国《信托法》的机遇和挑战[M].北京:中信出版社,2004.

张淳.信托法原论[M].南京:南京大学出版社,1994.

密尔松.普通法的历史基础[M].李显冬等,译.北京:中国大百科全书出版社,1999.

何勤华.英国法律发达史[M].北京:法律出版社,1999.

何宝玉.英国信托法原理与判例[M].北京:法律出版社,2001.

海顿.信托法[M].周翼,王昊译.北京:法律出版社,2004.

周小明.信托制度:法理与实务[M].北京:中国法制出版社,2012.

陈向聪.信托法律制度研究[M].北京:中国检察出版社,2007.

王利明.合同法新问题研究[M].北京:中国社会科学出版社,2003.

吴文嫔.第三人利益合同原理与制度论[M].北京:法律出版社,2009.

哈伊.美国法律概论[M].沈宗灵,译.北京:北京大学出版社,1997.

宋刚.信托财产独立性及其担保功能[M].北京:北京师范大学出版社,2012.

高凌云.被误读的信托——信托法原论[M].上海:复旦大学出版社,2010.

王志诚.信托之基本法理[M].台北:元照出版有限公司,2005.

陈雪萍.信托在商事领域发展的制度空间——角色转换和制度创新[M].北京:中国法制出版社,2006.

刘正峰.美国商业信托法研究[M].北京:中国政法大学出版社,2009.

三菱日联信托银行.信托法务与实务[M].张军建,译.北京:中国财政经济出版社,2010.

哈特.法律的概念[M].张文显等,译.北京:中国大百科全书出版社,1996.

谢怀栻.票据法概论[M].北京:法律出版社,2006.

刘俊海.现代证券法[M].北京:法律出版社,2010.

朱小川.营业信托法律制度比较研究——以受托人信用为中心[M].北京:法律出版社,2007.

高岚.日本投资信托及投资法人法律制度研究[M].昆明:云南大学出版社,2007.

王志诚.金融资产证券化立法原理与比较法制[M].台北:五南图书出版有限公司,2005.

谢哲胜.信托法[M].台北:元照出版有限公司,2009.

文杰.信托法专题研究[M].北京:中国社会科学出版社,2012.

余卫明.信托受托人研究[M].北京:法律出版社,2007.

康锐.我国信托法律制度移植研究[M].上海:上海财经大学出版社,2008.

能见善久.现代信托法[M].赵廉慧,译.北京:中国法制出版社,2011.

陈敦.我国集合投资信托的法律性质分析[M].北京:法律出版社,2012.

梅特兰.信托与法人[M]//朗西曼,瑞安.国家、信托与法人.樊安,译.北京:北京大学出版社,2008.

张军建.信托法基础理论研究[M].北京:中国财政经济出版社,2009.

董慧凝.信托财产法律问题研究[M].北京:法律出版社,2011.

孙建江,郭站红,朱亚芬,译.魁北克民法典[M].北京:中国人民大学出版社,2005.

刘继虎.法律视角下的信托所得税制——以民事信托所得课税为中心[M].北京:北京大学出版社,2012.

李清池.商事组织的法律结构[M].北京:法律出版社,2008.

邵庆平.公司法——组织与契约之间[M].台北:翰芦图书出版有限公司,2008.

威廉姆森,温特.企业的性质——起源、演变和发展[M].姚海鑫,邢源源,译.北京:商务印书馆,2008.

伊斯特布鲁克,费希尔.公司法的经济结构[M].张建伟,罗培新,译.北京:北京大学出版社,2005.

彭插三.信托受托人法律地位比较研究——商业信托的发展及其在大陆法系的应用[M].北京:北京大学出版社,2008.

宋永新.美国非公司型企业法[M].北京:社会科学文献出版社,2000.

伯利,米恩斯.现代公司与私有财产[M].甘华鸣等,译.北京:商务印书馆,2007.

陈雪萍,豆景俊.信托关系中受托人权利与衡平机制研究[M].北京:法律出版社,2008.

赵旭东.公司法学[M].北京:高等教育出版社,2006.

汤淑梅.信托受益权研究:理论与实践[M].北京:法律出版社,2009.

郭锋,陈夏.证券投资基金法导论[M].北京:法律出版社,2008.

王连洲,董华春.《证券投资基金法》条文释义与法理精析[M].北京:中国方正出版社,2004.

吴晓灵.投资基金法的理论与实践——兼论投资基金法的修订与完善[M].上海:上海三联书店,2011.

张路.中美英基金法比较与实务[M].北京:法律出版社,2007.

梅因.古代法[M].沈景一,译.北京:商务印书馆,2011.

李勇.信托业监管法律问题研究[M].北京:中国财政经济出版社,2008.

全国人大《信托法》起草工作组.《中华人民共和国信托法》释义[M].北京:中国金融出版社,2001.

康锐.信托业发展困境的法律对策研究(2001—2007)[M].厦门:厦门大学出版社,2010.

张文显.法哲学范畴研究[M].北京:中国政法大学出版社,2001.

于海涌.英美信托财产双重所有权在中国的本土化[M].北京:中国政法大学出版社,2011.

马俊驹,余延满.民法原论[M].北京:法律出版社,2007.

罗昆.财团法人制度研究[M].武汉:武汉大学出版社,2009.

梅迪库斯.德国民法总论[M].邵建东,译.北京:法律出版社,2001.

徐卫.信托受益人利益保障机制研究[M].上海:上海交通大学出版社,2011.

郑玉波.民法债编总论[M].北京:中国政法大学出版社,2004.

谢哲胜.财产法专题研究(三)[M].北京:中国人民大学出版社,2004.

王文宇.信托法原理与商业信托法制[M]//王文宇.新公司与企业法.台北:元照出版有限公司,2003.

(二)论文类

李世刚.论《法国民法典》对罗马法信托概念的引入[J].中国社会科学,2009(4).

吕富强.论法国式信托——一种对本土资源加以改造的途径[J].比较法研究,2010(2).

许兆庆.海牙信托公约简析[J].财产法暨经济法,2005(1).

许兆庆.英国信托法律适用法则[J].东海大学法学研究,2006(25).

克茨.信托——典型的英美法系制度[J].邓建中,译.比较法研究,2009(4).

孙静.德国信托法探析[J].比较法研究,2004(1).

李智仁.日本信托法之修法重点——传统与现代思维之激荡[J].月旦财经法杂志,2008(3).

王志诚,魏子凯.从受托人观点谈台湾信托法之问题与修正方向——以受托人义务为中心[J].月旦财经法杂志,2009(3).

尹飞.论隐名代理的构成与效力[J].法律科学,2011(3).

陈雪萍.信托与第三人利益契约的比较研究[J].政治与法律,2005(6).

王文宇.信托法的分析架构及可行的发展方向——以台湾地区法制为例[J].北大法律评论,2008(2).

冯守尊.论信托的契约性[D].北京:对外经济贸易大学,2007.

沈四宝.商事信托制度的现代发展[J].甘肃政法学院学报,2005(4).

俞锋,李海龙.商事信托的现代勃兴与监督困境[J].浙江金融,2012(7).

神作裕之.日本信托法及信托相关法律的最新发展与课题[J].杨林凯,译.中国政法大学学报,2012(5).

中野正俊.中国民事信托发展的可能性[J].法学杂志,2005(1).

江芳.营业信托的受托人权义体系研究[D].北京:对外经济贸易大学,2007.

何正荣.现代商事信托的组织法基础[J].政法论坛,2006(2).

陈建国.商事信托下受托人忠实义务之研究[D].台北:台湾政治大学,2008.

林毅夫.关于制度变迁的经济学理论:诱致性变迁与强制性变迁[C]//科斯,阿尔钦,诺斯,等.财产权利与制度变迁.刘守英,等,译.上海:上海人民出版社,2004.

李群星.信托的法律性质与基本理念[J].法学研究,2000(3).

林学晴.我国信托法律关系下受托人与信托财产之关系[D].嘉义:台湾中正大学,2001.

刘迎霜.论信托的本质——兼与"信托异化论"商榷[J].法学评论,2011(1).

李勇.信托财产所有权性质之再思考[J].时代法学,2005(5).

李清池.作为财团的信托——比较法上的考察与分析[J].北京大学学报(哲学社会科学版),2006(4).

侯怀霞.论信托制度的演变与传播——兼对我国继受信托法的两点反思[J].社会科学研究,2009(4).

中野正俊,张军建.中国信托法具体修改建议[J].姜雪莲,译.河南省政法管理干部学院学报,2006(6).

于朝印.论商业信托法律主体地位的确定[J].现代法学,2011(5).

王涌.论信托法与物权法的关系——信托法在民法法系中的问题[J].北京大学学报(哲学社会科学版),2008(6).

耿利航.信托财产与中国信托法[J].政法论坛,2004(1).

周其仁.市场里的企业:一个人力资本与非人力资本的特别合约[J].经济研究,1996(6).

徐强胜.企业形态的法经济学分析[J].法学研究,2008(1).

施天涛,周勤.商事信托:制度特性、功能实现与立法调整[J].清华法学,2008(2).

高尉泷.论信托的商事组织属性[D].北京:中国政法大学,2010.

王志诚.受托人之自己管理义务——从受益人最大利益原则论第三人代为处理信托事务之容许范围[J].政大法学评论,2011(123).

楼建波,刘燕.论信托型资产证券化的基本法律逻辑[J].北京大学学报(哲学社会科学版),2006(4).

王玥.公募基金的转型之路[J].中国金融,2013(10).

李曙光.新基金法重置行业规则[J].中国金融,2013(10).

王文宇.资产证券化的意义、基本形态与相关法律问题[J].月旦法学杂志,1999(48).

洪艳蓉.重启资产证券化与我国的发展路径[J].证券市场导报,2011(9).

王志诚.金融资产证券化与特殊目的信托之运用[J].财税研究,2007(2).

周尔.三亚地产投资券——一个似是而非的金融产品[J].金融法苑,2003(6).

郭雳,汤宏渊.信托主体之股东身份的法律解析——以信托型私人股权投资基金为展开[J].证券市场导报,2010(3).

伍治良.我国信托型资产证券化理论和实践之两大误区——兼评我国信贷资产证券化试点[J].现代法学,2007(2).

刘万基.金融资产证券化条例受托人地位之分析[J].台湾金融财务季刊,2003(4).

王连洲.中国信托制度发展的困境与出路[J].法学杂志,2005(1).

张淳.信托财产独立性的法理[J].社会科学,2011(3).

贾林青.信托财产权的法律性质和结构之我见[J].法学家,2005(5).

赵磊.信托受托人的角色定位及其制度实现[J].中国法学,2013(4).

楼建波.信托财产的独立性与信托财产归属的关系——兼评中国《信托法》第2条的解释与应用[J].广东社会科学,2012(2).

李宇.商业信托委托人的法律地位[J].法学论坛,2012(5).

周勤.日本《信托法》的两次价值选择——以意定信托委托人的权利为中心[J].华侨大学学报(哲学社会科学版),2010(3).

张淳.中华人民共和国信托法面面观[J].学海,2002(1).

陈雪萍.我国商业信托投资者利益保护机制之重构——以金新乳品信托计划案为视角[J].法学杂志,2007(8).

刘正峰.论证券资产管理关系的法律适用[J].上海财经大学学报,2008(3).

陈雪萍.信托受益人权利的性质:对人权抑或对物权[J].法商研究,2011(6).

张淳.关于信托受益权的性质——对有关国家法学界的有关研究的审视与检讨[J].湖

南大学学报(社会科学版),2010(5).

文杰.日本《信托法》的修改及其借鉴意义[J].河北法学,2011(12).

李萱.法律主体资格的开放性[J].政法论坛,2008(5).

谢永江.论商事信托的法律主体地位[J].江西社会科学,2007(4).

温世扬、冯兴俊.论信托财产所有权——兼论我国相关立法的完善[J].武汉大学学报(哲学社会科学版),2005(2).

陈丽苹.证券投资基金的法律性质[J].中国法学,2004(3).

文杰.论证券投资基金的法律定性——兼谈《证券投资基金法》第2条的修改[J].贵州社会科学,2010(3).

李宇.商业信托研究——以商业信托特殊法律问题为中心[D].上海:华东政法学院,2006.

席月民.我国信托业监管改革的重要问题[J].上海财经大学学报,2011(1).

谭保罗.刚性兑付是信托危机的毒药[J].南风窗,2014(4).

王卫国.现代财产法的理论建构[J].中国社会科学,2012(1).

叶林、郭丹.中国证券法的未来走向——关于金融消费者的法律保护问题[J].河北学刊,2008(6).

伍治良.论受益证券的法律性质[C]//吴弘.金融法律评论.北京:中国法制出版社,2010.

崔埈璿.韩国信托法的改正[C]//王保树.商事法论集.北京:法律出版社,2010.

(三)其他类

秦炜.信托信息披露混乱 50家公司执行三个标准[N].证券日报,2008-8-19(3).

李宇.商业信托的发展与信托法的改革[EB/OL].(2011-12-29)[2015-5-20].http://trust.hexun.com/2011-07-12/131367044.html.

李扬.上海信托登记中心信托登记法律效力亟待认可[EB/OL].(2007-6-20)[2015-5-20].http://paper.people.com.cn/gjjrb/html/2007-06/20/content_13201260.htm.

中诚信托兑付风波始末刚性兑付能否打破?[EB/OL].(2014-2-13)[2015-5-20].http://forex.hexun.com/2014-02-13/162125740.html.

张绪武.全国人大法律委员会关于《中华人民共和国信托法(草案)》审议结果的报告[R/OL].(2001-4-24)[2015-5-20].http://www.npc.gov.cn/wxzl/gongbao/2001-06/01/content_5136915.htm.

张远忠.南方基金分红案(续)——无言的结局![EB/OL].(2010-3-26)[2015-5-20].http://blog.sina.com.cn/s/blog_6489252e0100hbt7.html.

华宝证券有限责任公司.2013年阳光私募基金年度专题报告［EB/OL］.（2014-2-19）［2015-5-20］.http：//q.fund.sohu.com/yb,2209719.shtml.

卢婷.最乌龙基金巨亏事件：5只基金"忘记"上电转债损失2200万［EB/OL］.（2007-12-11）［2015-5-20］.http：//news.hexun.com/2007-12-11/102233726.html.

中国银行业监督管理委员会.国内信贷资产证券化重启面临的三大问题及建议［EB/OL］.（2012-8-30）［2015-5-20］.http：//www.cbrc.gov.cn/chinese/home/docView/6AC75DEA41AA4F59AC2F29A686A6D8C5.html.

二、英文类参考文献

（一）著作类

HUDSON A. Equity&Trusts［M］. 2nd ed. London：Cavendish Publishing Limited,2001.

EDWARDS R，STOCKWELL N. Trustsand Equity［M］. 7th ed. Essex：Pearson Education Limited,2005.

HAYTON D J. The Law of Trusts［M］. 4th ed. London：Sweet & Maxwell Ltd,2004.

YOUDAN T. Business Trusts：Avoiding the Pitfalls［M］. Toronto：Canadian Institute,1995.

（二）论文类

LANGBEIN J H. The Contractarian Basis of The Law of Trusts［J］. Yale Law Journal,1995,105.

LANGBEIN J H. The Secret Life of The Trust：The Trust As An Instrument of Commerce［J］. Yale Law Journal,1997,105.

GILLEN M. A Comparison of Business Income Trust Governance and Corporate Governance：Is There a Need For Legislation or Further Regulation?［J］. McGill Law Journal,2006,51.

SCHWARCZ SL. Commercial Trusts As Business Organizations：Unraveling the Mystery［J］. Business Lawyer,2003,58.

PLANK T E. The Bankruptcy Trust As a Legal Person［J］. Wake Forest Law Review,2000,35.

Robert D. M. Flannigan R. Business Trust—Past and Present[J]. Estates and Trusts Quarterly,1982,6.

CHERMIDE H B. Modern Status of the Massachusetts or Business Trusts[J]. American Law Reports,1978,88.

FRANKEL T. Fiduciary Law[J]. California Law Review,1983,71.

SCOTT A W. The Nature of the Rights of the "Cestui Que Trust"[J]. Columbia Law Review,1917,17.

HANSMANN H,MATTEI U. The Functions of Trust Law: A Comparative Legal and Economic Analysis[J]. New York University Law Review,1998,3.

HALBACH E C. Uniform Acts, Restatements, and Trends in American Trust Law at Century's End[J]. California Law Review,2000,88.

LANGBEIN J H. The Uniform Prudent Investor Act and the Future of Trust Investing [J]. Iowa Law Review,1996,81.

JONES SA, MORET L M, STOREY J M. The Massachusetts Business Trust and Registered Investment Companies[J]. Delaware Journal of Corporate Law,1988,13.

SITKOFF R H. Trust As "Uncorporation": A Research Agenda[J]. University of Illinois Law Review,2005,31.

ULEN T S. The Coasean Firm in Law and Economics[J]. Journal of Corporation Law,1993,18.

JENSEN M C, MECKLING W H. Theory of the Firm: Managerial Behavior, Agency Costs, and ownership Structure[J]. Journal of Financial Economics,1976,3.

HANSMANN H,KRAAKMAN R. The Essential Role of Organizational Law[J]. Yale Law Journal,2000,110.

HANSMANN H, KRAAKMAN R, SQUIR R. Law and the Rise of the Firm[J]. Harvard Law Review,2006,119.

SCHWARCZ S L. Commercial Trusts as Business Organizations: An Invitation To Comparatists[J]. Duke Journal of Comparative & International Law,2003,13.

LIEBOWITZ S J,MARGOLIS S E. PathDependence, Lock-In, and History[J]. Journal of Law Economics and Organization,1995,11.

HANSMANN H, KRAAKMAN R, SQUIRE R. The New Business Entities in Evolutionary Perspective[J]. European Business Organization Law Review,2007,8(1).

SITKOFF R H. An Agency Costs Theory of Trust Law[J]. Cornell Law Review,2004,89.

Lee-Ford T. The Limitations of An Economic Agency Cost Theory of Trust Law[J]. Cardozo Law Review,2011,32.

SITKOFF R H. The Economic Structure of Fiduciary Law[J]. Boston University Law Review,2011,91.

LANGBEIN J H. Why Did Trust Law Become Statute Law in the United States[J]. Alabama Law Review,2007,58.

SITKOFF R H. Trust Law, Corporate Law, and Capital Market Efficiency[J]. Journal of Corporation Law,2003,28.

GORDON J N. The Puzzling Persistence of the Constrained Prudent Man Rule[J]. New York University Law Review,1987,62.

SCHANZENBACH M M, SITKOFF R H. Did Reform of Prudent Trust Investment Laws Change Trust Portfolio Allocation[J]. Journal of Law & Economics,2007,50.

AALBERTS R J, POON P S. The New Prudent Investor Rule and The Portfolio Theory: A New Direction For Fiduciaries[J]. American Business Law Journal,1996,39.

LANGBEIN J H. Questioning The Trust Law Duty of Loyalty: Sole Interest or Best Interest[J]. Yale Law Journal,2005,114.

MILLER P B. The Future for Business Trusts: A Comparative Analysis of Canadian and American Uniform Legislation[J]. Queen's Law Journal,2011,36.

FISCHEL D, LANGBEIN J H. ERISA's Fundamental Contradiction: The Exclusive Benefit Rule[J]. University of Chicago Law Review,1988,55.

Tang H W. The resurgence of "uncorporation": the business trusts in Singapore[J]. Journal of Business Law,2012,8.

(三)司法判例类

Hecht v. Malley, 265 U.S. 144, 44 S. Ct. 462 (U.S. 1924).

Ricker v. American Loan & Trust Co., 140 Mass. 346, 5 N.E. 284(Mass. 1885).

Mayo v. Moritz, 151 Mass. 481, 24 N.E. 1083(Mass. 1890).

Williams v. Inhabitants of Milton, 215 Mass. 1, 102 N.E. 355 (Mass. 1913).

Larson v. Sylvester, 282 Mass. 352, 185 N.E. 44(Mass. 1933).

King v. Talbot, 1 Hand 76, 40 N.Y. 76, 1869 WL 6484(N.Y. 1869).

Harvard College v. Aomry, 9 Pick. 446, 26 Mass. 446, 1830 WL 2554 (Mass.)(Mass. 1830).

Richardson v. Clarke, 372 Mass. 859, 364 N.E. 2d 804(Mass. 1977).

Terrydale Liquidating Trust v. Barness, 611 F. Supp. 1006(D. C. N. Y. ,1984).

Eury v. Merrill, 42 Ill. App. 193, 1891 WL 2127 (Ill. App. 2 Dist. 1891).

Wiess v. McFaddin, 211 S. W. 337(Tex. Civ. App. 1919).

Frost v. Thompson, 219 Mass. 360, 106 N. E. 1009(Mass. 1914).

Piff v. Berresheim, 405 Ill. 617, 92 N. E. 2d 113(Ill. 1950).

(四)其他类

HCCH. CONVENTION ON THE LAW APPLICABLE TO TRSUTS AND ON THEIR RECOGNITION[EB/OL]. [2015-5-20]. https://assets.hcch.net/docs/8618ed48-e52f-4d5c-93c1-56d58a610cf5.pdf.

LANGBEIN J H, POSNER R A. Market Funds and Trust-Investment Law[EB/OL]. [2015-05-20]. http://digitalcommons.law.yale.edu/cgi/viewcontent.cgi?article=1492&context=fss_papers.